Rémy et Cécile D. WIEDEMANN

L'Ecole à la Maison, le Guide ***

avec l-ecole-a-la-maison.com

Le Moine-guerrier éditeur

L'ECOLE A LA MAISON Le Guide ***

L'ECOLE A LA MAISON
Le Guide ***

par Cécile et Rémy, les coachs des parents

Droits d'auteur

7ème édition

© Le Moine-guerrier éditeur, 8 rue du 8 mai 37270 Larçay, France.
ISBN 978-1-326-06033-6

www.l-ecole-a-la-maison.com/

Préambule d'urgence

<u>Si votre enfant supporte mal l'école, s'il pleure, s'il est dépressif</u>, n'attendez pas, reprenez-le chez vous, le temps de lire ce livre, c'est-à-dire quelques jours. C'est votre enfant, n'acceptez pas sa souffrance ou son mal-être. Personne ne peut vous en empêcher, un juge considérera toujours que votre enfant est votre premier devoir. L'école ne peut s'opposer à ce qu'il soit à la maison.

L'école n'est pas obligatoire, seule l'instruction l'est. Lisez ce petit livre, vous trouverez ici tout ce qu'il faut savoir.

Nous formons les parents à faire l'école à la maison. Vous pouvez nous rejoindre. En ce cas, *inscrivez-vous sur le site en remplissant le formulaire dans la colonne de droite*.

En cas d'urgence :

Vous trouvez également un bouton « urgence » en page d'accueil sur le site.

Avertissement

Ce livre constitue une introduction à ce que propose le blog et à la pratique de l'école à la maison. Il contient une partie du blog. Il peut aussi renouveler avec bonheur votre pratique de l'école à la maison si vous avez commencé.

Si ce livre fouille davantage les analyses à l'origine de votre décision, le site propose la méthode jour après jour. Pour vous faire accompagner et démarrer l'aventure réelle, abonnez-vous à l'accompagnement sur le blog. Les deux approches sont complémentaires.

Si vous remarquez des coquilles dans le texte, qui a été partiellement dicté à l'ordinateur, merci de bien vouloir nous les signaler.

Introduction

Découvrez les secrets d'un grand bonheur : voir son enfant heureux, épanoui, avec un excellent niveau scolaire !

Avez-vous déjà imaginé que le plus gros problème qu'a votre enfant à l'école puisse être réglé définitivement ?

Vous êtes-vous déjà imaginé avec un enfant qui émerveille votre entourage par sa joie de vivre, son regard clair et franc, son entrain, et sa culture, son intelligence, son imagination ? Pensez-y. Car c'est à votre portée.

Comment se fait-il que certains arrivent à obtenir que votre enfant soit heureux avec un excellent niveau scolaire ?

Le premier secret, c'est de savoir que vous pouvez faire l'Ecole à la maison. Un peu, beaucoup ou passionnément, d'une heure à toute la semaine. Vous en avez certainement entendu parler. Ce mode d'enseignement fonctionne. L'Ecole à la maison, ça marche !

Etes-vous capable ? Oui, certainement. Vous n'avez pas besoin d'avoir le niveau scolaire d'un enseignant, que vous choisissiez d'enseigner une heure par semaine à votre enfant ou tous les jours, et nous allons vous le prouver.

En revanche, il vous faut vous préparer et acquérir quelques capacités, comme avant de partir en voyage. Nous sommes là pour vous y aider. Rien d'exceptionnel, rassurez-vous.

Vous pensez que vous n'avez pas la capacité ? Il vous suffit de lire ce guide et vous saurez ce qu'il en est. Ça, c'est la première promesse que nous vous faisons.

Et mon enfant, vous dites-vous, est-ce qu'il en est capable, alors

— qu'il est "addict" à l'ordinateur ?

— qu'il est abonné aux séances chez l'orthophoniste ?

— qu'il est dyspraxique, dyslexique, dysfonctionnel, dysorthographique ou dys-[autre-chose] ? (sic)

— qu'il n'est pas travailleur ?

— qu'il est incapable de travailler seul ?

— qu'il ne me supporte pas ?

— qu'il est perturbé par mon chômage / divorce etc. ?

— qu'il est paresseux ?

— qu'il est déconcentré ?

— qu'il déteste les études ?...

Des objections, nous en avons entendu des dizaines. Dans ce guide, vous aurez la réponse pour chacune d'entre elles.

En fonction de ce qu'il est, cet enfant, nous allons lui donner ce dont il a besoin, cultiver d'autres tendances naturelles chez lui pour qu'il change malgré tout ce qu'on pense de lui.

Et lorsque vous aurez fini cet ouvrage, que vous aurez appliqué ses méthodes, le résultat que vous allez obtenir, c'est un enfant heureux avec un excellent niveau scolaire.

Les cours existent avec des méthodes accessibles, et nous, nous vous donnerons les moyens de les pratiquer au jour le jour, avec les astuces, les moyens, les conseils, l'attitude qui vous permettront le succès.

*

*   *

Précision : ce livre est en deux parties. La première partie vous explique pourquoi l'école à la maison, comment on en arrive à cette décision, ce que vous en pensez avant et après, dans quels cas elle est justifiée et toutes les raisons pour lesquelles vous pouvez la faire ou ne devez pas la faire.

La seconde partie vous livre une méthode pour faire les cours. Sans être directive, cette partie est plus concrète et vous donne aussi une véritable dimension de l'éducation. Ce n'est donc pas un mode d'emploi car toutes les mamans (ou les papas) ont leur manière de faire que nous respectons, mais des orientations, des trucs et astuces, des perspectives et bien sûr des conseils pour chaque matière.

Bienvenue !

Nous sommes Cécile et Rémy, parents de 7 enfants. Nous avons fait un chemin complet d'Ecole à la maison durant plus de 10 ans. Nous en avons tiré une expérience dont nous parlions un jour à un journaliste de télévision. Il nous dit subitement :

— Faites-en un livre, un truc pareil, c'est inimaginable !

C'est cet ouvrage. L'aventure a commencé avec un sentiment de liberté extraordinaire (quel bonheur d'envoyer promener un système qu'on n'aime pas !), puis du travail, car l'école à la maison sans savoir, c'est beaucoup de travail, de la peine, de la sueur, puis de grandes difficultés, des crises : nous étions sincères mais sans expérience, et cette situation vous fait travailler comme des bêtes de somme. La conclusion ? Il ne faut pas rester sans se former. Quand on maîtrise, on s'évite bien des efforts, on économise du temps, de l'énergie, et même de l'argent. C'est la différence entre rouler dans une voiture en bon état et pousser un tacot en panne dans une côte.

Donc, nous étions épuisés. Heureux bien sûr, et fiers, mais épuisés. Mais comme nous n'étions pas du genre à accepter que les jours se ressemblassent tous, nous avons progressivement conduit une réflexion s'appuyant sur une pratique, et nous avons fait des découvertes. Nous avons dégagé des trucs et des astuces, manifestant des principes profonds.

Evrard -Nil dans l'émission « Reporters »

Ce processus est celui de toute personne accédant à une maîtrise et désirant la transmettre : éprouver, discerner, manifester, expliquer.

D'autant que s'est ajouté un regroupement de familles, une création d'école, des conférences, de la formation aux parents et aux enfants qui nous ont donné une expertise exceptionnelle dans ce domaine. Nous avons été consultés très souvent, nous nous sommes déplacés, nous avons regardé ce qui se faisait, nous savons quelles erreurs il ne faut pas commettre, nous savons quels trucs permettent de réussir, quelle attitude est la bonne, quel art d'enseigner donne d'extraordinaires résultats. Certains parents ont trouvé des trucs épatants : nous les avons collectés.

Nous savons ce que sont Montessori, l'éducation bienveillante, l'enseignement informels et savons quelles sont leurs limites.

Cette expérience, nous l'avons acquise tout en menant notre existence professionnelle parfois très difficile car nous sommes des parents comme les autres.

Vous y arriverez. Car ce guide est là pour vous éviter les soucis et vous conduire à la réussite. Soyez d'ores et déjà heureux : l'essentiel est déjà fait. Vous voulez passer à l'action et vous avez trouvé un bon support. Nous avons eu de très grandes — d'immenses — satisfactions, et nous sommes là pour vous les rendre accessibles.

Notre seconde promesse : vous ne regretterez pas le choix de l'Ecole à la maison. Et, ce qu'on n'entend pas souvent quand on lance un nouveau projet : vous percevrez des bénéfices dès la première heure de cours. Vous verrez que votre enfant est différent. Ses yeux s'ouvrent déjà.

Site ou guide ?

Pourquoi ce guide, alors qu'il y a le site l-ecole-a-la-maison.com sur lequel vous pouvez vous inscrire et vous lancer ? Parce qu'il fallait aussi, à côté de la mise en route, une réflexion plus poussée pour ceux qui souhaitaient charpenter un véritable projet de vie.

Il fallait un condensé de ce que nous disons sur le site pour garder à l'esprit les perspectives de votre projet.

Sur le site, vous êtes conduit jour après jour, face à chaque micro-difficulté : quand commencer, par quoi, que faire face au blocage de l'enfant, la fatigue, l'énervement de votre part, comment faire avec un cours trop dur, comment gérer plusieurs niveaux, comment transformer un cours en une séance de bonheur, comment obtenir un beau développement du tempérament de l'enfant... Alors que dans le guide, vous avez des explications de fond, une structure.

Bref, le guide plante les fondations. Le site opère la mise en œuvre.

Cependant, vous retrouverez des éléments communs et c'est volontaire car notre pédagogie passe par une relecture à quelques mois d'intervalles, et vous verrez que vous lirez différemment le même texte, après avoir éprouvé les effets de la première lecture. C'est l'effet "deuxième vague". Ainsi, lire le guide est parfait avant de commencer la formation. Cette méthode est aussi celle d'Assimil, le cours de langues.

Si vous n'arrivez pas à penser complètement votre projet, ça n'a aucune importance car cela viendra en le faisant : l'Ecole à la maison vous construira une nouvelle personnalité, elle sera pour vous et pour votre enfant un immense bénéfice. Votre enfant aura reçu un trésor que VOUS lui aurez donné et qu'IL aura conquis, il arrivera à l'âge adulte avec des capacités inégalables qui dateront de ces mois d'Ecole à la maison. Il vous en sera reconnaissant à vie.

Comme toutes ces célébrités ou penseurs qui ont fait l'école à la maison, ces entrepreneurs mondialement célèbres ou ces chercheurs indépendants, votre enfant ne regrettera pas.

Jusqu'ici, chacun faisait un peu chacun de son côté. Un journaliste résume : "L'idée de Cécile et Rémy a été de favoriser cette aventure en retirant les obstacles : manque de confiance, peurs, manque de savoir-faire, isolement... Mais c'est aussi une proposition très riche qui redéveloppe l'enseignement et l'éducation que donnent les parents."

Pour nous, ce qu'on reçoit durant le jeune âge est au cœur du trésor qu'on porte en soi, c'est le grand message de ces temps que nous vivons, tout est au cœur de l'humain, et l'Ecole à la maison est la quête qui va déposer un trésor dans ce cœur.

Quant à vous, parent, le travail que vous aurez effectué vous donnera d'abord une joie immense, celle de voir votre enfant épanoui ; et ensuite, le bénéfice d'une activité qui vous redéveloppera vous-même. Vous bénéficierez *vous aussi* de cette expérience, elle développera votre cerveau et votre cœur, les premiers outils de la santé, de l'équilibre et de la réussite ; elle vous fera entrer dans un nouveau monde, celui de l'enseignement libre très ouvert à l'international ; elle vous mettra en contact avec un nouveau réseau dynamique. Vous repenserez votre parcours, notamment professionnel.

Car faire l'Ecole à la maison, c'est une formation à part entière, une école de vie. Vous recevrez autant que votre enfant. Pas seulement les notions en français ou en Histoire dans lesquelles vous avez peut-être pataugé[1] mais dans la dimension de votre personnalité. Vous verrez que ça n'a rien à voir avec un niveau scolaire. Vous n'avez pas besoin d'avoir le niveau. C'est ailleurs que ça se passe, le savoir n'est que le contenu et les cours vous le donneront. Ce que nous allons faire ensemble, avec vous, c'est du contenant. Nous allons éveiller en vous l'enseignant qui sommeille, cette personne que nous avons tous en nous, et qui veut transmettre, donner des capacités, émerveiller l'enfant.

Troisième promesse : l'investissement vous rapportera. L'objection de l'argent est fréquente. Elle s'efface rapidement. Sans compter les déplacements que vous n'aurez plus à faire et le temps gagné, l'Ecole à la maison et le prix de l'inscription à un cours par correspondance vous coûteront moins qu'ils ne vous rapporteront.

---

[1] *: Rémy et Cécile ont récupéré de très bons niveaux dans les matières, ce qui n'était pas vraiment prévu. Expérience agréable.*

Car **l'éducation et l'enseignement sont les deux premiers et les plus importants diplômes d'une personne**. La société recherche les compétences de gens « qui tiennent la route », des êtres équilibrés. On cherche des gens éveillés, cultivés et aptes à ambitionner des postes élevés, avec une personnalité rayonnante. On cherche des créatifs. Des gens posés et méthodiques. Des curieux. Bref, on cherche des gens qu'on ne trouve beaucoup plus à l'école ! Il y a du travail pour les enfants bien "charpentés", dans le monde entier. Lorsque votre enfant atteindra l'âge d'entrer sur le marché du travail, il aura *moins* de difficulté que ses coreligionnaires à trouver ce qui lui plaît et ce qui lui convient.

Depuis que Rémy a écrit ce livre, il a été responsable Ressources humaines d'une société de 1.600 personnes et il a été chargé du recrutement. Ce qu'il regardait surtout, ce n'était pas les compétences car une personne de talent pouvait très bien se voir proposer un autre poste ou on pouvait créer un poste en fonction d'un talent. Non, c'était l'éducation. Autrement dit, bien sûr, l'honnêteté et la parole donnée, mais aussi la finesse d'esprit, le discernement, la curiosité, l'équilibre général. Ce qui coûte le plus cher à une entreprise, c'est le déséquilibre personnel ; ce qui rapporte le plus, c'est l'épanouissement personnel.

Et enfin, votre enfant va être heureux. Heureux d'apprendre, curieux, il va dévorer du savoir et sans que cela lui mange toute la journée. En trois, quatre heures par jour (souvent moins), il en fera plus que les élèves qui vont à l'école. Pourquoi ? D'abord parce qu'il sera seul en classe ; à l'école, il y a beaucoup d'enfant en classe et l'enseignant n'a pas le temps de s'occuper de chacun. Si un enseignant peut s'occuper dans toute l'année de votre enfant pendant... disons une heure complète, c'est le bout du monde. Vous, vous allez vous occuper de lui exclusivement. Il va décoller par rapport aux autres. Il fera le programme et bien plus. Et si vous faites l'école à plusieurs enfants, ça ne va pas fragmenter le temps de chacun, ça va l'augmenter de l'apport des autres.

Et puis, il va être dans un état d'esprit totalement différent.

En outre, le contenu sera bien meilleur.

Enfin, la méthode sera géniale parce que basée sur votre amour (et non le programme du ministère).

Par ailleurs, bien sûr, il y a les autres raisons pour lesquelles l'Ecole à la maison est le bon choix : carence intrinsèque du système, violence scolaire, niveau catastrophique, intervenance des LGBT[2] , formatage de la personnalité, etc. La

[2] : *« Lesbiennes, Gays, Bisexuels, Transsexuels ». Le sigle recouvre un certain état d'esprit discriminatoire car ne sont pas représentés « le troisième sexe » (aujourd'hui on trouve des formulaires qui portent les mentions « Homme/Femme/Autre »). D'autres groupes montent au créneau et comptent bien se faire entendre.*

créativité à elle seule, mesurée aujourd'hui avec des outils fascinants, voit sa courbe chuter dramatiquement chez les enfants qui fréquentent l'école.

Il y a pourtant des exceptions, de très bonnes écoles, et si l'une d'elles se trouve près de chez vous, mettez-y votre enfant ; dans la mesure où vous êtes absolument sûr qu'elle fera mieux que vous, ce qui est peu probable comme vous le verrez dans cet ouvrage. Mais s'il y a un établissement de qualité près de chez vous, qui corresponde à ce que vous voulez, et dont le programme soit sain, une école qui épanouisse réellement les élèves, tandis que vous ne pouvez pas du tout faire l'école à la maison, n'hésitez pas à y mettre votre enfant. Si ce n'est pas le cas, ce qui est probable puisque vous lisez ce guide, si l'école n'est pas à la hauteur, vous savez que votre enfant y ratera son parcours scolaire, et qu'il n'aura pas les bases. Peut-être même qu'il souffrira, qu'il souffre déjà.

On vous dit que l'Ecole à la maison est décriée ? En ce cas Pourquoi de nombreuses personnalités sont-elles passées par là[3] ? Vous allez dire : « Mon enfant n'est pas une personnalité », mais nous vous répondons : « Ceux-là non plus n'étaient pas des personnalités avant, ils le sont devenus. » C'est à la portée de n'importe quel enfant. Comme nous allons vous l'expliquer, le problème, ce n'est jamais votre enfant. Même si on vous a convaincu du contraire.

Nous vous proposons ici un livre qui reprend méthodiquement certaines questions primordiales des parents que nous avons rencontrés, ainsi que les nôtres. Nous allons vous décrire pourquoi l'Ecole à la maison est une bonne idée, nous vous donnerons toutes les clés pour franchir le pas, les trucs qui permettent d'y arriver sans difficulté, quels en seront les bénéfices pour vos enfants et vous-mêmes, mais aussi comment éviter les erreurs, les impasses, l'isolement ou les ennuis. Et bien sûr, nous vous donnerons les raisons qui devraient dissuader de faire ce choix. Quand vous aurez fini de lire ce guide, vous saurez *si* vous pouvez le faire et, le cas échéant, *comment* le faire, du moins au départ (vous abonner sur le site parachèvera votre formation).

---

[3] *: Montaigne, la Comtesse de Ségur, Pierre Téqui et quelques autres comme Dickens (David Copperfield), Agatha Christie, l'Aga Khan, Alain Calmat, Albert Einstein, Anne Queffélec, Anne Sinclair, Beatrix Potter, Bernard Debré, Bernard Gavoty, Brigitte Bardot, Bruno Cremer, Charlie Chaplin, Christine Ockrent, Christophe Dechavanne, Christopher Paolini (auteur d'Eragon), Claude Cheysson, Condoleezza Rice, Dominique Frémy, Édouard de Rothschild, Elsa, Empereur Bao-Daï, Etienne Dailly, Françoise Dorin, Françoise Sagan, George Washington, Jacques Chirac, Jacques de Lacretelle, Jacques Friedel, Jacques Lafitte, Jean d'Ormesson, Jean-louis Debré, Jean-Paul Sartre, Louis Armstrong, Maud Fontenoy, Michael Faraday, Michel Polnareff, Michel Poniatowski, Olivier Dassault, Patrick Dewaere, Pierre Curie, Pierre de Boisdeffre, R. de Pourtales, Rainier de Monaco, Soichiro Honda, Stéphanie de Monaco, Véronique Sanson, Vincent Cassel, Yann Queffélecou encore Albert Schweitzer et bien d'autres.*

*

* *

La semaine dernière, une équipe de télévision[4] est venue nous filmer à la maison donnant des cours à deux de nos enfants, Marc-Eloi (9 ans) et Evrard-Nil (10 ans). Aujourd'hui, un jeune couple vient à son tour nous demander notre sentiment, s'interrogeant sur ce choix. Nous leur racontons les choses par le menu et voilà qu'ils s'exclament : « Vous devriez écrire tout cela ! »

D'accord, essayons.

L'école n'est pas obligatoire, c'est la scolarisation qui l'est[5].

Nous avons 7 enfants, les trois premiers ont déjà rejoint l'école, après plusieurs années de "homeschooling", comme on dit aux USA. Voilà une décennie que nous pratiquons l'Ecole à la maison.

Voici un témoignage trouvé sur Internet qui donne à peu près l'état d'esprit le plus répandu :

> « Je commence à aller sur des forums de parents pour essayer de comprendre ce qu'il se passe. Et là... d'un coup, on me dit qu'il n'y a pas que l'école et qu'un enfant peut être instruit en famille, chez lui, en suivant son rythme...
> Je lis les messages et je me dis "mais ils sont barges ces gens-là !!! Il faut être complètement inconscients pour enfermer des enfants à la maison, les faire travailler, les enlever de l'école... c'est quoi ces marginaux ???" et je claque la porte aux discussions.
> Décembre passe... janvier arrive et F. tombe très malade (plusieurs jours à 40° de fièvre, elle maigrit beaucoup, dort de plus en plus...). Le matin, je n'arrive plus à la réveiller, elle veut faire la sieste mais à l'école, ils refusent de la prendre parce qu'à 4 ans, ben on ne fait plus la sieste... Je vois ma puce s'éteindre de plus en plus, ne plus sourire, ne plus jouer, s'endormir pendant le goûter...
> Un soir, alors qu'elle est dans sa chambre, je l'entends jouer avec ses peluches... elle joue à l'école.

---

[4] *: NT1. Vidéo disponible en ligne sur Youtube.*

[5] *: Article L131-2 du Code de l'Education : « L'instruction obligatoire peut être donnée soit dans les établissements ou écoles publics ou privés, soit dans les familles par les parents, ou l'un d'entre eux, ou toute personne de leur choix. »*

Notez que lorsqu'on dit que l'instruction est obligatoire, ce n'est pas une obligation faite à l'enfant d'être instruit, mais une obligation faite aux adultes d'instruire l'enfant.

Nicolas Sarkozy, alors président de l'UMP et Ministre de l'Intérieur, se trompait donc lorsqu'il déclarait : « L'école est obligatoire, on ne demande pas l'avis de celui qui ne veut pas y aller. [...] Ce n'est pas un choix. » Mme Ségolène Royal allait plus loin encore, entamant un procès contre l'instruction en famille : « S'agissant, tout d'abord, du droit de l'enfant à l'instruction, je veux rappeler [...] que plusieurs milliers d'enfants échappent chaque année à l'école de la République. Bien souvent, au nom de l'instruction dans la famille, ces enfants sont maintenus dans un état d'inculture, d'ignorance, ou, pis encore, embrigadés, aliénés, maltraités. » (sic) Mme Royal prouvait ainsi qu'elle ne connaissait pas du tout la question, ou qu'elle faisait mine de ne pas la connaître...

— "Tu es vilain, méchant... je déchire ton travail et tu es puni... monte sur la table, mets les mains sur la tête et dis devant tout le monde que tu vas balayer les rues plus tard parce que tu es un âne à l'école !!!" et tout ceci en hurlant !
Mon cœur s'arrête ! J'entre dans la chambre, je demande à F. ce qu'elle fait et elle me répond qu'elle joue à l'école et qu'elle fait comme une de ses maîtresses... puis elle fond en larmes en me disant que son travail va toujours dans la poubelle, qu'elle est nulle, qu'elle ne sait rien faire et que l'école c'est trop dur. »

Ça se passe de commentaire, n'est-ce pas ? Voilà une maman qui, découvrant une réalité du jour au lendemain, décide à son tour de retirer son enfant du système scolaire pour faire l'école à domicile.

Mais il y a plus grave encore que cette incompétence de nombreux enseignants : l'empoisonnement mental, spirituel, progressif et presque invisible pour les parents, de leurs enfants, par le programme. Enseignement au rabais parfois, mais surtout faux principes, fausses valeurs, promotion d'une sexualité déréglée, productivité centrée sur des critères "pédagogiques" inventés par Dieu sait qui sauf Dieu, c'est-à-dire des créations technocratiques, parfois politiquement orientés.

Dans le meilleur des cas, c'est une école du bourrage de crâne, qui n'est plus capable de donner l'essentiel et qui ne fait surtout que gaspiller la première ressource humaine : les enfants. Les syndicats et les politiques sont la priorité, c'est eux qu'il faut satisfaire avant tout. Les enfants sont passés par la trappe, et de nombreux enseignants s'en plaignent depuis des décennies.

Nous avons chaque jour l'exemple d'enfants de 13 ans qui ne savent pas leurs tables de multiplication, ni compter, ni poser une opération, qui ignorent totalement les principaux personnages de l'Histoire, qui ne savent pas les bases de la géographie, qui sont incapables de s'exprimer etc. Voyez cet article du Monde qui avoue benoîtement, après avoir dit pendant des décennies que les critiques étaient le fait d'intégristes et de réactionnaires, que « Les collégiens de cinquième sont tombés au niveau des élèves de CM2 de 1987. »

Si votre établissement est un bon établissement, et que vous n'avez aucune solution actuellement, laissez votre enfant là où il est, *non sans suivre de près ce qui s'y passe*. Parents, apprenez à ne plus faire confiance *a priori* aux instituteurs et aux professeurs uniquement parce que vous les aimez bien ou par habitude. Il y en a de très bons, il y en a de moins bons. Il y en a un certain nombre qui finissent en maison de repos, et beaucoup y font des séjours réguliers, l'Education nationale a ses propres centres spécialisés[6] ! Et il y a d'autres enseignants, encore, qui n'auraient jamais dû se trouver à cette place, au contact

[6] : *Le plus grand centre psychiatrique d'Europe est l'un des centres réservés aux anciens membres de l'Education nationale...*

des enfants. Il y en a aussi qui sont embauchés sans avoir reçu la moindre formation. Il faut que vous le sachiez.

L'administration ne sait pas choisir les bons enseignants et ne sait pas non plus les distinguer en cours de carrière. Il y a très peu de radiations, surtout des mutations. D'excellents instituteurs ou profs sont harcelés par l'administration, et de mauvais ont les coudées franches.

Ne soyons donc plus angéliques. Dialoguez, posez des questions. Si vous n'avez pas de réponse comme cela arrive souvent, au motif que l'enseignement est une affaire de professionnels, insistez : l'enseignement est l'affaire de *tous*. C'est la doxa officielle, après tout, vous trouverez mille discours politiques l'affirmant. Suivez vos enfants de près parce que tout système est imparfait, tout adulte est imparfait, et nos enseignants ont beaucoup de peine à construire des adultes capables non seulement de se débrouiller seuls face au travail, face aux agressions de la vie, face à la modernité, mais capables aussi et surtout d'édifier leur être au fur et à mesure de la croissance physique. D'ailleurs, ce n'est pas au programme, les enseignants ne sont pas là pour bâtir des êtres, ils sont là pour livrer du savoir, parfois on pourrait dire "au kilo", le savoir du programme qui est souvent un sous-savoir (que d'erreurs dans les programmes d'Histoire et que d'endoctrinement ! que de mauvais exemples dans l'enseignement du français, que de complication dans les maths qui devraient pourtant être limpides etc.).

Disons-le, les enseignants vont et viennent dans un monde plutôt confiné, Internet ouvre un peu la brèche mais le réflexe est au repli corporatiste. Très peu d'entre eux ont créé une entreprise, voyagé, pris des risques, embauché des employés ou simplement vécu d'une manière un peu cultivée. L'initiative d'aller voir ailleurs et de se former, d'aller dans le monde, voir comment on enseigne, est privée, individuelle, car la structure EN (Education nationale) s'y oppose brutalement. Il y a un "modèle" français qui ne fait plus modèle pour grand monde, sauf sur quelques bons points : on a conservé la notion de niveau général par exemple. Mais on refuse d'étudier les modèles étrangers, la France serait trop "spécifique". Elle ne l'est pas. On devrait constamment évaluer la situation en Finlande, en Chine, en Corée, en Allemagne, au Japon, en Grande-Bretagne mais ce n'est pas spécialement l'état d'esprit qui règne. Donc, passez votre chemin avec vos études et vos travaux sur les modes d'enseignement à l'étranger, c'est "pas de chez nous".

Certes, on ne peut plus exiger que les enseignants éduquent les enfants comme le faisaient les maîtres du XVIIème siècle, d'une manière "universelle" c'est-à-dire en maîtrisant la notion de principes, capables de lancer des ponts conceptuels entre des mondes divers. On est très loin de la notion "d'esprit sain dans un corps sain". Le savoir est cloisonné, ce qui le rend inutile pour quelqu'un qui n'est pas appelé à une carrière spécifique. Il est normal que des parents disent « les maths ne servent à rien » si l'enseignement des maths ne participe pas d'une construction générale de l'enfant. Les maths ne sont pas faites que pour faire des mathématiques, le français n'est pas fait seulement pour les enfants qui veulent devenir écrivains, l'Histoire n'est pas réservée aux futurs historiens ! Le savoir n'est qu'une poussière à côté de la Connaissance. Devenir un adulte accompli passe par une **maturation**. Or, combien d'adultes matures notre société compte-t-elle, quand on brûle des voitures, quand on lance des grèves à répétition, quand on cultive un esprit vindicatif, que l'on tient des propos violents ?

Cette carence générale s'explique en peu de mots : l'école, en tant qu'institution, a détruit la quête du sens et elle a détruit le sens parce qu'elle a nié le sacré. Elle fonctionne de certitude en certitude, à coup de réformes et d'études qui se contredisent. La République est d'abord et avant tout une fabrication jacobine, il est donc essentiellement interdit de sortir du moule matérialiste. Ses solutions sont une longue suite de réformes rationalistes mais... coupées de l'enfant. L'école va donc mal et ce sont nos enfants qui payent la plus grosse addition. Et une fois qu'on a dit ça, on est catalogué automatiquement dans le clan des réacs, voire des fascistes, même si tous les spécialistes sont d'accord sur les constats. Nombreux sont les enseignants de gauche qui n'acceptent plus cela, et qui disent la même chose. Ce n'est pas une affaire politique !

Alors voilà, nous essaierons de vous raconter notre expérience de manière libre (sans prétendre à l'objectivité absolue et sans discours technocratique), puis nous tenterons de vous livrer toutes les informations utiles que nous connaissons. Lorsque nous le pourrons, nous livrerons quelques "tuyaux" et bonnes adresses de façon à ce que le parcours soit rendu aussi simple que possible.

Cécile et Rémy

Partie 1 : Constats avant de commencer

Il nous a semblé nécessaire de dresser des constats. Parfois, ceux-ci vont rassurer les parents car ils ne sont jamais seuls face à un problème. D'autre part, il peut être bon de lire que ce qui est considéré comme normal ne l'est pas forcément et inversement, ce qui est considéré comme anormal peut être tout à fait naturel.

En fait, ce que nous disons dans cette partie explique largement pourquoi il devient intéressant d'enseigner un peu ou complètement son enfant à la maison.

Pourquoi l école à la maison ?

Commençons par les raisons données par un échantillon de 8.200 personnes (par sondage en page d'accueil du site), dans l'ordre décroissant :

1. Le niveau à l'école est insuffisant
2. Vous recherchez un mode d'enseignement différent
3. Il y a des problèmes à l'école
4. Vous voulez que votre enfant s'épanouisse
5. Votre enfant est mis à l'écart par les autres enfants ou a du mal à s'entendre avec eux
6. Votre enfant mérite de devenir ce qu'il veut
7. Vous voulez un mode de vie qui unisse toute la famille dans un projet
8. Votre enfant ne veut plus aller à l'école
9. Votre enfant mérite une attention
10. Votre enfant n'a aucun problème, il fait l'école à la maison
11. Vous n'êtes pas d'accord avec les programmes ou certains programmes (éducation sexuelle "moderne" par exemple)
12. Vous redoutez les mauvais comportements et les mauvaises influences
13. Votre enfant est d'une constitution spéciale (santé)
14. Vous avez une exigence de qualité, vous voulez que votre enfant sorte du lot commun et reçoive une éducation au moins normale, qualitative
15. Une raison matérielle vous oblige à y réfléchir (déménagement, mutation, chômage, autre)
16. L'école privée est trop chère

Mais:

1. Vous estimez ne pas avoir le temps
2. Vous ne vous y voyez pas
3. Vous pensez ne pas avoir assez d'argent
4. La pression familiale et de l'entourage est trop forte
5. Vous pensez ne pas avoir le niveau
6. etc.

VOS OBJECTIONS

Nous verrons tout à l'heure l'objection au sujet du temps. Commençons par « Vous ne vous y voyez pas ».

Nous non plus, nous ne nous y voyions pas. Et pourtant, maintenant, nous sommes ravis. Vous verrez sur le site, dans les vidéos de présentation, que nous sommes des gens comme vous, tout à fait normaux (du moins, il nous le semble...).

« Vous pensez ne pas avoir assez d'argent »

Cette objection n'a aucune raison d'être et nous vous le montrerons. Faire l'école à la maison vous coûtera en moyenne moins cher que l'école "gratuite", vous le verrez. Et cela vous rapportera davantage, financièrement, d'autant que nous avons des codes de réduction et... des astuces à utiliser. Mais chaque chose en son temps, on verra ça plus tard.

« La pression familiale et de l'entourage est trop forte »

Si vous ne faites rien dans votre vie, personne ne s'opposera à vous. Vous mourrez tranquillement, seul, sans aucun adversaire. C'est sûr : ne rien faire est la solution adoptée par la majorité. Mais 4 personnes sur 5 regrettent d'avoir eu la vie qu'elles ont eue. Beaucoup regrettent de ne pas en avoir fait assez pour leurs enfants. Ce qui explique bien des solitudes de vieillards.

Alors, sachez-le, on a toujours des adversaires quand on agit. Il n'y a pas eu un seul grand homme ou une seule grande dame qui n'ait eu d'ennemi. Au tout début, les oppositions à votre projet sont toujours grandes, de la part des gens qui ne connaissent pas le sujet ou qui simplement vous jalousent. Soit vous avez le cran d'être plus fort que les préjugés, soit non. A vous de voir. Mais si vous avez le cran, vous verrez que tout va se retourner et que vos proches finiront par vous féliciter (notre belle-sœur était une adversaire farouche de l'école à la maison, aujourd'hui... elle pratique !). Vous aurez aussi de nouveaux amis qui admireront votre travail. Et un enfant totalement différent, heureux.

Enfin, dans la vie, il y a des priorités. Votre enfant est prioritaire, pas vos parents ou vos cousins, ni vos belles-sœurs.

Voyons l'objection suivante : *« Vous pensez ne pas avoir le niveau » ou « Je n'en suis pas capable ».*

Notre réponse est la suivante : il y a de très fortes chances que vous en soyez capable. Vous n'avez pas besoin d'avoir un niveau scolaire spécial. Même si vous avez été un cancre à l'école, mais que vous avez le désir fort de transmettre à vos enfants et que vous aimez le savoir, vous y arriverez.

Supposez que vous décidiez de traverser l'océan à la voile et que vous ne sachiez pas. Que feriez-vous ? Vous apprendriez. C'est ce que nous allons faire ensemble : nous allons vous former ; ça commence par la lecture de ce guide et ça continuera par une solide formation qui fera de vous quelqu'un de plus performant qu'un enseignant classique. Vous aurez acquis de nombreuses compétences qui vous aurons hissé dans un tout petit nombre, une élite de l'éducation.

Si vous avez des problèmes personnels, vous aurez peut-être la solution parmi ces livres (vous pouvez aller voir tout de suite ou attendre que nous y arrivions tranquillement).

Pour le côté "savoir scolaire", vous verrez les notions en même temps que votre enfant, ça vous fera d'excellentes révisions ! D'autant que vous aurez choisi vous-même le cours qui vous plaira, par conséquent le programme sera plus proche de vos convictions que le programme officiel "Education nationale". Vous n'avez pas besoin d'être calé(e), vous aurez sous les yeux le cours que vous délivrerez au fur et à mesure que vous le (re)découvririez. Les cours par correspondance que nous recommandons sont faits pour que le problème ne se pose pas. Et si une question insoluble se pose, outre les livres, vous aurez l'extraordinaire outil qu'est Internet à votre disposition, avec des sites référents. Vous acquerrez aussi le réflexe de demander à votre enfant de trouver la solution. Vous avez les amis qui font également l'Ecole à la maison car vous allez rejoindre un réseau en cherchant sur Internet, en allant sur les forums. Internet, pour ça, c'est génial.

Nous avons écrémé pour vous les sites qui vous feront perdre du temps ou qui vous donneront de mauvais conseils du type « les livres ne servent à rien » (authentique) et ne retenons que les meilleurs, ci-dessous.

*

*   *

« Est-ce que mon enfant le supportera ? »

Oh ! oui. Beaucoup mieux que l'école.

Nous verrons comment ces objections peuvent s'amenuiser avec quelques trucs et astuces.

Ensuite, vous aurez à la fois une discipline assez construite et une souplesse, pour adapter le rythme à lui, pour progresser tranquillement. Il n'y aura plus de trou noir, de notion incomprise, et croyez-nous, lorsqu'un enfant ne cale pas, il avance. C'est imparable.

Quant à l'affirmation « ça coûte cher », vous verrez que l'un dans l'autre, vous vous y retrouverez très bien.

La seule objection solide, c'est *« Je n'ai pas le temps de faire l'Ecole à la maison »*. Si les deux parents ou le parent seul travaille à temps plein, il n'est pas possible de faire l'Ecole à la maison. A moins qu'on y pense sérieusement et qu'on s'organise différemment. Comme nous le montrons à de nombreux parents (des mamans solo par exemple), il y a **plusieurs moyens de gagner sa vie sur internet**, sans avoir d'argent au départ et sans rien y connaître en informatique. Nous aidons une cinquantaine de familles que nous formons en ce sens (hier, l'une d'elles nous a signalé gagner 6.000€ ce mois-ci grâce à nos conseils). En fait, la question du temps peut-être résolue en changeant de vie. Persister à aller sur le marché du travail n'est pas la solution. Vous n'avez pas besoin d'avoir une idée au départ. Ni une maîtrise en informatique. Si vous savez ouvrir une feuille et taper un texte, si vous savez naviguer sur le net, ça ira très bien. Il y a des millions de demandes insatisfaites sur le net, vous êtes réclamé !

Quand on acquière son autonomie financière, on a tout le temps nécessaire. Nous en sommes bien conscients et c'est pour cela que nous avons créé cet autre site qui permet à chacun de se former aux techniques du web pour un revenu moyen au bout de 3-4 mois de 1.500€. Allez donc sur www.jecreemonblogpro.com.

QUE S'EST-IL PASSÉ ? OU « COMMENT EN SOMMES-NOUS ARRIVÉS LÀ ? »

C'est contraints que nous avons commencé.

Il faut bien le dire, retirer son enfant du système scolaire classique pose une interrogation sérieuse sur ce système. Rares et mal vus il y a quinze ans, les livres ou articles qui remettent en cause l'institution ne se comptent plus, tous les constats ont été faits. L'Education nationale[7] pouvait couvrir d'opprobre les critiques, traiter en pestiférés les parents révoltés, elle ne peut aujourd'hui que se taire…

---

[7] : En 2008, selon l'Insee, 69,2 % des Français possèdent un diplôme égal ou inférieur au Bac en France et 19,9 % seulement sont titulaires d'un diplôme supérieur au baccalauréat. De 70% à 20%, quelle écrémage !

Nous analyserons le bien-fondé des motifs des parents des quelques dizaines de milliers d'enfants[8] qui ont choisi l'Ecole à la maison, parce qu'ils vous donnent des éléments de réflexion. Le phénomène résulte de beaucoup de problèmes nouveaux à l'école, qui conduisent les parents à s'interroger, quand ils ne désespèrent pas. **Si l'école était demeurée ce qu'elle a été, 95% des parents ne feraient pas l'Ecole à la maison.**

Avant même que les problèmes de discipline ou de violence ne fassent régulièrement la Une des journaux[9], ce sont les programmes eux-mêmes, surtout depuis les années 80, qui sèment le trouble dans les esprits.

J'appartiens à la première génération de la réforme Haby et je me souviens à quel point nous nous sentions ridicules avec nos livres tout neufs ne contenant presque rien, plein d'images comme au CP à côté des livres de mes grands frères, usés, patinés et bourrés de grands savoirs. On avait la nette impression que la réforme nous prenait pour des idiots. Et puis, on s'est dit très vite qu'on aurait beaucoup moins de travail, ce qui évidemment nous arrangeait. Effectivement, on travaillait beaucoup moins. Les profs nous avaient expliqué que la réforme visait à fatiguer moins les enfants parce qu'avant, c'était l'horreur, on épuisait les élèves. Mais on était tout aussi fatigués que nos aînés. D'une, la fatigue n'a pas baissé d'un iota, à cause d'un phénomène connu : nos capacités ont baissé, nous étions moins "musclés" cérébralement. Il en va avec le cerveau exactement comme en sport, plus vous vous entraînez, moins vite vous vous fatiguez[10]. De deux, je me suis retrouvé le premier dans ma famille de 8 enfants à avoir des résultats moyens. J'étais tout le temps épuisé. Nous l'ignorions, mais c'était le résultat inéluctable de la réforme. Deux ans plus tard, je redoublais, puis ce fut mon grand frère, car on avait élargi la réforme aux classes supérieures. Les

---

[8] *: On constate une fois de plus l'opacité des données de l'Etat : le site www.education.gouv.fr ne donne pas de chiffre. Ce serait entre 50 et 100.000, selon nous. Le Figaro donne 13.547 enfants instruits à domicile, citant la Miviludes. Pour 2005-2006, l'association Laia donne : Enfants instruits en famille sans cours par correspondance reconnus par l'Etat : 2869. Instruction à domicile avec un cours par correspondance d'Etat (CNED) : 5989 enfants pour le niveau élémentaire, 13603 enfants pour le niveau collège, 7767 jeunes pour le niveau lycée général. Cours par correspondance privés reconnus par l'Etat : 4463. Total : 34 691. Mais LAIA n'a pas les chiffres des cours par correspondance, jalousement gardés. Et les chiffres ont plus que doublé entre 2012 et 2014 !*

[9] *: Là encore, on a des éléments imprécis. Il est vrai que l'évaluation de la "violence" est difficile, comme l'est sa définition. L'Etat a tendance à considérer que c'est le nombre de plaintes déposées qui est parlant. Or, les familles ou les professeurs ne portent pas plainte facilement à cause de l'inutilité presque systématique de la démarche (absence de condamnations), du refus de la police d'enregistrer des plaintes, de la pression de l'administration pour que les enseignants ne disent rien etc. 80 000 "incidents" sont répertoriés chaque année dans les écoles, selon le logiciel Signa. En 2003, on avait 72 000 actes de violence, ce qui montre que le phénomène progresse.*

[10] *: Nous reverrons la questions plus loin. Plus on sollicite un cerveau, plus il se renforce.*

premiers redoublants, dans une famille où on n'avait jamais redoublé, jamais. Culpabilisation, étiquette "cancre" sur le front.

Or, il se trouve que j'ai un caractère libre et que je ne me laissais pas abattre. Je faisais mes propres études, lisant et étudiant en marge du système. J'ai commencé à apprendre l'espagnol seul, puis le japonais ; et je lisais beaucoup. Nous avions aussi une culture familiale dense, une ouverture sur le monde, un niveau de réflexion.

C'est donc en témoin de premier ordre que je peux dire : la réforme Haby et ses suivantes ont été des désastres. Zéro pointé pour les profs qui y ont cru. Nous n'en sommes pas fiers. Nos aînés savent plus de choses, ils sont mieux capables que nous de les restituer, ils ont un esprit mieux construit. C'est indiscutable. Pour faire aussi bien, nous devons déployer plus d'efforts. Toutes les études statistiques montrent l'effondrement du raisonnement, des savoirs, des modes d'expression, la perte du vocabulaire (appauvrissement qui se constate dans les dictionnaires successifs), de la logique etc. On ne sait plus qu'orient signifie en latin l'endroit où se lève le soleil, du verbe *orire*, et qu'essayer signifie subir, vivre une expérience ; on se dit que Montaigne a tenté des expériences avec ses Essais alors que dans l'esprit de Montaigne et à son époque, le mot essais signifiait "épreuves". Et qu'il y a trois verbes latins différents dans la conjugaison de aller, (je vais vient de *vado*, nous allons vient d'*adnare* et j'irai vient de *ire*).

Si vous ne savez rien de l'origine des lettres, c'est normal : on ne l'enseigne pas. Tous les noms grecs des lettres de l'alphabet sont des mots égyptiens. La lettre *aleph* signifiait "bœuf". Son dessin représentait une tête de bœuf surmontée de ses cornes. . Le D signifie triangle, le I est le doigt d'une main (« pas un iota », ça signifie « pas même un doigt »), etc.

On dit « ce sont des contes de bonnes femmes ». Expression misogyne qui fait penser qu'autrefois, on méprisait les femmes. On fait erreur. Il faut écrire "bonne fame", de *fama*, la réputation en latin, de même qu'il y a de mauvaises fames, d'ailleurs ont dit des rues mal famées ; *to be famous* en anglais, c'est être célèbre, avoir une notoriété.

On ne sait ni ces choses ni le reste. Honnêtement, notre génération a peu de culture.

Vous direz peut-être : ça ne nous empêche pas de vivre. Ni de voter. Car ce qui se joue derrière cela, c'est votre faculté à penser, à discerner le vrai du faux. La culture vous aide à vivre *mieux, à vivre libre*. C'est la différence entre l'esclavage et la liberté ! Entre la pauvreté et l'opulence. Celui qui sait est le maître. S'il y a une chose que les puissants ne négligent pas, c'est de mettre leurs enfants dans les meilleures écoles.

Si une femme est convaincue que les siècles précédents étaient misogynes, alors elle se dit qu'après tout elle ne vit pas trop mal dans notre société où elle court partout pour survivre et ne pas avoir une minute à elle. Mais si elle apprend qu'il y a eu des époques ou les femmes étaient bien loties, très respectées, qu'elles avaient du pouvoir, qu'elles choisissaient leur mari, qu'elles étaient très loin de cette propagande officielle qui tente de faire croire que tout est mieux maintenant, alors elle va chercher à changer les choses.

L'absence de culture bénéficie à l'asservissement, à la pauvreté, à la dépendance.

Il nous est arrivé de faire jouer des gens aux devinettes, lors de déplacements ou de soirées, je m'aperçois que la majorité ne sait pas qu'il y a quatre instruments dans un quartet, ni mettre dans l'ordre Bonaparte, Jeanne d'Arc, Clemenceau et Charlemagne, ou encore comprendre que le système solaire est un minuscule quartier de la Voie Lactée. Jamais entendu parlé de Bismarck, une idée totalement caricaturale de la Seconde guerre mondiale, rien sur celle de 1870 évidemment. Les jeunes ignorent complètement qu'il y a eu Thiers, le général Boulanger ou même Napoléon III ! Lorsque la culture décline, la liberté décline. Lorsque des gens ne savent rien, on peut leur faire croire ce qu'on veut, ils n'ont pas les outils mentaux pour contester. On peut en faire des consommateurs dociles et soumis à l'ordre mondial et à la surveillance planétaire *Big Brother.* Vous vous rendez compte de la puissance de manipulation dont disposent les médias ? C'est aussi à cause de cette ignorance que la majorité des parents n'osent pas imaginer faire l'école à la maison.

Vous entendez un ministre dire « les bras m'en tombent des mains » sans qu'un seul journaliste ne s'esclaffe, que M. Chirac peut dire « je peux-t-naturellement... », que vous entendez de sublimes pléonasmes tels que « les loups ont des facultés télépathiques de transmission de pensée et ils ont une robe hivernale d'hiver » (dans une émission animalière célèbre). Je m'amuse à recenser ce que j'appelle les "expressions penchées", je les collectionne, d'ailleurs n'hésitez pas à me faire parvenir celles que vous dénichez. J'ai par exemple :

« Je ne peux pas être à la fois par monts et par merveilles ! »

« Il faut se retrousser les bras » (Jean-Marie Cavada, pourtant professionnel)

« Ça m'a fait sortir de mes gongs. »

« C'est la fin des pâquerettes. »

« C'est le fond du plancher. »

« On sème des petits cailloux, un jour ça fera peut-être des grandes rivières. »

« Je ne veux pas vendre l'eau du bébé avant le bain. »

« Il ne faut pas non plus chercher la chèvre et le chou. »

« Je ne lui aurais pas donné la confession au Bon Dieu. »

« La Bulgarie nia ses grands dieux… » (Jacques Pradel)

« Il ne se réveillera plus de ses cendres « (idem)

« Nous l'avons entendu maintes et maintes reprises. »

« Il ne faudrait pas vendre la charrue avant d'avoir tué les bœufs. » Variante : « Il ne faudrait pas mettre la charrue avant l'ours. »

« C'est écrit comme sur du papier à roulette. »

« Je suis au bord du rouleau. »

« Ne vous faites pas épingler au pilori. »

Perte de sens, perte de langage… et perte d'idées, forcément. Pourquoi est-on si admiratifs des chansonniers des années 45 à 80, tel Jacques Brel ? Parce qu'ils avaient reçu un enseignement, ils possédaient un verbe.

Bref, en tant qu'enfants, nous étions la première génération privée radicalement de savoir. Plus de grec, plus de latin, et bientôt un français très pauvre : tout commence par la perte de sens. Ensuite, les réformes anti-intelligence pouvaient s'attaquer à l'Histoire, aux maths etc.

Ne croyez pas que ce soit dû au hasard ou à la paresse humaine. Laissez des enseignants libres et vous verrez l'enseignement se développer de manière prodigieuse. L'esprit humain améliore naturellement parce qu'il y a toujours une fascination pour ce qui est mieux, ce qui est plus élaboré, plus beau. Mais ça ne se passe pas comme ça car il y a un programme et des « pédagogies » qui sont dictés par le ministère, lequel dépend de la Commission européenne d'Education, laquelle est dirigée par… des gens qui ne sont pas véritablement des philanthropes préoccupés de votre enfant. Nous n'en dirons pas plus mais dans les faits, il y a une véritable entreprise de suppression de l'intelligence, du beau, du vrai. C'est un fait qui est largement étudié et constaté par des milliers de publications. Ce que vous pensez a été constaté.

Pour la partie émergée de l'iceberg, cela date de la réforme Haby. Si vous lisez la lettre du poilu que nous publions en fin d'ouvrage, vous verrez la différence ; un ouvrier agricole natif d'un village perdu, qui n'a même pas le Bac, écrit mieux que n'importe lequel des écrivains célèbres d'aujourd'hui, et même, nous pouvons le dire sans crainte, que bien des Prix Nobel de littérature : ce simple ouvrier mort en 1915 fait des phrases claires, simples et nobles, il a une élévation de pensée qu'on ne trouve plus nulle part, le tout avec une calligraphie magnifique. Nous voudrions rappeler que les débats Lincoln-Douglas de 1858 a vu s'opposer deux hommes qui parlaient chacun à leur tour sans note, récitant des poèmes entiers, citant, énumérant, rappelant des chiffres de mémoire et cela durant des heures. Comparez avec les débats de nos présidents français ou américains d'aujourd'hui : des phrases de 15 mots, vocabulaire infime, idées étriquées, petitesse de points de vue, démagogie, fautes de langage, tout ça avec notes et prompteurs.

Et si quelqu'un s'intéresse à la question et se demande si l'on trouve dans l'Histoire des exemples de discours improvisé de haut niveau, nous recommandons le livre Louis XV, de Paul del Perugia, où vous découvrirez par exemple, au chapitre 8, ce qu'une femme comme la marquise de Pompadour pouvait répliquer à un membre du Parlement, prouvant un niveau de pensée et une maîtrise du langage inatteignable de nos jours. On se rend compte non seulement à quel point la femme avait alors, contrairement à ce que ressasse la culture officielle, une place prédominante, mais encore à quel niveau d'instruction cette époque se situait.

Il y a eu, depuis deux cent vingt ans, une chute effroyable, plus ou moins rapide, du niveau général. Une comédie illustre ce vers quoi nous allons, nous ne la citerons pas, elle n'a qu'un seul intérêt : dans les premières secondes du film, elle présente une courbe du niveau d'intelligence en baisse rapide dans le monde entier dans les années à venir. Le régime politique qui nous attend, c'est l'idiocratie.

Nous n'allons pas vous dire que nous cherchons en vain un Sacha Guitry, un Balzac ou un Pagnol dans nos écrivaillons à la mode. Il y a des gens intelligents qui apparaissent partout en ce moment, spécialement aux USA, en Chine ou au Canada, où la règle fait que les talents peuvent sortir, ce qui n'est pas facile en France parce qu'il y a une présence écrasante des institutions publiques et que le propre de l'institution publique est de figer. Cependant, le domaine privé persiste à se développer, dans les domaines de l'aérospatiale, dans les entreprises, dans les associations, sur le net, dans le management, dans les sciences, au cinéma, en informatique notamment. Nous sommes éblouis par exemple, par ces talents qui fabriquent des logiciels merveilleux, permettant de faire avec très peu de moyens ce qui demandait d'immenses déploiements d'efforts il y a encore 5 ans.

Bref, cette réforme Haby, calamiteuse, était la première d'une série phénoménale. Et plus on réformait, plus le niveau s'effondrait. Et ceci jusqu'à aujourd'hui parce que le phénomène continue ! A partir de 2011, on explique aux enfants qu'on ne naît pas garçon ou fille, que c'est un "choix culturel" ; si votre garçon vous déclare un jour qu'il veut être une fille, vous serez contraints de vous taire, c'est la théorie du *gender*, sortie du chaudron des apprentis-sorciers mondialistes[11]. Une horde de groupuscules et d'associations financées en sous-main par des lobbies et des puissants (Georges Soros par exemple) vont prendre le relais pour mettre en accusation une "société rétrograde", parce qu'il faut "évoluer" etc. En réalité, on glisse toujours davantage d'interdits et d'obligations dans les foyers d'une part, et d'autre part on détruit l'intelligence humaine. Pour obtenir une planète habitée par de gentils consommateurs dociles.

C'est en réalité un système éducatif de désorganisation des esprits, de "déconstruction" de l'enfant. C'est une violence mentale. L'école n'est pas seule en cause : dans la rue, à la télévision, pendant des années, on a démoli plutôt que construit. Les choses changent-elles avec Internet ? En partie, car des parents savent choisir ce qu'il est bon de donner aux enfants. Mais en partie seulement parce qu'Internet ne remplacera jamais un enseignement direct, un cours avec enseignant, sans compter que l'enseignement direct dispense de l'écriture sur papier qui est un trésor de construction incomparable.

Conséquence directe de cette manière de procéder du système éducatif, l'amoncellement de réformes et de circulaires a rendu éprouvante voire impossible la lisibilité du système. *On ne sait plus si l'école est bonne ou non pour son enfant.* Votre enfant démarre avec une méthode et il poursuivra avec une autre etc. C'est déstabilisant.

Dans ce désordre, l'esprit corporatif voire clanique de certains personnels de l'Education nationale, recourant aux grèves pour des revendications syndicales ou par motivation politicienne, ou par paresse, ou souffrant d'absentéisme (on préfère dire de sous-effectifs), laisse à penser que l'enfant, censé être au centre des débats, en a de fait disparu corps et âme. Pour tant de points de retraite menacés ou la "titularisation" d'intérimaires, la machine se grippe, hoquète et tombe en grève, les parents sont priés d'assumer la garde de leurs enfants.

Comme il n'existe pas d'organisme en France de contrôle effectif de la chose publique, il n'y a pas d'obligation de résultat. Du coup, c'est vers les politiques qu'on se tourne, mais... ceux-ci sont préoccupés de ne pas déplaire et se révèlent incapables d'autorité, de courage, ou de suivi des dossiers. Au contraire, les partis jouent à se refiler des patates chaudes au gré de pseudo alternances, en empoisonnant savamment la situation de leur opposition respective. Et puis il y a

---

[11] *: Le* gender *consiste à dire que l'on ne naît pas fille ou garçon mais qu'on peut le choisir en choisissant son sexe. Ce n'est que l'une des manipulations savantes comme Edward Bernays, le neveu de Freud, en décrit dans son livre « Propaganda » (Ed La Découverte).*

des voix, des votes ; l'Education nationale est la plus grosse administration du monde (1 821 870 salariés[12]) après l'Armée rouge chinoise, on ne va pas s'y attaquer comme ça. De quoi vous barrer la route aux élections. Donc, motus. Et nous voilà loin, très loin de l'enfant.

LES ÉCOLIERS À LA MAISON QUI SUIVENT UN COURS SONT EN MOYENNE D'UN NIVEAU SUPÉRIEUR AUX AUTRES

L'une de nos abonnées, Elsa, écrit : « Avec le temps, j'ai appris à faire davantage confiance aux enfants, confiance en ce qu'ils pouvaient faire et apprendre eux-mêmes, confiance en ce que je savais. J'ai aussi passé beaucoup de temps à jouer avec eux, à leur faire des cours d'histoire près de la rivière, avec les chevaliers, les batailles, les rois, les reines, etc. Ces moments constituent en plus un véritable ciment pour la vie familiale ; les enfants rechignent moins aux tâches de la maison, rendent plus volontiers service. C'est aussi une excellente occasion de se connaître mieux ; j'ai découvert beaucoup de choses chez chacun des enfants, que je n'aurais probablement pas vues de la même façon s'ils avaient été à l'école six heures par jour. Aujourd'hui, tout le monde trouve nos enfants très sociables, d'un contact facile. L'objection qui est faite à l'école à la maison de faire obstacle à l'intégration sociale n'est vraiment pas fondée. » (lire l'interview intégrale, très intéressante, ici : http://terredecompassion.com/2014/09/24/lecole-a-la-maison-le-courage-detre-parents/)

Voilà ce qui crée une valeur ajoutée dès le départ. Toute heure que vous pouvez donner à votre enfant lui profitera. Le bénéfice commence à la première minute. On peut quereller, l'enfant qui est aidé à la maison par l'un de ses parents va progresser plus vite.

Les journalistes de Reporters étaient stupéfaits que nos CM sachent l'imparfait du subjonctif d'un verbe. Mais rien n'est plus simple pour un enfant qui a la méthode.

Nous nous souvenons de l'intervention d'un monsieur qui, après l'une de nos conférences, avait estimé utile de marquer le terrain en nous débitant un laïus éculé, époque Jules Ferry et Père Combes, sur les valeurs de la République. Il finit par préciser sa pensée : mieux vaut une "égalité" de tous, quitte à ce que tous soient condamnés à un niveau moindre, qu'une "inégalité" profitant uniquement à quelques milieux "favorisés". C'est là qu'on voit que les tenants du système ne comprennent pas : c'est l'inégalité qui nourrit la communauté, c'est justement ce qui tirera tout le monde vers le haut ; chaque enfant peut être fort dans un

[12] : *Enseignants écoles, collèges et lycées (public et privé) : 870.023, public : 726.583, non enseignants (public y compris assistants d'éducation) : 174 005, Stagiaires des établissements de formation : 24.739, Personnel administratif académique et en administration centrale : 26.520 (source http://www.education.gouv.fr/cid195/les-chiffres-cles.html).*

domaine et tirer les autres vers le haut. Mouler tout le monde, c'est détruire toutes ces petites aspérités talentueuses qui sont sources de richesse commune. C'est exactement comme en entreprise, le modèle Ford décrit par Chaplin dans les temps modernes est dépassé, l'avenir est à la participation de chacun avec ses propres ressources.

Bref : on a encore un discours de pure forme, qui ne correspond à rien de vérifié. L'Ecole à la maison, c'est une liberté que se donnent des parents désintéressés et ouverts, adaptant leur système à une personne : leur enfant. Rien ne peut être plus performant.

Depuis, l'amie avec qui nous faisions ces petites conférences a créé son école indépendante sur la base de l'expérience de l'école à la maison. La République a laissé faire, disons même qu'elle en a tiré profit : les écoles nouvelles la déchargent d'un surnombre d'enfants et enracinent des familles, ce qui est bon pour l'économie, la vie politique locale, les impôts ! Le maire lui-même est ravi, il y met sa fille. Il y a bien des ministres de l'Education nationale qui mettent leurs enfants dans le privé.

Certes, quelques-uns se sont lancés dans les grandes manœuvres de la diffamation par les médias, les menaces, les cabales, mais ça n'impressionne plus, dans le fond les choses changent, on n'est plus en 1990.

Voilà ce qui a changé la donne : l'école a longtemps lutté contre des conservatismes pour un renouveau de la société, une liberté par le savoir, aujourd'hui c'est elle qui est dans la position de l'institution conservatrice voire rétrograde, elle freine des quatre fers vis-à-vis de la liberté scolaire et se condamne à l'incompréhension. L'école n'est plus l'endroit du savoir qui libère, mais de la doctrine diffusée par des pouvoirs plus ou moins occultes, entre parenthèses souvent privés et sans aucun lien avec le public ou les contre-pouvoirs démocratiques. Oui, l'école, comme d'ailleurs l'Etat, est largement une affaire privée, financée bien sûr par le public. Ce ne sont pas les contribuables qui ont le moindre contrôle sur l'Education nationale, c'est la chose des syndicats ou de "groupes" privés.

Le sentiment que les Français en ont est un mélange de respect pour l'institution séculaire et en même temps une méfiance vis-à-vis de la décadence en cours, des scléroses syndicales ou du dogmatisme, un savoir officiel jacobin qui ne colle plus aux temps. Engoncée dans sa rectitude que ne défendent plus des slogans déteints, elle se résout à n'être que par habitude et par "acquis", et non plus par enthousiasme. Elle défend des valeurs avant de défendre l'enfant, elle a des logiques spécifiques qui ne sont pas celles de l'apprentissage naturel.

Quelques années nous ont permis de rencontrer du monde et, comme dans tout milieu, la bonne et la mauvaise foi se détectent aux premiers mots. Mais la bonne foi ne suffit pas non plus. Nous nous souvenons, lors d'une conférence publique, d'une enseignante ulcérée par nos propos, pourtant très modérés, qui a fini son intervention militante par une crise de larmes publique. Le débat de fond devient une affaire personnelle, une remise en cause, et le sentiment de révolte se substitue à l'analyse raisonnée. On ne parle plus des faits mais des cas existentiels. Le prof passe avant sa mission. Non. Pas d'accord. A ce moment-là, le dialogue n'est plus possible. Désolé.

On voit que cela interpelle au plus profond des hommes et des femmes qui y ont cru et se sont trouvés malaxés par les ans, souvent dégoûtés et pourtant fidèles au poste, justifiant cette constance par de faux motifs qui trahissent leur engagement originel.

DES ENSEIGNANTS DÉSABUSÉS

On a tellement voulu "déniaiser" les jeunes enseignants qu'on les a désabusés. Les années passant, ils expliquent pourquoi ils n'ont pas pu enseigner comme ils le souhaitaient, et ils finissent par le justifier avec force, ils se font une nouvelle raison chaque jour de cette inversion. Quoi de plus naturel ? On ne peut pas supporter psychologiquement d'être toute sa vie à faire le contraire de ce qu'on aurait voulu, on est conduit à se justifier, d'une manière ou d'une autre. On encaisse le jour et on pleure la nuit. Le côté un peu paranoïaque de la chose conduit à se défendre violemment, et le syndicat n'a plus qu'à se baisser pour ramasser le candidat à la frustration militante.

Faire ce qu'on n'aime pas détruit lentement. Presque tous les enseignants commencent leur carrière avec l'envie de donner aux enfants tout ce qu'ils pourront (en disant ça, nous sommes aimables, car il est certain que beaucoup recherchent les avantages de la fonction), et alors nous constatons au terme de quelques années qu'ils sont critiques sur le sens de leur action. C'est tout simplement que le système ne leur donne pas de *pouvoir donner.* Si nous pouvons risquer une formule, il y a une "économie" du manque de moyens humains. Un flot d'argent (il faut voir les matériels mis à disposition des écoles !) et des méthodes dévastatrices. Qui génèrent de l'égoïsme, un ressenti vis-à-vis de la société civile là où elle est plus prospère. Politiquement, c'est un moyen de capter des voix : on crée une classe sociale en butte contre les autres.

Au contraire, c'est le don qui qualifie le plus sûrement l'Ecole à la maison : don de soi, don de son temps, de ses talents, de sa carrière, oui, de ses années. Le Don.

Nous n'allons pas développer à l'excès notre point de vue philosophique mais disons un mot quand même. Réponse ce matin à une maman que nous ajoutons dans le livre:

"Il y a derrière notre travail une anthropologie que chacun peut comprendre : s'il n'y a pas une certaine vision de l'homme, il n'est que l'objet de programmes plus ou moins pertinents et justes.

Sans cette anthropologie, l'homme n'est pas regardé en tant que tel, c'est-à-dire appelé à trouver son épanouissement au travers de sa propre voie, mais le sujet d'un comportement qui se doit d'être conforme à des attentes : voilà ce que veut l'école. C'est donc exactement le contraire de ce que souhaitent les parents, qu'ils en soient conscients ou non. Les buts de l'école et des parents ne sont pas les mêmes, d'où une relation à faux, quelque peu schizophrène.

Et s'il fallait en douter, regardons quand se produit la friction vis-à-vis de l'enfant : c'est précisément au moment où l'enfant franchit une ligne. Or, c'est souvent là que sa nature réelle s'affirme, et c'est là que le couperet de la sanction ou le regard dévalorisant tombe. Mais rappelons-nous ceci : c'est quand l'enfant chute, commet une grosse bêtise, c'est à ce moment-là qu'il a le plus besoin d'être secouru. Non pas avec du bon sentiment : ce secours peut être vif et abrupt. Mais voilà : le bon sauveur court après la brebis égarée et vis-à-vis d'elle, il se montre le plus doux et le plus compréhensif, c'est vis-à-vis d'elle qu'il fait le plus d'effort. Et il se réjouit qu'elle soit sauvée, plus que les 99 autres se tiennent sages.

Au lieu de ça, la limite que l'enfant franchit, et qui témoigne, comme par dernier réflexe, de son envie de vivre, est l'instant du jugement fatal. Soit on est dans la sanction, soit on psychiatrise (nous en parlons dans un article et c'est un phénomène extrêmement grave; c'est le pire de ce qui se puisse faire), soit on tombe dans le bon sentiment facile d'une pseudo compréhension qui ne comprend rien du tout et qui ne fait qu'excuser. Dans ces trois cas, on aggrave la situation et on fabrique un ennemi de la société.

L'école s'en moque : elle tient à sa sécurité plus qu'au reste.

L'école est la chose du ministère ou des programmes, ou des réformes, avant d'être la chose des enseignants qui, quand ils sont de bonne foi, ne peuvent qu'ajuster au mieux des contraintes. L'enseignant est un être jeté sur la route avec des postulats inhumains, ceux du ministère et au-delà de la Commission européenne d'éducation (la véritable maîtresse des lieux) qui détruisent l'école et lui-même.

Disons les choses en un mot: au cœur de toute transmission, se doit d'être d'abord un amour. Au cœur de la transmission de l'école, se trouvent des objectifs politiques. Ce sont deux choses antagonistes, mortellement antagonistes."

« IL NE FAUT PAS AIMER LES ENFANTS »

Une enseignante nous a dit un jour qu'à l'IUFM (Institut Universitaire de Formation des Maîtres, ancien passage obligatoire pour les enseignants), on l'avait bien mise en garde contre tout lien qu'elle pourrait avoir avec les enfants, on lui avait fortement déconseillé toute implication personnelle, tout attachement, "pour éviter de trop souffrir" d'une relation. « Il ne faut pas aimer les enfants », lui avait-on asséné.

Il y a donc des endroits ou au lieu de vous apprendre — à avoir une relation —, on vous désapprend ! Sous prétexte que cela peut tourner mal. Mais qu'est-ce qui peut *ne pas* tourner mal ?

Or, l'enseignement est d'abord une relation. Pas n'importe quelle relation, certes, mais il n'y a aucun endroit au monde où l'on puisse se satisfaire de n'importe quelle relation. A l'égard des personnes âgées, à l'égard des prisonniers, à l'égard des malades, à l'égard de nos voisins ou de nos amis, nous n'avons pas n'importe quelle relation. A l'égard de personne.

Si l'on expulse le risque propre de ce métier, si l'on refuse la relation à l'enfant sous prétexte qu'il y a un risque pour l'enseignant, alors évacuons le risque partout, demandons aux entrepreneurs de ne plus prendre le risque de l'investissement, à la banque de prêter, au prêtre de prêcher, à l'assureur d'assurer et au boulanger de faire son pain.

Eh bien, si vous y regardez de plus près, c'est exactement ce qui s'est passé, tout cela est arrivé, plus personne ne fait son métier, chacun a déserté son champ d'action, et les quelques-uns qui s'y risquent encore sont très vite la proie de tous les autres. Nous sommes dans une société de la désertion généralisée, de l'irresponsabilité générale, institutionnalisée. C'est vrai pour les élus et pour les banquiers (qui nous laissent leurs ardoises), c'est vrai pour les politiques, c'est vrai pour de plus en plus de gens.

Et c'est une autre raison pour laquelle tant de problèmes se rencontrent à l'école, c'est aussi la raison pour laquelle des parents choisissent l'Ecole à la maison, ils se posent radicalement en vis-à-vis de la société, ils assument plus que leur rôle, ils endossent au moins deux fonctions éternelles de la société : celle de parent et celle d'enseignant. Et ils prennent sur eux de faire ce que plus personne n'ose faire : regarder un enfant dans les yeux. Ils refusent l'imposture, la déresponsabilisation, la désertion et la fuite en avant.

C'est ainsi qu'un certain nombre de parents en sont venus à garder leur enfant à la maison… au long cours, si l'on peut dire.

RAISONS PRATIQUES POUR FAIRE COURS À SON ENFANT

Si nous regardons pourquoi les parents décident de faire tous les cours eux-mêmes à leur enfant, la première raison qu'ils invoquent est souvent pratique : l'éloignement de l'école la plus proche par exemple. Mais cela cache un autre souci. Celui que pose "le système" avec lequel ils ne sont plus d'accord. Et ils en viennent très vite à parler du niveau.

Et pour cause. Selon le Ministère, un enfant sur quatre ne sait pas lire à l'entrée en sixième, un sur cinq ne sait pas compter. En fait, en 2010, on comptait 41% d'illettrés à l'entrée en sixième et 17% des élèves de terminales n'étaient pas capables de faire un résumé de texte ou ne le comprennent pas.

C'est déjà un désastre sans guère de précédents.

Françoise Candelier, institutrice, a très vite rencontré des difficultés avec les méthodes d'apprentissage proposées par l'Éducation nationale. « J'ai mesuré qu'il y avait un souci de niveau. Les enfants avaient surtout des problèmes en lecture, en dictée et en raisonnement. *Ils étaient de plus en plus nombreux à se rendre chez l'orthophoniste.* »

Le niveau dépend de beaucoup de choses dont les enseignants ne sont pas seuls responsables : de quoi les parents et la société nourrissent-ils l'esprit des enfants ? Pourquoi les politiques ne cessent-ils de baisser le niveau d'exigence, par pure démagogie ? A moins que ce soit délibéré. Quoiqu'il en soit, les méthodes promues se sont souvent révélées parfaites pour conduire l'enfant… à l'échec. La lecture de certains documents de l'Onu est édifiante, donnant à penser qu'on fabrique des générations de consommateurs dûment contrôlés, comme si l'on voulait à terme un monde à la Aldous Huxley ou tel que décrit dans "Brazil" (le film visionnaire de Terry Gilian). Vraie ou fausse, cette thèse se vérifie chaque jour sans qu'on sache si le processus est volontaire. Il existe une tendance à détruire l'intelligence, la liberté, le sens critique, la délicatesse, la douceur, l'indépendance de l'être humain. Et peut-être plus encore le déploiement de la personnalité loin d'une pensée automatique, d'un comportement "acceptable", normalisé.

VIOLENCE ET INSÉCURITÉ

Autre problème récurrent : l'insécurité, fléau incroyable.

Et par contrecoups, c'est un déferlement médiatique lié à la sacro-sainte sécurité. On proposait en mai 2009 de mettre des portiques à l'entrée des écoles, parce que maintenant il y a des armes, et des meurtres.

Il y a deux choses à dire : d'abord, comment se fait-il qu'il y ait cette violence ? Tout le monde sait que la violence est d'abord un problème d'éducation, de mal-être. Alors, où sont les remises en cause et les changements de direction par rapport à ce qui se fait depuis 30 ans et qui produit toute cette violence ? Au contraire, on multiplie les lois qui poussent à cette violence, on est dans une culture de droits et pas de devoirs, on protège le gangster et on culpabilise les « honnêtes gens » si décriés. La morale doit être abattue. On (juges, journalistes...) prône les déviations en tous genres (c'est le cas de le dire). On encourage et facilite la décomposition sociale, l'explosion du pacte commun.

Deuxième point, sur le sécuritarisme cette fois : il y a aussi des armes et des meurtres dans les maisons, est-ce qu'on va mettre des portiques chez vous ?

Dans les deux cas, on est dans la gestion en aval, au lieu de travailler en amont.

Lorsque nous vivions en Provence avec nos premiers enfants, il y avait autour de la maison des murs hauts d'où ils pouvaient tomber et se tuer, ainsi que des bassins. L'un de nos visiteurs nous incitait à mettre des grillages. On aurait ainsi mis des grillages partout autour de notre existence. Non. Nous n'avons jamais eu d'accident parce que nous avons *interdit* à nos enfants de monter sur les murs avant d'avoir l'âge. Cet interdit était accompagné partiellement d'explications, car il y a un besoin d'explication, mais nous savions bien qu'un petit enfant a besoin en partie aussi de ne pas comprendre. D'une part, il ne peut pas tout comprendre, et d'autre part s'il y a une explication derrière tout ordre, alors il sera complètement démuni devant un interdit inexpliqué, le fait par exemple qu'une dame n'accepte pas qu'on lui soulève la jupe dans la rue. Un petit enfant ne voit absolument pas pourquoi il ne pourrait pas voir le haut des jambes, on lui voit bien les siennes. En société, tout n'est pas démontrable ni même rationnel, sachons l'enseigner.

Alors, il faut dire aux enfants : "Il n'y aura pas d'arme à l'école." Et s'il y a une arme, alors on tombe comme la foudre dans un acte d'autorité, certainement sur le porteur de l'arme et sa famille, et pourquoi pas sur le groupe, qui doit apprendre la solidarité. Sans explication ridicule sur le "caractère de dangerosité" des armes, explication qui met à mal non seulement la langue française, mais aussi l'autorité du corps enseignant qui n'est pas là pour "fliquer". C'est interdit, c'est tout, il n'y aura pas deux avertissements. Terminé. Le problème disparaît de lui-même, les enfants captent très bien le langage vrai et concis. Les enfants cherchent des gens à admirer, ils n'aiment pas le relativisme.

Nous pouvons vous dire que nos enfants ne se permettent jamais de nous mentir, de nous montrer de l'irrespect, encore moins de nous menacer. Ils ne risquent pas de rentrer avec une arme à la maison. Mettez des grillages, et des portiques, demain il vous faudra des brigades cynophiles et des détecteurs de drogue, après-demain des sociologues pour détecter les gourous, et puis un jour un inspecteur de l'ONU pour vérifier que les Droits de l'Homme sont compris et respectés. Arrêtons d'accompagner la chute.

HARCÈLEMENT

Dans l'accompagnement, nous vous permettons de détecter les cas de souffrance et de harcèlement.

> « Mon enfant ne veut plus aller à l'école et je m'interroge. J'ai toujours pensé que l'école était indispensable, même si je trouve souvent que l'école est limite. Dois-je continuer comme tout le monde me le dit ? »

Il est très malheureux de voir des mamans hésiter à reprendre leur enfant alors qu'elles soupçonnent un cas de souffrance. Parfois, nous nous demandons ce que sont devenus les cœurs de mamans.

Nous vous montrerons comment "gérer" ce problème. Par exemple, en cas de harcèlement, discuter avec l'enfant n'est pas une bonne idée, contrairement à ce qu'on croit. Ce n'est pas parce qu'un enfant dit qu'il n'y a rien ou qu'il ne parle pas qu'il n'y a pas de problème ou que le problème est mineur. Et nous verrons ensemble quelle décision prendre.

L'ÉCOLE À LA MAISON, UNE DÉMARCHE QUI TEND À SE RÉPANDRE

Qu'on ne dise pas que notre démarche est marginale. Un mouvement irréversible se fait jour, qui refuse profondément le dirigisme. Nous sommes dans un temps où chacun se fait son opinion politique, philosophique, sa culture, son éducation. Le pacte social a volé en éclat. Partout à la surface du globe, on remet en question des groupes dirigeants. L'avenir n'est plus aux gouvernements, au G8 ou à Davos. Le principe démocratique évolue sans plus de majorité, mais avec simplement une pluralité indéfiniment morcelable. Contre les modes, les modèles dominants, les morales publiques, s'élèvent une quantité de contre-voies, de chemins particuliers. A part celle de quelques figures archétypiques, il n'y aura plus de domination de modèles majoritaires. On retourne vers le "localisme", il n'y a plus de grande messe nationale. Les communications qui ont crû jusqu'à présent vont exploser au sein de communautés d'intérêts, sociales. L'autorité publique s'effrite. Les politiques sont naufragés par un auto-discrédit, persistant à infester le grenier des nations. Il n'y a plus de solution politique, le politique est même l'obstacle, il n'y a plus d'avenir que dans la mobilisation de chacun, en réseau.

L'instruction publique a été le pilier d'une pensée officielle républicaine, désormais en perte de vitesse. Pilier fragile, car les générations qu'il produit, insuffisamment lettrées et cultivées, lui feront un bien maigre soutien. Le système républicain s'autodétruit. Si nous nous plaçons dans une perspective historique et repensons aux luttes d'il y a cent trente ans, alors on peut dire que de ce point de vue là, la victoire de la République n'a été que de courte durée, elle se condamne elle-même. La grande masse du peuple républicain perd l'instruction. Les enfants de l'Education nationale ne défendront pas la République. Non seulement parce qu'ils n'auront pas les savoirs et la culture, mais aussi parce qu'il y a une culture d'opposition individualiste mondialement dominante.

Tout cela n'est pas forcément mauvais. Le champ est laissé libre à une renouveau de l'enseignement.

Nous devons proposer une alternative, et cette alternative passe nécessairement par un petit nombre, comme les hussards de la République ont été le petit nombre de bâtisseurs de l'école publique. Parce que tout n'est pas à rejeter et que tout n'est pas à garder. L'heure est venue de trancher.

Pourquoi y a-t-il autour de l'école autant de débats, de manifestations, de budget (60.5 milliards d'euros, le plus gros budget national français), de luttes politiques ? Parce qu'on sait très bien que l'éducation est la clé du pouvoir, un moyen de contrôle de la société, c'est même le moyen de contrôle par excellence, avec les médias.

Il est certain que le niveau s'est cassé la figure, il n'est que de comparer les évaluations faites aujourd'hui et il y a quelques décennies. Nous avons entendu tous les arguments contraires : aucun ne tient la route. On répond que la chute du niveau va de pair avec la démocratisation ; l'Inde, la Chine ou le Japon sont là pour prouver le contraire. Ils ont beaucoup plus d'élèves qu'en 1945 et le niveau est plus élevé. Avec des conceptions du XIXème siècle au sujet des études, on a voulu faire le plein de bacheliers et d'étudiants, dans le même temps la France recule sur le front économique et perd des places chaque année dans les divers classements (recherches, services publics, éducation, santé, niveau de vie, balances commerciales, libertés etc.). On parle maintenant de misère sociale, avec un nombre de pauvres et de sans-abris record. Notre génération est la première à se retrouver dans une telle "mouise", elle est moins bien lotie que la précédente. L'illettrisme progresse, le taux d'alphabétisation réelle est en chute. Dans sa carte de vœux que nous recevions à la maison, un ministre de l'Education nationale, encourageait un combat contre "l'illétrisme", avec une grosse faute d'orthographe...

Philippe Meirieu, l'un des fondateurs des tristes IUFM, fait mine de croire que le recul ne concerne "que l'orthographe"[13]. Quel aveuglement ! Moins que jamais, les hauts fonctionnaires ne savent ou ne veulent savoir ce qu'il se passe à l'école. Si ce n'était que l'orthographe ! L'Histoire, les maths, les sciences, et, pour se cantonner au français, la rédaction, la lecture, la compréhension des textes, la grammaire sont devenus pratiquement des inconnues pour un très grand nombre d'enfants. Et même d'adultes. Silence sur les ondes. On fait semblant de ne rien voir. En 2003, époque à laquelle nous nous intéressions encore aux chiffres, un enfant sur quatre ne savait plus lire à l'entrée en sixième ; un sur cinq ne savait pas compter, selon le Ministère. Une guerre n'aurait pas fait mieux, ou pour dire mieux, n'aurait pas fait pis.

Harry Potter a relancé la vague de la lecture, avec un prodigieux progrès des romans d' "Heroic fantasy" d'une qualité certes inégale mais qui a poussé des enfants à lire. Lire est essentiel. La lecture est un soi un diplôme, nous y reviendrons.

Après le niveau d'étude, le niveau moral. Qu'en est-il de la solidarité entre élèves ? Font-ils, en classe, un corps solide où l'émulation nourrit la joie d'apprendre ? Ou la tension et l'individualisme règnent-ils au point que plusieurs enfants sont dans l'incapacité d'apprendre ? Quel est leur comportement dans la rue ? Sont-ils solidaires de leur contemporains ? Oui, en partie, mais plutôt moins que trois générations auparavant où existait un pacte social fort.

On pourrait aussi parler de pédagogie et faire des fleuves littéraires. De nombreux enfants traînent des pieds pour aller à l'école, certains sont en larmes et obligent les mamans à des moments interminables de négociation. Quelle est la pédagogie qui fait pleurer les enfants ? Certes, il y a toujours eu un moment d'angoisse avant d'aller pour la première fois à l'école, ou le jour de la rentrée, mais que cette angoisse perdure toute l'année est révulsant. Cependant, comme il est hors de question d'accuser l'enseignant ou l'école, et qu'on n'ose pas remettre en cause les parents, on se retourne contre l'enfant, avec le sourire et la politesse convenus. Tenez, hier soir nous voyions un reportage sur la question : des enfants ne supportent plus l'école. Que filme-t-on ? Des cas de "phobies scolaires" relevant de la médecine spécialisée. Et on explique que, loin d'être rares, ces cas atteignent... 20% des élèves ! Vous avez bien lu. En un tour de passe-passe, 1 enfant sur 5 est classé comme souffrant de phobie scolaire, c'est médical, le problème ne vient pas de l'école. La supercherie est terrifiante ! On est

[13] : *in Le Figaro Magazine du samedi 17 février 2007.*

très près du processus soviétique : on psychiatrise. Si vous avez un problème avec l'école, consultez !

DYSLEXIE ET AUTRES TROUBLES

Regardons maintenant le nombre d'enfants qu'on dit "dyslexiques". Combien d'entre vous ne se sentiront pas directement concernés ? On a parfois un quart d'une classe déclarée "dyslexique", "dysorthographique", "dyscalculique", " dyspraxique", et même « dysécolique » (ben voyons) ou autre, autant de mots abscons pour dire tout simplement que l'enfant n'arrive pas à s'adapter à la méthode[14] et à l'école. Il n'y a pas 25 ou 30% d'enfants dyslexiques, ce n'est pas vrai. La réalité que l'on ne vous dira pas et que vous n'apprendrez qu'en cherchant bien et longtemps, c'est que *les enfants n'arrivent pas à apprendre avec de mauvaises méthodes*, c'est tout. A part 1 cas sur 1000, l'enfant n'est pas le problème. Or, on nous annonce 20% d'une classe d'âge.

Ce n'est pas l'enfant, le problème, mais l'école.

Tous les enfants peuvent apprendre, pourvu que la méthode soit la bonne. Certains enfants peuvent même réussir avec une méthode moyennement mauvaise, par exemple la lecture semi-globale. Mais si la méthode est mauvaise, votre enfant échouera (écouter ce témoignage).

Une « spécialiste » écrit : « les jeunes dyslexiques devront encore trimer dur pour surmonter leur trouble d'apprentissage. » Et si les enseignants se mettaient à "trimer dur" pour surmonter *leur* trouble d'enseignement ?

Assez d'étiquetage médical. Les vrais cas sont rares. Vous avez peut-être la conviction que votre enfant est dyslexique ou autre chose du même genre, nous disons qu'il y a une chance sur 10 ou peut-être sur 20 ou sur 100 que ce soit vrai. Il est impossible de savoir à quelle échelle se situe cette gigantesque imposture. Mais en revanche, ce qui est sûr à 100%, c'est qu'il n'y a pas autant de "dys" que le prétend… le système (nous ne disons pas "les professionnels" car il y en a de bons et qui sont tout à fait lucides). Dans la totalité des cas de dyslexies que nous avons rencontrés, c'était le système qui était en faute, tous les enfants que nous avons vus, nous avons réussi à les faire travailler normalement. La dyslexie avait miraculeusement disparu.

Nous allons vous donner les moyens de déceler un vrai cas de dyslexie sans voir de médecin. D'ailleurs, vous avez constaté vous-même que le médecin n'avait aucun instrument spécial pour faire son diagnostic, tel un IRM. Vous êtes

---

[14] *: on fait des distinctions entre "dyslexie de surface", "dyslexie sur la voie d'adressage", "sur la voie d'assemblage"… Quel blabla, quel jargon !*

capable de le faire à votre tour, moyennant une micro-formation. Ainsi, vous saurez la vérité.

Il y a en France une neuropédiatrie qui croit pouvoir expliquer la dyslexie, la dysphasie ou l'hyperactivité exclusivement par des troubles génétiques ou neuronaux. C'est une erreur. Bref, c'est l'enfant, le problème !

Nous relevons en revanche cet avis : « Les neuropédiatres parlent constamment aux parents de l'origine cérébrale du problème, en faisant abusivement porter sur le corps de l'enfant tout le poids d'un symptôme dont les adultes s'exonèrent. [...] L'enfant, en neuropédiatrie, reste seul porteur de son trouble. Le voici affublé d'un pseudo trouble cérébral, qui doit le faire taire une fois pour toutes, porteur solitaire qu'il est de ce qui l'accable. Les parents, enseignants, ne sont plus critiquables, questionnables, responsables... » (Michel Levy) Nous ne disons rien d'autre. Ne vous laissez pas abuser, cela coûterait cher à votre enfant. Bien sûr, s'il y a un véritable trouble, consultez. Mais consultez un excellent neurologue, pas un spécialiste du blabla qui fait quelques tests et se contente de ce qu'on lui a inculqué dans une fac.

Première chose à faire si vous pensez avoir un "dys" à la maison : faites retomber la pression. Ne dites plus « il faut que tu... ». Prenez votre temps, prenez du champ. Faites chuter la pression de votre manomètre intérieur. Sachez que des tas de gens ont intérêt à étiqueter votre enfant, ils en vivent. Ne soyez plus aussi sûr(e) que les choses vont mal ou qu'il y a un problème. Cessez de parler de problème, d'ailleurs. Parlez de réussite, professez la joie, allégez l'ambiance. Oui, allégez l'ambiance, ne dites pas à votre enfant « de toute façon tu es dyslexique, c'est pour ça que tu ne réussis pas » ou « ne t'en fais pas, c'est médical, tu n'y es pour rien ». Dites-lui que les choses vont changer, qu'il va réussir, que maman est soulagée parce que maintenant, il y a une solution, dites-lui qu'il va réussir très bien, qu'il va avoir beaucoup de plaisir à apprendre, que les choses vont aller de mieux en mieux. Pensez positif. Réapprenez le plaisir. Votre amour et votre confiance sont un traitement à part entière, un traitement beaucoup plus efficace que tout ce que les orthophonistes peuvent donner à vos enfants.

Nous citons encore, avant de vous donner le lien de ce pédopsychiatre : « importance de la détente en famille, du rire, de la confiance réciproque dans le développement des uns et des autres. En particulier, lorsqu'on arrive à resituer tout ce qui se passe autour des devoirs de l'enfant dans une zone de plaisir relationnel, de réussite, quitte à retourner quelque temps en arrière au niveau pédagogique, à faire des pauses lorsque le déplaisir revient, on observe des améliorations suffisantes pour que la situation se détende et s'améliore durablement, quelle que soit la nature organique du cerveau de chacun... Il est à notre époque quasiment impossible d'associer le corps enseignant à ce type d'approche, qui s'est pourtant révélée extrêmement efficace dans ma pratique. La pression pédagogique, neuropédiatrique, médicale, est telle qu'il est illusoire de penser pouvoir associer les enseignants au projet ici présentée. Heureusement, il suffit que les changements aient lieu au sein de la famille pour que les résultats suivent. » « C'est Prévert qui avait raison, voilà la vraie trouvaille des neurosciences, celle qui est passée sous silence : l'authentique et profond plaisir de vie est ce qui structure le cerveau et la pensée. Autrement dit, c'est la mise en correspondance réciproque des systèmes limbiques, amygdaliens, hypothalamiques et corticaux qui permet le bon fonctionnement de l'ensemble du corps... »[15]

Nous allons vous dire mieux encore : pour les quelques rares cas d'authentiques dyslexie, dyscalculie ou dys-ce-que-vous-voudrez, la science a montré récemment que ce n'ETAIT PAS définitif. Merzenich par exemple, cité par Norman Doidge (dans Les Etonnants pouvoirs de transformation du cerveau), a consacré sa vie à prouver la plasticité du cerveau, fortement contesté au départ par ceux qui considéraient que le cerveau était figé à l'âge adulte, les localisationnistes, appelés ainsi parce que selon eux, les facultés du cerveau étaient circonscrites dans des zones déterminées, ce qui s'est avéré faux : les zones évoluent en fonction de ce qu'on fait de son cerveau. Ce que nous vous disons là, très peu de gens le savent en France. C'est très important. Vous n'êtes pas dyslexique à vie, vous pouvez ne plus l'être. « Puisqu'il est avéré, dit Norman Doidge, que les aires cérébrales peuvent se transformer, il y a de bonnes raisons d'espérer que les personnes qui présentent des troubles de l'apprentissage ou des lésions de l'encéphale, celles qui ont des problèmes psychologiques, ou bien celles qui ont eu été victimes d'accidents vasculaires-cérébraux, seront capables de renouveler leur cortex si on les aide à établir de nouvelles connexions neuronales en poussant leurs neurones sains à réagir simultanément et à se raccorder ensemble. »[16] Votre cerveau fabrique des millions de neurones tous les jours et des millions de connexions, en fonction de votre activité cérébrale. Passez votre vie devant la télé ou passez votre vie à ne faire qu'une seule activité, et vos autres facultés diminueront : l'activité unique va coloniser peu à peu les aires adjacentes. Au contraire, si vous travaillez plusieurs activités cérébrales, particulièrement des activités *nouvelles*, alors vos connexions vont se multiplier, votre cerveau va se développer. Il faut faire travailler son cerveau.

---

[15] *: http://inventionpsychanalyse.wifeo.com/dysphasie-hyperactivite-dyslexie.php*

[16] *: « Les Étonnants Pouvoirs de Transformation du Cerveau - Guérir Grâce à la Neuroplasticité »,* Pocket evolution, *2010.*

Autrement dit, avec un exercice approprié, vous pouvez acquérir des facultés et récupérer des facultés, même si vous êtes convaincu du contraire. Vous pouvez créer des aires de développement du cerveau, ou de redéveloppement.

Si par extraordinaire votre enfant est véritablement un "dys", alors vous savez que la plupart du temps l'école conventionnelle ne marchera pas. Raison de plus pour faire l'Ecole à la maison.

Voici quelques exemples d'exercices qu'on trouve dans les manuels scolaires (textuellement) :

« Remplace dans des syllabes par des lettres (*sic, vous remarquez déjà que cette phrase ne veut rien dire*) :

— Il é-T une fois le petit Pou-C

— L-é-T-M-U (« Elle était émue »)

— L-N-é-A-3 (« Elle est née à Troyes »)

« Fais semblant de corriger :

Exemple : sotduite au lieu de conduite, exderrièreser au lieu de excuser, derrièrederrièrezizitacé au lieu de cucurbitacé. »

« Si tu ne connais pas beaucoup de gros mots, demande à tes parents, ils en savent plus que toi. »

« Apprends à détourner un proverbe : il faut battre le fer tant qu'il est chaud ◊ il faut battre sa mère tant qu'elle est jeune. »

« Conjugue des verbes qui n'existent pas. »

Etc...

Subversion ou débilité institutionnalisée ? Ce type d'exercice détruit le cerveau de l'enfant, c'est pire que de lui donner des cigarettes et de l'alcool. Il y a des exercices néfastes, destructeurs.

Bref, le niveau est au plus bas, vecteur de violence, d'injustice et... de contrôles des esprits. La dimension totalitaire de ces méthodes n'échappe pas à quiconque a un peu étudié la question.

*

* *

Nous avons renoncé à vouloir sauver le système. Au contraire, depuis que l'école libre existe, depuis que nous avons choisi d'enseigner autrement les enfants, nous avons conscience que demain nos enfants auront du travail. Face à une concurrence faiblarde, ils trouveront plus vite du travail. Il a coulé de l'eau sous les ponts depuis le rapport de Roger Fauroux[17] "Pour l'école"[18], dont la préface porte le titre d'appel : « L'Education nationale, notre cause commune. » Les Français, enseignants y compris, n'en sont plus là. Non, l'Education nationale n'est plus « notre cause commune », notre cause commune, c'est certainement plus simplement, et plus essentiellement, *nos enfants*.

Le système scolaire français est bon an mal an plutôt déficient. Malgré des enseignants, des directeurs et des fonctionnaires parfois "pris aux tripes" par leur métier et volontaires. Eux-mêmes disent qu'ils ont l'impression que ce sont les moins capables de leurs collègues qui leur passent devant, que le système est volontairement saboté ou pour le moins mal géré. Si l'on devait synthétiser, les discours disent généralement : « Nous faisons tout notre possible, mais on a le système contre nous. » Ce n'est pas toujours exact, la bonne foi ne fait pas la qualité. N'empêche, c'est sur de bonnes volontés que repose tout le système. Nous pouvons témoigner que c'est la même chose dans le commerce ou l'artisanat. Ce sont précisément les gens de bonne volonté qui se retrouvent avec des ennuis. On a le sentiment de marcher sur la tête et la révolte est maintenant enracinée. Des formations politique surfent sur le dégoût, investissent sur le ras-le-bol et se préparent des investissements électoraux rentables.

Nous n'avons pas utilisé l'expression "volontaires", en parlant des certains personnels de l'Education nationale, pour leur faire plaisir ou pour nous mettre à l'abri de critiques (elles pleuvront de toute façon sur cet ouvrage). L'école est en souffrance, et nombreux sont ceux qui font pour la sauver beaucoup plus que leur métier traditionnel. A situation déplorable, tempéraments d'exception. Les crises que nous vivons vont solliciter des personnalités à la hauteur des défis, l'avenir proche va être à la fois dur et passionnant. Le mot crise vient du grec *krisis*, qu'on peut traduire par "décision." C'est au sein des crises que se situent les solutions d'avenir.

---

[17] *: Il est intéressant de signaler ce propos de R. Fauroux : « Le savoir primordial c'est, pour chacun, en très bref :*

- lire, écrire, parler correctement et aisément le français ;

- calculer, connaître les figures et les volumes, être familier de la proportionnalité et savoir apprécier les ordres de grandeur ;

- se situer dans l'espace et le temps et d'abord dans son environnement immédiat ;

- observer les choses et les êtres vivants, construire et manipuler des machines simples ;

- éduquer son corps, cultiver sa sensibilité artistique ;

- acquérir les comportements pratiques et faire siennes les valeurs qui sont au fondement de notre démocratie : respect de l'autre et de soi-même, solidarité avec tout homme et d'abord avec son concitoyen.

Il est aisé de constater que ces objectifs généraux, entendus dans leur plénitude, ne sont aucunement réducteurs par rapport aux pratiques actuelles, mais qu'ils se situent à un haut niveau d'exigence intellectuelle et morale. Ils assignent à l'école une obligation de résultat pour l'ensemble de la population scolaire, qu'elle ne parvient pas aujourd'hui à atteindre... » (souligné par nous).

[18] *: Edition* Calmann-Levy, la Documentation française.

Il faut peut-être laisser le mammouth mourir de sa belle mort. D'ailleurs, c'est drôle, ce mot. Les mammouths sont morts depuis longtemps. De toute façon, on ne l'empêchera pas. « La Nation, précise Anne Coffinier, présidente de la remarquable Fondation pour l'Ecole, consacre 5.726€ par an par enfant du primaire et 9.665€ pour chaque secondaire. » A ce prix-là, il est clair que ça ne durera pas, que le système va se casser en deux. N'attendez donc pas grand chose de l'école du coin. L'avenir n'est pas l'école de la République, soyons clairs. La République française qui était en haut des classements s'effondre dans toutes les évaluations internationales (voir le Programme international de suivi des acquis - Pisa).

Et les autres parents ? Combien de parents se sont retrouvés en butte à tous les autres, dans une école ou une classe ? La grosse majorité n'entend pas changer les choses. Or, nous sommes en démocratie. La majorité est hostile à un redressement de l'école. On vous dit des tas de choses à la sortie de l'école et le jour du conseil de classe, plus personne ! Pourquoi perdre son temps ? On ne fait pas cadeau d'un Stradivarius à quelqu'un qui n'aime pas la musique. En démocratie, la règle veut que la majorité ait forcément raison. Ou alors, il faut songer à changer de système politique.

Rappelons-nous que tout ne croît et ne progresse que par le petit nombre, associations, intellectuels ou parents, ne faut-il pas s'intéresser davantage à ce qui marche plutôt que de s'obséder à satisfaire une masse conservatrice, fataliste ? Le nombre de gens de bonne volonté suffit largement à recréer une autre école. Vous qui lisez ce livre, n'avez-vous jamais porté votre part à bout de bras au profit de la communauté scolaire, pour vous retrouvez finalement cible d'attaques injustes ? Nous, bien souvent. Pour finalement prendre le large et y trouver un air plus vivifiant. Comme enseignants de nos enfants, nous avons subi un nombre impressionnants de propos médisants, une hostilité énorme. Mais au final, les faits nous ont raffermis dans notre conviction. Aujourd'hui, nous sommes libres et légers comme l'air !

VOUS AVEZ DIT : TROUBLES DU COMPORTEMENT ?

Ce matin encore, sur France Culture, nous entendions parler des troubles du comportement, ils auraient été multipliés par quatre entre 1952 et 1984. Est-ce normal ? A qui la faute ?

Question : quelle sont les proportions des troubles comportementaux relevant d'un problème psychologique et ceux relevant d'un problème d'éducation ?

Deuxième question : quelle est la part de comportements absolument normaux *non supportés par l'école* ? Dans la part des comportements dits "anormaux", quelle est la part des réactions en fait complètement naturelles, signes d'une réactivité de l'enfant face à un système qui le bride ? Car nous avons rencontré un nombre incroyable d'enfants souffrant soi-disant de "troubles du comportement" qui n'en avaient absolument plus quand nous les récupérions pour leur faire cours. Ils ne supportaient pas la méthode globale, ou le dirigisme débilitant des programmes, ou la faiblesse du niveau, ou le mépris des profs, ou l'absence de discipline, ils voulaient autre chose sans le savoir et se trouvaient tout simplement livrés à une guerre intérieure entre leur désir d'obéir et leur aspiration à un vrai enseignement. Du coup, leur psychologie était déréglée. Janus Korczak, l'extraordinaire pédagogue, interpellait sérieusement : « Les adultes considèrent comme normal que les enfants soient réunis des heures durant dans une classe. Mais demandez à trente adultes de s'asseoir sagement dans une classe des heures durant sans piper mot et sans bouger, puis comptez le temps qu'ils tiendront. »

Les enfants réagissent et pan ! on monte un dossier pour "incident", ou "incivisme" qui bien sûr exige un "spécialiste" (vous avez compté le nombre de gens qui vivent du système ?). C'est ce qui se passe, le système fait tout "un fromage" de comportements somme toute normaux de la part des enfants. D'un autre côté, dans des zones sensibles, on fait passer des coups de couteaux ou des coups de poings pour de gentils petits incivismes, classés dans la même catégorie que l'impertinence de votre enfant. On mélange des actes normaux, des carences dues au système et des violences graves pour parler d'un problème global (c'est la faute des "moyens" et de la "titularisation" si votre enfant a rendu une copie blanche). Les syndicats et l'Education nationale font ce que tous les bandits de grands chemins font depuis la nuit des temps : ils brouillent les pistes.

Alors oui, il y a des réactions de la part des enfants. Et ça ennuie le système. Il faut y remédier. Bon, on ne va pas brutalement jeter l'enfant dans un institut spécialisé, non, on va progressivement le conduire par la main vers un monde spécialisé, feutré, aseptisé, gentil et... normalisé. Si votre enfant ne fait pas partie de 50% admissibles, ne vous en faites pas, on a des cases pour ça, on a des étiquettes à coller sur le front, car c'est *un cas*.

En vérité, ce sont souvent les éléments les plus brillants qui sont mis à l'index. Pas seulement les sur-doués (qui, pour la plupart, sont seulement normaux par rapport à une classe très moyenne). On a un système d'assistanat obligatoire, de gré ou de force, qui est fait surtout pour les élèves en difficulté. L'enfant qui a du caractère ou du talent devra plier.

Il suffisait d'y penser : c'est l'enfant qui a un problème, pas l'école. Et ce problème, on le trouvera coûte que coûte, quitte à inventer : phobie, ou dyslexie, ou dysorthographie, ou dyspraxie, ou dyscalculie, ou dysgraphie. Que de néologismes, chaque année un nouveau ! Les mots règlent administrativement la question. Qui collera cette étiquette sur le front de l'enfant ? Un "spécialiste", qui a oublié volontairement depuis ses études que le nombre d'authentiques dyslexiques est infime, alors qu'il estampille sans vergogne jusqu'à 15 ou 20% de classes d'âge, mystérieusement inaptes. La faute à la télé, aux familles, au gouvernement, au président de la République ou au capitalisme, voire au réchauffement climatique qui a plutôt l'air de réfrigérer les cœurs. Là encore, ce que le système ne veut pas avouer, c'est que la qualification de "dys-quelque chose" est plus un réflexe pour se débarrasser de "l'enfant à problème" qu'un diagnostic sérieux. Cela, on le sait, les études ont été faites. Il y a des neurologues remarquables qui font des études très avancées. On ferait bien de les consulter. On a les outils de diagnostic. Mais on ne veut pas s'en servir.

Ce que vous devez impérativement savoir, c'est rien n'est définitif dans le corps humain. Comme nous vous l'avons dit mais ça vaut la peine de le redire, le cerveau évolue. La neuroplasticité, c'est l'adaptabilité du cerveau. Autrement dit, toute faculté peut augmenter, tout manque peut être corrigé. Une faculté qui ne sert pas ne se développe pas, et une faculté dont on se sert se développe. Si vous perdez un doigt, l'espace cérébral est aussitôt colonisé par les activités de remplacement, en l'occurrence celle des autres doigts de la même main. Les zones du cerveau sont fluctuantes en fonction de vos activités. Si vous ne faites que parler français, l'activité "usage du français" va coloniser l'espace cérébral. Si vous vous mettez à l'anglais, un espace "usage de l'anglais" se créera progressivement. Si vous cessez d'apprendre et d'entretenir votre anglais, la zone du cerveau correspondante va peu à peu se réduire et se faire coloniser par les autres activités cérébrales. Autre élément (parmi des dizaines d'autres que vous devriez savoir), le cerveau n'est pas un récipient limité. Il s'adapte, se transforme en fonction des habitudes que l'on change, et il gouverne votre corps, détermine votre santé, votre joie de vivre, votre avenir, votre réussite et vos succès. Ajoutez à ça ce que vous devez savoir sur le cœur (voir note Des Livres pour Vous aider) et vous aurez tous les éléments en main pour atteindre vos objectifs (d'où notre intérêt pour le coaching certifié).

Tout cela, enjeu crucial, source de solutions extraordinaires, passe encore à quinze mille pieds au-dessus des têtes bien-pensantes de l'Education nationale, coupée de cette recherche qui progresse très vite. Le décalage se mesure en décennies entre la science et l'EN. Le seul fait qu'elle réclame plus d'effectifs prouve qu'elle ne sait pas qu'un individu qui travaille à 100% de ses motivations remplace et rend inutile tout un service qui travaille à 5%.

Bref. L'enfant se retrouve avec un énorme problème : trimballé d'enseignant en médecin scolaire, de médecin scolaire en conseiller pédagogique, de conseiller pédagogique en orthophoniste, d'orthophoniste en pédiatre, et pourquoi pas chez le psychologue ou même le psychiatre, il s'imprègne peu à peu de l'idée qu'il est... anormal. On est là dans la version la plus achevée du totalitarisme : l'aliénation consentie. Maman est inquiète, c'est que ça doit être sérieux. Papa, qui n'a vu personne mais qui fait confiance à maman, est soucieux à son tour et si parfois il émet des doutes ou se dispute avec elle sur un diagnostic bizarre, il finit par capituler. L'enfant assiste et vit tout ça, il est comme le buvard, il se laisse pénétrer de ce conditionnement psychiatrique et pour finir, dans bon nombre de cas, il tombe réellement malade. *Il devient réellement dys-machin-chose.* A ce moment-là il fait quelque chose de bizarre et il ne reste plus qu'à dire : « Vous voyez bien, madame, qu'il a un problème. Ne vous en faites pas, on va le prendre en charge. »

Au lieu de *donner* à l'enfant, mission première de l'école, on le juge, on l'étiquette, on le classe et on l'oublie.

Nous nous souvenons d'un enfant qu'on nous a présenté comme dyslexique patenté (« un de plus », nous disions-nous intérieurement), ayant du mal à s'exprimer. Après une heure de cours avec moi, tout allait au mieux. En début de cours, il était rouge, il était mal à l'aise, incapable de s'exprimer et bégayant. A la fin, il avait retrouvé ses couleurs, souriait à pleines dents et... ne bégayait plus du tout. Miracle pour la maman ! Non, expliquions-nous, il a simplement eu un cours où il a été heureux de participer, où il s'est détendu, on a relativisé, dédramatisé, on a ri, et on a progressé, un cours dont il est ressorti plus grand qu'en entrant, du moins en son for intérieur. Comment est-ce que nous avons procédé ? Ce jour-là, c'était maths. Il y avait un exercice que j'ai présenté comme une enquête. Un policier arrive sur le lieu d'un crime, comment est-ce qu'il procède ? Est-ce qu'il remue tout sens dessus-dessous, piétine sans bien observer ? Non. Il fait très attention à chaque élément et progresse lentement. C'est exactement comme ça qu'on attaque un problème de math. On a tous les éléments, il suffit de s'arrêter à chacun. Les enfants s'amusaient bien, ils disaient des choses pas sérieuses pour accompagner leur travail, le fait qu'ils s'amusent de la situation est une manière de dire « d'accord, j'accepte de travailler, d'ailleurs j'en joue. » Ensuite, il n'y a juste qu'à recadrer, aller vers de plus en plus de concentration. C'est un processus que le cerveau accepte très bien : une entrée progressive par adhésion, puis une concentration progressive. On a le plaisir d'abord et ensuite la fierté qui donne de la joie.

Or, la joie et la fierté construisent comme rien d'autre.

Mais j'en reviens à notre élève qui "bégayait". La maman s'est posé des questions. Pour nous, inutile de lui river le clou, nous savions qu'elle trouverait toute seule : pourquoi le petit a-t-il ces problèmes ? Elle l'a repris et fait l'Ecole à la maison. Adieu les diagnostics culpabilisant, désormais l'enfant grandit... normalement et sa dyslexie a disparu. Ô miracle ! Heureusement que nous ne jouons pas les gourous, parce que dans une telle société, les choses simples pourraient enrichir facilement !

C'est le système surtout qui est dyslexique et autiste. Si votre enfant est dys-quelque chose, il y a 999 chances sur 1000 que l'école ne lui ait pas appris avec la bonne méthode. Votre enfant n'est pas un cas. Quel que soit son tempérament, nous disons bien *quel que soit son tempérament*, il est normal. Même s'il pleure, casse ses jouets, martyrise de petits animaux. Il réagit par rapport à ce qu'on lui a donné. *Le constat de dyslexie n'aide en rien.*

Ne laissez pas le prof coller une étiquette sur le front de votre enfant, ce n'est qu'une manière de fuir ses responsabilités. Rappelez-lui que tout enfant au monde, sauf peut-être 1 pour 1000, peut apprendre. Et encore, dans le cas du 1 pour mille, nous le répétons, de grands neurologues ont prouvé la neuroplasticité, la faculté du cerveau, selon des exercices précis, à recouvrer des facultés perdues ou inexistantes. On n'est pas définitivement bête ou intelligent, on le devient par un travail cérébral ou par absence de travail cérébral, ou par un mauvais travail cérébral.

Norman Doidge présente le cas d'une fillette qui ne savait pas lire l'heure et qui ne faisait pas la différence entre « le frère de mon père » et « le père de mon frère ». En grandissant elle s'est intéressée à ses propres carences et ayant rencontré un garçon souffrant des mêmes difficultés, ils vont finir par développer ensemble des exercices qui vont leur permettre d'obtenir des résultats, puis de publier des travaux sur ces sujets. Ils sont devenus par la suite des neuroscientifiques reconnus[19].

S'IL Y A UNE CHOSE AU MONDE QUI NE CHANGERA PAS...

c'est l'enfant ! Malgré toutes les réformes et les budgets en berne. Ce qui marchait il y a 500 ans avec l'enfant marche encore aujourd'hui et marchera dans 500 ans. Nous avons là l'air de nous attaquer... à la théorie de l'évolution. Eh bien oui, nous proposons une théorie différente de celle de Darwin : pour le dire d'une

[19] *: voyez aussi les articles qui en parlent sur le net : « Impact de l'apprentissage de la lecture sur le cerveau » (http://www.u-psud.fr/fr/presse/archives/impact_de_l_apprentissage_de_la_lecture_sur_le_cerveau.html)*

manière brève, il y a une évolution dans l'*être*, possible mais pas obligatoire, irrégulière, indépendante de toute constante.

La seule chose qui change, c'est l'éducation. Elle est en perte de vitesse. Du coup, la société se hérisse. Souvent à tort, et de manière parfois un peu « psy ».

Récemment, un petit garçon de 5 ans a soulevé la jupe d'une petite fille. On en a fait une "affaire", "l'affaire" s'est ébruitée, les gendarmes sont venus à l'école, on a "entendu" le garçonnet, on l'a soumis à un suivi psychologique bref, on l'a estampillé "détraqué sexuel" alors qu'il ne savait même pas, probablement, qu'il y a une sexualité. Si le chérubin n'est pas un maniaque sexuel dans vingt ans, ce sera un coup de chance, ou une grâce divine.

Quel garçon n'a pas soulevé une ou deux jupes à 5 ans ? Et alors ? Comme beaucoup de petites filles ont tiré sur le maillot de bain des garçons. Est-ce que la curiosité de l'autre n'est pas l'essence même de la relation ? Cessons de dramatiser. Mamans, cessez de dramatiser, vraiment. N'allez pas dans le sens d'un monde qui devient paranoïaque. Cette tendance s'est affirmée aux Etats-Unis dans les années 80. On "judiciarise", on culpabilise. Mais qu'est-ce qu'on veut ? Des petits robots, proprets, hygiéniques, totalement indifférents les uns aux autres ? Mais alors mesdames, ne vous maquillez plus, il n'y aura bientôt plus personne pour vous regarder. Des "no-life", c'est-à-dire des gamins rivés à leur écran d'ordi, se désintéressant totalement des autres. Il n'y a pas que le monde d'Internet et de la télé qui s'impose peu à peu, avec le recul de la laïcité (vous savez probablement de quoi nous parlons, mais ne risquons pas de procès en sorcellerie), on va cacher de plus en plus les appétences naturelles des êtres humains, tout simplement la beauté naturelle des êtres, que nous étions jusqu'ici en droit d'apprécier avec bien sûr tout le respect nécessaire. Ces nouveaux tabous, cette pudibonderie débouche automatiquement sur des frustrations, une étrangeté de l'autre, une l'ignorance de l'autre, un développement de la méfiance, de la haine, des complexes, et pour finir de la pornographie et des délits. Et tout cela génère encore plus de pudibonderie, par réaction, naturellement. Le puritanisme a poussé dans le Nouveau-monde sur les débris des violences du Far-West. Dans une famille où l'alcool a produit un drame, l'alcool est très mal vu. Dans une famille où les médicaments ont tué, on a les médicaments en horreur. Et dans une société où les hommes ont commis des méfaits, on se méfie des hommes...

On vit dans la concentration progressive des excès. Interdit et obligation, tribunaux et avocats, hôpitaux et psychiatres, forces de l'ordre et politiques, nous nous laissons cerner par un totalitarisme nouveau.

IL N'Y A PAS D'*ENFANT À PROBLÈME*

S'il y a un problème, c'est du côté des adultes : des enseignants médiocres, il y en a ; des parents angoissés, négligents, sans amour, il y en a. Un oncle ou une tante, des grands-parents, un copain de classe, une fréquentation de quartier ou une bande... Le problème n'est pas l'enfant, ce n'est pas lui-même qui se démolit, en tous cas pas dans les 99% cas que nous avons croisés. Les pathologies profondes sont rarissimes. C'est pourquoi nous redisons avec force ce qui devrait être posé *a priori* : il n'y a pas d'enfant à problème.

L'enfant commence à n'être un problème qu'à l'âge où il commence à réaliser qu'il représente un problème, c'est alors que le processus d'autodestruction et de rejet s'enclenche. Il aura de la chance s'il a des parents qui l'empêchent de s'auto contempler et lui confient des responsabilités, seules à même de le valoriser à ses propres yeux. Il y a des tas de choses à faire à la maison ou dans le quartier. Confions des tâches aux enfants, responsabilisons-les, faisons-leur confiance et célébrons leurs réussites.

On ne peut plus confier son enfant au garagiste du coin pour lui faire faire un mois de mécanique, comme nous le faisions dans notre jeunesse, parce que des détraqués politiques l'ont interdit. Et on s'étonne qu'il y ait méconnaissance du travail, diminution du sens pratique, chômage ? Un ami faisait Sciences Po Paris. A sa grande honte, il nous avouait qu'un jour, un plomb ayant sauté en aval du disjoncteur, il avait emmené tous les plombs chez l'électricien du coin, ignorant totalement quel plomb remplacer. Voilà. Vous comprenez pourquoi on a ces politiques qui nous ruinent : ils ne savent pas. On devrait très vite permettre à nouveau que les jeunes fassent des activités professionnelles bénévoles ou payées durant leurs vacances et vous, parents, n'hésitez pas à leur confier des responsabilités, des travaux pratiques : ils construisent le cerveau et lui permettent beaucoup mieux de recevoir le savoir livresque.

*

Lorsqu'un enseignant vous dit que votre enfant a un problème, demandez-lui : « Comment le savez-vous ? » L'enseignant ne peut pas le savoir parce qu'il n'est pas neurologue ou psychologue, les seuls à même de détecter un "problème". Et encore ! Il y a de piètres psychologues. Soyons circonspects.

C'est incroyable, si on y songe, que l'enfant soit devenu un "problème", après toute une histoire où il était un cadeau du Ciel, une joie, une richesse, une aventure, un défi, une promesse d'éternité.

Tous les enfants peuvent réussir un très bon parcours scolaire, si on leur donne ce dont ils ont besoin. Tous. Il faut que ce soit très clair pour nos lecteurs. Votre enfant n'est pas un problème, et il n'a probablement pas non plus de problème (grave). Nous n'avons *jamais* rencontré un enfant qui aurait été incapable de suivre un parcours scolaire normal, quelles qu'aient été ses difficultés, quels que soient son milieu ou sa classe sociale, son origine, sa religion, ses facultés propres ou quoi que ce soit.

Ce n'est pas une vision rousseauiste qui consisterait à dire que l'être humain naît bon et se laisse pervertir par la société, non, l'être humain porte en lui tout ce qu'il faut pour se tromper et tromper les autres, mais aucun ne naît incapable de recevoir ce dont il a besoin et d'être en vérité face à lui-même, bon pour les autres, accompli et utile à son prochain. Tout cela n'advient qu'à une seule condition : qu'il reçoive. L'enfant qui n'a jamais rien reçu, comme cet enfant sauvage dont les journaux ont parlé récemment, qui a grandi seul dans un appartement, n'est ni bon ni mauvais, il est simplement sauvage, capable en animalité et inapte en humanité.

En revanche, la majorité des enfants que nous avons croisée — la majorité — avait un ou des problèmes *à l'école, avec l'école.*

Il n'y a plus beaucoup de parcours scolaires normaux. A tel point qu'on ne sait plus ce qu'est un parcours normal.

Fréquemment, et de plus en plus, les parents sont obligés de recourir au cours de soutien scolaire ou, le soir ou en week-end, de refaire ou de compléter eux-mêmes les cours, car leur enfant ne comprend pas ce qui lui est demandé en classe. De là, certains parents se découvrent une capacité à suppléer à l'enseignant et franchissent le pas de l'Ecole à la maison.

Par ordre de fréquence, on évoque aussi un problème comportemental ou un problème d'équilibre personnel de l'enfant pour motiver un retrait, on y reviendra.

Les parents ont également du recul par rapport à l'esprit de compétition, au manque de respect du rythme de l'enfant.

Ils pensent aussi souvent que les enfants passent trop de temps à l'école et qu'à l'école la motivation disparaît peu à peu. On sait maintenant très bien que le système du bâton ou de la carotte n'est pas productif et même plutôt anti-productif. C'est-à-dire que même la récompense tue l'effort sur le long terme, car elle fait entrer dans la tête que l'effort correspond à quelque chose qui est demandé, plutôt qu'un défi personnel. Nous y reviendrons.

Revenons aux motifs invoqués. Il n'est pas rare non plus que les parents considèrent que l'école n'est pas le cadre approprié pour les facultés spécifiques de leur enfant, qu'ils considèrent comme spéciales.

Dans l'énumération de ces griefs bien sûr, il peut y avoir des visions fausses, les parents qui font le choix de l'Ecole à la maison peuvent se tromper comme tout le monde. Ce guide est fait pour aider au discernement.

Pour finir une liste non exhaustive, il y a aussi des retraits liés à des intérêts sectaires ou ultra religieux. Même si nous n'en avons pas rencontrés, ces cas existent[20]. Il revient à l'Etat, qui est là pleinement dans sa fonction, de veiller à ce que les enfants ne soient jamais kidnappés de la sorte pour ne pas recevoir ce à quoi ils ont droit : une éducation, une instruction, une enfance. C'est pourquoi sur ce point, il nous semble que les parents qui font l'Ecole à la maison doivent accepter la visite des inspecteurs, et celles-ci devraient être à notre avis facilitées. Mais à condition bien sûr qu'elles cessent d'être des démarches répressives, politiques. Fin des années 80 jusqu'au début des années 2000 par exemple, on était dans une chasse aux sorcières anti-secte. On a interdit le regroupement scolaire (voire paragraphe sur le sujet du regroupement scolaire), mais on ne visite en principe pas les enfants qui font l'Ecole à la maison dès lors qu'ils suivent un cours par correspondance agréé. C'est anormal. Qui vous dit que nous faisons bien notre travail d'enseignants à la maison ? Certes, le cours, lui, est inspecté et montre les devoirs faits par les enfants ou au moins les bulletins de notes rendant compte de l'assiduité des élèves. Mais nous qui enseignons, nous sommes peut-être complètement nuls, comment l'Etat le vérifie-t-il ? On devrait rééquilibrer les choses, en favorisant les regroupements (nécessaires désormais notamment là où les écoles ferment) et en développant les visites à domicile. Nous n'avons jamais vu un inspecteur avant 2008, et nous sommes sûrs qu'ils auraient pu nous aider à certains moments. Le législateur s'est donc "planté" quand il a décidé d'interdire le regroupement[21] : plusieurs familles permettent de mieux suivre l'enfant, de l'habituer au travail en commun etc. Nous avons pratiqué le

---

[20] *: Extrait du rapport 2006 - page 257, de la MIVILUDES (Mission interministérielle de vigilance et de lutte contre les dérives sectaires). « La CPPS se montrera également attentive à la situation des écoles privées hors contrat, en particulier lorsque les conditions de leur création ou de leur fonctionnement font craindre un risque de dérive sectaire. Ces écoles feront l'objet d'un contrôle par les corps d'inspection territoriaux. Ces corps d'inspection territoriaux ont continué à se montrer actifs dans plusieurs domaines, notamment le contrôle de l'instruction dans la famille, même s'il faut se garder de considérer que les parents qui éduquent leurs enfants à domicile ou les établissements privés hors contrat relèvent de la sphère des activités de nature sectaire. Ils ont ainsi contrôlé la réalité de l'éducation dispensée dans les familles (1119 enfants évalués sur 2813). Ces contrôles ont révélé une situation plutôt satisfaisante puisque ce nombre élevé d'interventions s'est traduit par un nombre très modeste de mises en demeure de scolarisation dans un établissement public ou privé sous contrat : 23, après que 2 évaluations successives avaient démontré un niveau d'acquisition des connaissances très insuffisant. »*

[21] *: et en éliminant le mot du vocabulaire légal. Dès lors que deux familles travaillent ensemble, ce n'est plus un regroupement mais un établissement scolaire ! Car, rappelle www.créer-son-ecole.com, « toute instruction dispensée collectivement, de manière habituelle, à des enfants d'au moins deux familles différentes doit faire l'objet d'une déclaration d'ouverture d'un établissement d'enseignement privé » (sic).*

regroupement scolaire, l'expérience a été décisive et très enrichissante. Nous en reparlerons.

Reste que du fait du développement d'écoles confessionnelles douteuses, il se trouve en France un nombre grandissant d'enfants qui disparaissent de la carte scolaire, comme il y a des foyers qui disparaissent de la "carte fiscale". C'est inquiétant et redoutable pour l'avenir.

Une part de cet ouvrage se voudra donc civique en appelant l'autorité publique et le législateur à plus de discernement et à plus de courage. Les 40 dernières années ont été, sur le plan de l'éducation comme sur bien d'autres, une longue glissade incontrôlée.

Nous avons parlé de contrôles de l'Ecole à la maison, mais il faudra aussi un jour conduire des visites évaluatives à l'école sur des bases d'appréciation indépendantes, et non diligentées par l'académie, car on ne peut être juge et partie. L'avenir est à l'évaluation performante, il faudra qu'on y arrive. Ce qui veut dire qu'il faudra aussi évaluer les programmes, les moyens publics etc. Pour l'instant, on met le couvercle et on attend.

APRÈS LES "TROUBLES DU COMPORTEMENT", DIFFICULTÉS PARTICULIÈRES DE VOTRE ENFANT

Il est temps maintenant de revenir sur les objections suivantes : mon enfant se couche tard / il a une addiction à l'ordinateur / il n'est pas travailleur / il est incapable de travailler seul / il ne me supporte pas / il est paresseux / il est déconcentré / il déteste les études…

Pour ce qui est des mauvaises habitudes, en principe lorsque l'enfant est jeune vous devez arriver à lui faire faire ce qu'il doit. Plus tard, ça devient délicat. Mettez-le en confiance, relaxez-vous tous les deux et essayez de savoir pourquoi il est important pour lui d'agir ainsi, quel est le but. La première grande question, c'est : « Pourquoi est-ce important pour toi ? » Souvent, cette simple question va diminuer de beaucoup sa conviction. Mais elle l'amènera aussi à réfléchir sur ce qu'il fait.

S'il n'a pas de but réel, vous avez déjà gagné l'essentiel. Expliquez- lui l'importance de l'attitude que vous demandez (se coucher tôt ou freiner l'ordinateur par exemple) et ensuite demandez-lui comment il pourrait y arriver tout seul. Essayez de lui faire dire d'une manière pratique, concrète : qu'est-ce qu'il va pouvoir faire immédiatement pour prendre la bonne nouvelle habitude ? Il y a différents moyens, comme de coller un post-it sur le miroir, faire sonner le réveil du téléphone portable, de l'ordinateur etc. , ou déménager l'ordinateur dans la salle commune

Cette démarche demande une participation et une émulation de l'enfant.

Vous avez des coachs professionnels qui peuvent vous aider pour les jeunes à partir de 15-16 ans, pas avant.

Mais d'un enfant plus jeune, vous devez en principe obtenir qu'il vous obéisse, *à condition que vous soyez capable de vous mettre à sa place*. Si ce n'est pas le cas, vous pouvez voir vous-même un coach pour acquérir les bons réflexes. Il y a beaucoup de trucs et nous ne pouvons pas faire un traité de l'autorité ici.

Se mettre à la place de l'enfant, comprendre qu'il réagit comme nous, est déjà un progrès pour l'adulte. Il y a autant de chemin à faire pour un adulte vers la compréhension de l'enfance que pour un enfant à comprendre le monde adulte. Est-ce que vous-même, vous ne vous couchez pas à l'heure que vous voulez ? Est-ce que vous ne regardez pas l'ordinateur ou la télé quand ça vous plaît ? Il est évident que l'enfant suit les modèles qui existent, qu'il a sous les yeux, chez lui ou chez ses amis, ses cousins etc.

Il s'agit donc d'organiser sa propre vie pour que l'enfant en fasse autant.

Soyez joueur. Supposons que vous ne vouliez pas que votre enfant se couche tard et qu'il ait dépassé le moment où il accepte de vous obéir (en général ça se manifeste autour de 15 ans). Ne dites plus rien à ce sujet et, deux ou trois jours après l'avoir laissé faire, demandez-lui de veiller tard par exemple en lisant les journaux, faites-lui faire cette recherche que vous avez à faire sur Internet, insistez pour qu'il se couche tard. Rien de tel pour qu'il se couche tôt. Remontez dans sa chambre quand il commence à dodeliner de la tête, demandez-lui où il en est. Faites ça trois jours de suite, et plus tard encore. C'est très pénible. Il va faire le contraire, essayer de dormir à votre insu. Le tout est qu'il ait l'impression que c'est un devoir que de se coucher tard. Ce qui est demandé étant par nature une contrainte pour un jeune, il résistera. La plupart du temps, l'enfant, comme l'adulte, a tendance à penser plus ou au moins le contraire de ce qu'on lui demande, il a un esprit de contradiction naturelle. Pendant que nous y sommes, si votre enfant a un problème d'addiction avec les ordinateurs ou le téléphone portable et qu'il ne prend pas assez l'air, c'est pareil, faites en sorte que cela soit du domaine du travail demandé par vous, faites-lui faire un travail sur l'ordi ou le téléphone, ou alors le jeu en ligne qu'il aime tant, soyez là pour compter les points, pour organiser ses séances, pour commenter, vous allez voir : il va détester ! Soyez très présent partout où vous voulez qu'il abandonne sa mauvais habitude. Il retournera jouer dehors très vite. Quand il aura grandi, au lieu d'utiliser ce stratagème, travaillez dans la même pièce que lui, à moins d'un mètre cinquante, en lui laissant sa liberté, vous à votre écran et lui au sien, c'est très efficace ! Vos relations vont s'harmoniser en même temps qu'il va réguler de lui-même sa pratique de l'ordinateur. N'étant pas laissé à lui seul, il va se discipliner naturellement. Votre présence va associer dans son esprit l'ordinateur à un devoir, un travail, quelque chose de sérieux. Il va donc de lui-même se tempérer. Finie l'addiction !

Pendant que nous y sommes, mieux vaudrait qu'en bas âge les enfants soient à deux par chambre, et même plus tard, en fait aussi longtemps que possible. Tout ce qui laisse le champ libre à la facilité est un danger. A deux, les enfants se régulent mutuellement et apprennent la vie en société. Ils vont se disputer ? Bien sûr, et c'est naturel. Vous interviendrez une fois de temps en temps, surtout pour éviter les cas d'injustice, mais pas trop, afin qu'ils apprennent à vivre avec autrui.

Pas de télévision dans la chambre, évidemment, la télé est votre ennemie personnelle. Ce que vous donnez d'un côté sera perdu de l'autre. Un enfant devant une télé, c'est un seau percé.

Vous pensez qu'il n'est pas travailleur ? Soyez tranquille, si vous lui en donnez les moyens, il finira par travailler à son rythme et celui-ci s'adaptera en fonction des obligations. S'il n'aime pas le travail, c'est que pour l'instant on ne lui a rien donné de réjouissant. Ça va changer avec l'Ecole à la maison. Il va aimer travailler parce que vous allez lui donner l'occasion de réussir, d'être bon à ses propres yeux. La réussite est le moteur le plus puissant du travail, bien avant le gain. A ce sujet, sachez que si la récompense est excellente dans un jeu de chasse au trésor (jeu que nous recommandons avec les plus jeunes), elle est inopérante pour le travail. Un enfant ne travaillera pas plus pour des bonbons, ou du moins son effort sera de courte durée. Il peut arriver que la moto ou la voiture, vers 18 ans et dans les familles les plus aisées, soient un moyen de mettre un mauvais étudiant au travail, mais c'est surtout parce qu'il y aura un contrat moral valorisant pour le jeune : « Si je réussis cela, j'acquérrai un moyen de locomotion autonome, je ferai partie des grands. »

Soyez également rassuré(e) si vous trouvez votre enfant déconcentré, paresseux etc.

Si vous pensez qu'il ne vous supporte pas, en ce cas travaillez sur vous-même. Changez. S'il ne faut pas prêter l'oreille aux voix qui disent « tu ne sais pas y faire », « tu es nul », ne prêtez pas non plus l'oreille à « tout va bien, je n'ai pas à me remettre en cause, je suis bien comme je suis, je suis super doué », écoutez celles qui disent « je veux progresser, je vais faire ce qu'il faut », soyez ouvert, aimez changer, évoluer. Aimez vous améliorer. Si votre enfant ne vous supporte pas, soit vous manquez d'autorité et d'intérêt à ses yeux, et ça se corrige très bien, soit vous l'avez laissé partir "en live", et ça se corrige aussi.

Si la situation est inextricable à vos yeux, pas de panique, appelez-nous (n° en fin d'ouvrage), nous sommes certains que nous pourrons vous aider, ou vous orienter.

UNE DÉMARCHE D'ABORD NÉGATIVE... PUIS POSITIVE

Si vous examinez les arguments que vous présentent les parents, comme nous venons de le faire, on a d'abord des raisons négatives qui disent grosso modo : « Je ne veux pas de ça pour mon enfant. »

La dimension positive, qui dirait « Je veux telle chose pour mon enfant » est rarement évoquée à l'origine de la démarche. Les anti-homeschooling mettent en exergue cet aspect : « votre démarche est négative », disent-ils ; sans doute, mais en même temps cela montre que la presque totalité des retraits provient de défaillances de l'école.

La dimension positive devient pourtant dominante après quelques mois de pratique. « Pour rien au monde », nous disent souvent les mamans, « je ne renoncerai pas à cela pour mon enfant, je ne le remettrai jamais à l'école. » C'est parce que les parents éprouvent un émerveillement, parce que l'enfant est transfiguré, qu'il semble se dépasser complètement, retrouve une santé, une joie de vivre, révèle des aptitudes nouvelles et étonnantes, se découvre des élans magnifiques, qu'il ingère aisément ce qui lui paraissait jadis imbuvable, que les larmes aux yeux vous viennent en constatant sa transformation, à la lecture d'une rédaction révélant une construction des idées, un sens critique, une liberté, un non-conformisme, de la culture, une imagination, une hauteur de vue, une beauté intérieure... que sais-je, c'est pour ces cent raisons que vous le conservez à la maison et non plus contre un système qui, dans votre esprit appartient non seulement au passé, mais aux temps préhistoriques de l'enseignement.

Les parents qui ont commencé à pratiquer considèrent que ce qui est apporté à la maison surclasse ce qu'apporte l'école. L'enseignement particulier ou en petit groupe favorise non seulement un meilleur niveau mais surtout un épanouissement immédiat et un cheminement éblouissant. L'Ecole à la maison est un projet familial. Elle bénéficie à toute la famille.

A telle enseigne qu'elle recrée un lien familial. Elle restaure une complicité, un esprit de famille, des occasions de se voir et d'échanger.

Question que vous nous posez fréquemment : mon enfant va-t-il se retrouver privilégié par rapport à son frère ou sa sœur qui sont restés à l'école classique ? Il est important de parler avec chacun et d'expliquer que l'école à la maison est rendue nécessaire pour certaines raisons particulières, positives. Il ne faut pas critiquer l'école où continue à aller le frère ou la sœur, cela est déstabilisant. On expliquera que l'enfant qui reste à l'école a un besoin particulier.

COMMENCER *PAR* L'ECOLE À LA MAISON

N'est-il pas curieux de démarrer sans une expérience de l'école ? L'expérience qu'on a eu soit même enfant compte-t-elle ?

Maintenant, disons-le franchement, nous pensons que le cadre familial et un vrai rôle des parents constituent les réponses les plus sûres à la demande d'éducation des petits enfants, le plus urgent c'est la construction dans l'amour; c'est de là que tout part. Non pas un amour à l'eau de rose, obsédé de satisfaire les désirs de l'enfant, mais un amour qui promeut, qui permet de faire grandir l'être.

Rater cette étape rend inutile tout effort pédagogique. Ou exige un effort de recommencement. Ce n'est jamais trop tard.

Avant l'Ecole à la maison, il y a l'éducation première, fondamentale. « Oui, c'est là, dit cette maman, que l'enfant puise la confiance en lui et en ses capacités, c'est ainsi qu'il se découvre, qu'il apprend la vie... »

En France, on pousse à scolariser de plus en plus tôt. Les ministres en parlent régulièrement. Attention : danger ! il y a une pré-scolarisation qui coupe l'enfant de ses parents, dont il doit recevoir beaucoup avant de recevoir des connaissances cognitives. La vie est en soi un enseignement. Nous avons commencé l'Ecole à la maison des derniers au moment où tous les enfants commencent l'école, c'est-à-dire en grande section maternelle. Nous avons des doutes sur les pédagogies qui commencent plus tôt, de toute façon nous n'avons pas le temps de faire autrement, les petits sont présents pendant les cours des plus grands, ils jouent, ils font des dessins, écoutent souvent et observent, ou même parfois participent. C'est largement suffisant. Nous n'avons pas essayé d'enseigner nos enfants plus tôt et ils s'en sortent tous très bien.

Mais il y a un extrême contraire à la pré-scolarisation : l'instruction en famille sans cours du tout ! Le "unschooling", explique une maman, « approche par laquelle nous nous contentons de répondre aux questions de l'enfant, nous lui faisons confiance pour trouver autour de lui et de son environnement ce qui constituera l'essentiel des connaissances dont il a besoin au fur et à mesure qu'il avance, tout en mettant quand même à sa portée de quoi assouvir sa soif et élargir son horizon ! » Bon, là c'est un extrême, attendre que l'enfant se pose des questions est tout simplement ne pas l'instruire, ce qui est non seulement illégal mais aussi une faute morale grave vis-à-vis de son enfant.

UNSCHOOLING

Certes, il y a divers unschooling, ou ascolarisation. Il n'y a pas que cet exemple, d'autres mamans font cours mais sans cours, elles l'inventent.

Notre position est la suivante. A supposer que vous soyez vraiment doué(e), avec une motivation gigantesque, une expérience, des outils, pourquoi pas ? Il y a pas mal de mamans qui réussissent des miracles et quelques-unes ont raconté leurs expériences. Souvent, ça dure un an ou deux, rarement plus. D'abord parce que l'administration se met en marche et commence à s'intéresser de très près à la famille en question. Ensuite et surtout parce que c'est très pesant et difficile de tenir sur le long terme et d'être à niveau, de suivre quand même un programme en partie commun avec les autres enfants scolarisés.

Enfin, la culture des unschoolers est parfois franchement... sectaire. Pour les avoir rencontrés et avoir échangé avec eux, quelle déception : du rejet, massivement, par rapport au système et aux gens qui ne pensent pas comme eux. On est un « collabo du système » si l'on prend un cours. Il s'agit à leurs yeux de se couper complètement du monde et de vivre derrière un rempart rassurant. Ils ignorent qu'ils ne sont pas moins exposés que les autres et, de plus, moins aguerris, puisqu'ils perdent leurs facultés combattives et créatrices face à l'adversaire.

Nous pensons qu'il vaut mieux un cours. D'abord, parce que cela vous protégera vis-à-vis de l'Etat et vous évitera de sortir 1.500€ pour un avocat si vous êtes assigné.

Ensuite, l'être humain a besoin d'être relié dès le plus jeune âge à la communauté humaine au milieu de laquelle il est né. Savoir que ses copies sont relues par une personne extérieure a des avantages dans son esprit, sans compter que cela va asseoir l'autorité de la maman, ou du papa d'ailleurs. L'enfant a besoin de savoir d'où il vient, ce que les générations précédentes lui ont apporté et donné. Et ça, on l'oublie dans une société individualiste d'un côté et excessivement socialisante de l'autre. Il faut un juste milieu entre l'obligation d'être dans le moule, à subir les autres avec ce qu'ils ont de moins bénéfique, et de l'autre côté l'isolement, la vie pour soi exclusivement, la famille comme seule communauté. Non, ni l'un ni l'autre extrême ne sont justes pour l'enfant. Il faut une part de solitude et il faut une part de partage dans toute vie.

Mais cela n'empêche pas que nous sommes également partisans des apprentissages informels, c'est-à-dire passer progressivement à un enseignement qui ne soit plus magistral mais participatif. C'est un sujet suffisamment complexe pour que nous y consacrions une partie de notre formation sur notre site.

DÉSOCIALISATION ?

Combien de fois avons-nous entendu : « Vous désocialisez vos enfants ! » On confond. Il faut dire « désociabiliser » et non désocialiser, car il est clair que nous n'avons aucune intention de politiser nos enfants !

Non, nous ne désociabilisons pas l'enfant. Justement, nous socialisons nos enfants plus que les autres, nous les rendons aptes à vivre en société et à servir utilement la société en les aidant à se construire, eux, nous assumons ce que la société n'assume plus, là où bien des parents abandonnent leurs enfants à la société qui les vide de leur substance.

On oublie que certaines célébrités, loin d'être asociales, pour certaines éminemment publiques, sont passées par l'Ecole à la maison[22]. Enfin, nous rappellerons qu'un nombre incalculable d'enfants ont grandi à la maison au cours de l'Histoire, et ont fait de bons citoyens ou de bons sujets. Combien de sainte Germaine de Pibrac ont grandi loin du monde ? La "socialisation" est à la pédagogie actuelle ce que l'enclume est au ferronnier, c'est la valeur lourde, obligatoire, inamovible. Elle est ressassée en permanence au cours des réunions de comités de parti que sont les "réunions pédagogiques". Eh bien, il faut le dire aux personnels enseignants : elle n'est pas une valeur en soi. Et pas non plus la sociabilisation ou l'intégration, ou la mixité sociale. Ce sont là de fausses valeurs qu'on invente, à des fins politiques.

Nous répondons souvent à ce poncif de la "désocialisation" : « C'est la société qui s'est désocialisée, pas l'enfant. » Et c'est vrai, la société n'a plus grand chose d'humain au sens noble du terme : elle se ferme aux enfants, avec sa logique administrative, électorale ou statistique, hédoniste ou idéologique. Jamais la société n'a manqué à ce point d'enfance. Nous ne voyons aucune époque qui ait été aussi éloignée de la simplicité et de la sincérité de l'enfance. Vous pouvez chercher n'importe quelle époque de l'Histoire, vous y trouverez toujours plus de simplicité, de douceur et d'innocence enfantine qu'aujourd'hui. Je revois ce film des années 50 où l'on assiste à une ronde d'enfants sur la cour de récréation, en se tenant par la main. Nous avons beaucoup d'admiration et de reconnaissance pour les animateurs et les institutrices des petites écoles où nous constatons que

---

[22] : *Par exemple Agatha Christie, Anne Queffélec, Bernard Debré, Blaise Pascal, Brigitte Bardot, Bruno Cremer, Christine Ockrent, Christophe Dechavanne, Claude Cheysson, Dominique Frémy, Édouard de Rothschild, Françoise Sagan, Vincent Cassel, Jacques Chirac, Jacques Lafitte, Jean d'Ormesson, Jean de France, Jean-louis Debré, Jean-Paul Sartre, Karim Aga Khan, Luc Ferry, Jean-François Chiappe, Michel David-Weill, Michel Polnareff, Michel Poniatowski, Patrick Dewaere, Pierre Curie, Pierre de Boisdeffre, Pierre-Gilles de Gennes, Rainier de Monaco, Stéphanie de Monaco, Sylvain Augier, Thomas Edison, Véronique Sanson, Yann Queffélec...*

tout est fait pour préserver cette innocence et cette joie indispensables à la croissance de l'enfant.

Nous sommes dans une époque d'une brutalité compliquée, ou d'une brutale complexité si vous préférez. Pour y comprendre quelque chose, il faut en passer par un mode de vie artificielle, des quantités de logiques spécieuses. Il n'est que de créer une entreprise ou une école pour s'en rendre compte. Ou tout simplement d'attendre un enfant. Quel parcours du combattant pour celui qui refuse d'être pris en main et conduit à la baguette ! de quoi vous dégoûter. Pour moi qui ai fait un chemin en politique, j'ai dû affronter une nouvelle strate de logiques spécieuses, qui s'ajoutait à celles que j'ai connues jusqu'ici : logiques administratives (c'est pratiquement une antithèse), syndicales, technocratiques, techniques, sanitaires, fiscales, réglementaires, légales, douanières, médiatiques et bien d'autres.

Tous ces petits horizons bouchés rejettent le quidam, le non-initié, les jeunes et les enfants. Un ami s'est lancé dans un commerce centré sur l'éco-conduite, très prometteur. Mais il a dû en passer par les administrations et les institutions. Parcours impossible, à rendre fou. Perdu au début, il a tendu l'oreille au jargon employé. Dès qu'il a su ressortir trois mots, il faisait partie de la maison, les portes se sont ouvertes. Imposture du cloisonnement, du clanisme.

Idem pour l'hôpital. Vous en ressortez avec du vocabulaire nouveau, à défaut d'être guéri. Et vous n'en ressortez pas comme ça, comme au XVIIIème siècle, non, il y a des papiers à remplir, des récépissés pour les reçus, des questionnaires pour les formulaires, des bureaux où patienter, des salles d'attente où attendre son tour.

Imaginons un seul instant ce que cela produit au niveau où se trouve l'enfant. Il n'y comprend rien, il n'y voit goutte, il se sent totalement étranger à ce monde censé l'accueillir.

Le résultat mécanique de ces cloisonnements, c'est que l'individu se sent en marge, rejeté et donc éloigné des autres. A l'instant, dans ce train que je prends pour Paris, j'échange avec une jeune dame qui suit une formation pour devenir fleuriste (je ne savais pas qu'il fallait une formation pour être fleuriste). Elle me montre le livret qu'elle doit apprendre. « Les produits vendus par la fleuriste ne sont pas issus de l'horticulture mais de la floriculture ». Ah bon ? Et quelle différence ça fait pour le client final ? Et à quoi sert ce savoir-là ? C'est du Molière. Si seulement on lui apprenait à bien gagner sa vie avec les fleurs, à faire plaisir au client ; mais non, on va lui mettre dans le crâne des connaissances inutiles, administratives. Et il y en a des wagons, des notions dans tous les sens, et des plus compliquées. C'est affligeant, pour tenir un simple commerce, bien délicat par ailleurs, on s'ingénie à exiger des connaissances qui n'ont qu'un seul intérêt : justifier la paye de ceux qui font les programmes, les normes, les cours, les examens bref, qui sont l'institution "de tutelle" (car il y a une tutelle sur les métiers en France, aussi fou que ça paraisse). Chambre de Commerce ? Des Métiers ? Ministère de l'Agriculture ? Allez savoir. Il serait temps de mettre au placard ce bureaucratisme. On a besoin d'air, de liberté, d'espace, on a besoin de gagner mieux sa vie, de s'accomplir ; comment pouvons-nous nous laisser dévorer la vie ainsi ?

Entre nous, est-ce que vous avez la conviction que votre enfant va réussir sa vie en France ?

20.000 jeunes diplômés français quittent la France chaque année, et environ 200.000 Français en tout.

Dans tout système, un signe frappant de décadence est l'empilement des couches. Ceci vient de ce qu'on laisse faire un tas de gens qui, pour manifester qu'ils existent et mériter de l'avancement, ajoutent leur "marque", leur couche personnelle, éventuellement totalement inutile, au système en place. C'est toute l'histoire de cette ministre qui, ayant pondu une loi déplorable, disait « Au moins j'aurais laissé une trace. » Une trace laissée dans notre vie quotidienne, comme nos animaux de compagnie en laissent aux pieds des réverbères.

L'école hérite de cela aussi. Une paperasse, une norme, un jargon, des attitudes artificielles, un mode de pensée qui détournent les enseignants de leurs préoccupations sérieuses. Les élèves ne sont plus des élèves mais des "apprenants" et les ballons sont devenus des "mobiles rebondissants" (sic). !

Si votre enfant n'est pas prêt à ingérer ce genre de vocabulaire et à se fondre dans le moule, on dira qu'il est "désocialisé" ou pis : asocial. Ne soyez pas dupe : c'est ce système qui est asocial.

Beaucoup de parents, lorsqu'on leur explique que leur enfant est dyslexique, dysorthographique, dyscalculique, dyspraxique, ou même dysécolique (!), ou je ne sais quoi — parce que, la plupart du temps, l'enseignant a été incapable d'enseigner —, se sentent sur la touche. En songeant à enseigner eux-mêmes leur progéniture, ils reviennent sur le terrain, ils font une démarche libre. Ils redeviennent des citoyens acteurs et souverains. Cette liberté est intolérable pour beaucoup. La République elle-même ne l'admet pas, au nom de l'égalité. Ce n'est pas vraiment qu'elle l'interdise, mais on la déconseille, ce n'est pas bien vu. Elle vous envoie même parfois une lettre vous expliquant que vous risquez une peine de prison à ne pas mettre votre enfant à l'école, ce qui soit dit en passant est faux[23]. C'est là que la République connaît sa fin. Lorsqu'elle use de rétorsion, de

[23] *: voir "textes de loi" à la fin de cet ouvrage.*

menaces, elle professe l'égalité contre la liberté. La liberté se trouve du côté de ceux qui réfléchissent et agissent pour leurs enfants. En délaissant la liberté au profit de l'égalité, la République se suicide. Car rien n'arrête la liberté.

Alors, soit le système reconnaît cette démarche et l'accompagne, comme on le voit faire dans de nombreux pays, ou alors elle essaie de l'interdire, ainsi qu'elle a tenté de le faire avec cette loi contre le regroupement scolaire. Il faut qu'on vous dise : cette loi ne nous a nullement empêchés de nous regrouper avec une autre famille pour faire l'Ecole à la maison. Si la République sait s'adapter, elle survivra. Sinon, ses jours sont comptés : l'amour des parents pour leurs enfants sera toujours plus fort que les régimes politiques.

L'Ecole à la maison est un phénomène d'avenir qui gagne partout dans le monde. Certes, ailleurs, les situations sont contrastées. Le cas de l'Allemagne est sans doute le plus dramatique, l'Ecole à la maison est interdite depuis 1939, par la volonté de Hitler. La petite Melissa a été emmenée de force de chez elle à la mi-février, au terme d'une intervention mobilisant près de 20 policiers, et internée dans un service psychiatrique pour "peur phobique de l'école" et "retard de développement d'un an". Depuis elle a été déplacée et ne peut voir ses parents qu'une heure par semaine. Ceux-ci, qui lui ont fait l'Ecole à la maison, se sont vu intimer une injonction de se faire examiner sur le plan psychiatrique. En revanche, les USA sont très en avance ainsi que la plupart des pays du Commonwealth[24].

PRENDRE SA DÉCISION

Il faut avant tout établir clairement la raison pour laquelle vous pensez à l'Ecole à la maison.

Alors, pour commencer, téléchargez Freeplane. Ce n'est pas obligatoire, vous pouvez faire ce qui va suivre sur papier. Mais Freeplane, qui est gratuit, est une aide substantielle. C'est un organiseur extrêmement facile à utiliser qui va vous permettre de commencer votre nouvelle vie. Nous l'utilisons beaucoup en coaching. Vous créez votre projet, et vous y associez toutes les tâches, mémos, rappels nécessaires. Votre esprit va y voir plus clair. Donc, vous l'installez, vous le lancez et vous créez une première tâche : rendre mon enfant heureux. Puis, vous créez les premiers sous-groupes : "Ecole à la maison" et "autres". En aval d'Ecole à la maison, vous commencez à poser chacun des domaines : inscription, cours, organisation, ce que vous voulez. Ensuite, vous déplacerez les divers éléments en structure avec les autres. Regardez ce qu'on peut faire avec Freeplane, c'est étonnant et très utile.

---

[24] : La question du "homeschooling" dans le monde n'étant pas l'objet de cet ouvrage, on trouvera des informations sur le net. Elles changent chaque année.

Ce logiciel et votre réflexion vont vous permettre de penser clairement votre projet d'Ecole à la maison.

Il faut que ce soit clair, car vous engagez votre enfant. Ce qui implique que vous aussi, vous vous engagiez. Pour cela, il faut prendre une résolution en soi : « Je veux la réussite, par exemple, ou je veux que mon enfant soit heureux, et je vais y arriver ». Peu importe, mais exprimez-la. Puis, couchez-la sur une feuille, faites des lignes là-dessus, de manière à faire entrer en vous ce processus. La main qui écrit produit plus de 10.000 connections neuronales à la seconde ! Prenez l'habitude d'écrire ce que vous voulez, rien que pour vous. Jetez le papier ensuite, si vous ne voulez pas que quelqu'un le trouve. Ou au contraire, affichez-le sur votre miroir pour le lire tous les matins. C'est la première chose que vous puissiez faire pour aller vers votre but et ne plus remettre au lendemain.

Il ne suffit pas d'en avoir assez de l'école et d'être décidé à la quitter. Il faut également être forte (ou fort s'il s'agit du père), c'est-à-dire contrôler la situation, être le maître à bord. Il n'y a qu'une chose requise pour faire l'Ecole à la maison, c'est la décision.

Vous avez le droit d'expliquer à votre enfant que vous ferez votre possible avec lui, mais que ce sera peut-être seulement une expérience provisoire. Ne dites pas non plus « si ça rate, je te remets à l'école ». Soyez positive (ou positif[25]) ! Simplement que vous tentez une aventure, ou une période d'essai. L'enfant le comprend très bien. Ce qu'il faut éviter de lui donner, c'est le flou, le sentiment qu'il est ballotté.

Récemment, une maman me disait que sa fille refusait d'aller à l'école et pleurait chaque matin. Symptôme inquiétant. Il est évident que ça ne peut pas durer, d'autant que tout a été essayé avec l'institutrice, qui semble plus sensible à son propre sujet qu'au problème de l'enfant. Il ne faut pas hésiter à se poser la question : mon enfant est-il bien dans cette classe ? On ne devrait pas se contenter d'une situation médiocre. Si l'enfant n'est pas épanoui et ne progresse pas, alors il faut y réfléchir.

Si vous êtes dans un cas semblable, prenez une feuille et un stylo, et mettez à gauche les arguments pour, à droite les arguments contre, et puis rédigez quelques lignes qui posent les bonnes questions et qui fixent vos buts. Rien qu'en faisant cela, vous aurez avancé mieux que dans une conversation d'une heure avec un spécialiste.

Nous ne cherchons pas pour nos enfants les études les plus prestigieuses ou la plus brillante carrière, il s'agit tout simplement que l'enfant soit heureux et se

[25] *: qu'on nous en excuse, pour éviter les lourdeurs, nous conjuguerons souvent au féminin, les mamans étant plus de 90% des parents enseignant à la maison.*

développe normalement. Cela est beaucoup moins habituel qu'on le pense. Dès lors qu'un enfant se retrouve dans cette situation de joie d'apprendre et d'équilibre personnel, il peut envisager tous les parcours possibles, y compris d'excellentes études. L'inverse n'est pas vrai. Si déjà tout jeune, vous vous contentez pour lui de résultats moyens dans une école moyenne (c'est-à-dire très faible par rapport au niveau moyen de l'OCDE), vous lui fermez des horizons. Si vous acceptez qu'il soit mal dans sa peau, nerveux, complexé, vous lui préparez un avenir sombre. Nous sommes souvent effarés de la confiance que font les parents vis-à-vis de l'école alors que, sous leurs yeux, leurs enfants sont vraiment mal.

Les enfants très heureux d'aller à l'école sont rares, et c'est ça qui est grave.

Donc, prenez votre décision. Parlez-en avec d'autres parents qui pratiquent, allez sur le net aux adresses que nous vous indiquons.

Et même, faites des essais : un après-midi, faites l'Ecole à la maison, c'est-à-dire un peu plus que les devoirs. Enseignez quelque chose de simple, à votre portée. Ressentez la situation, sans vous fixer de but, sans vous dire « à la fin de la séance, il faut qu'il ait compris ce que je lui dis », non, faites-le de manière légère, sans enjeu. D'accord ? Soyez tolérant vis-à-vis de vous-même. Essayez de savoir simplement si ça vous plaît. Vous d'abord, n'essayez pas de savoir si ça plaît à votre enfant. Vous d'abord. Que ressentez-vous, des picotements dans les joues, dans la nuque ? Comment interprétez-vous cette sensation ? Comment pourriez-vous davantage vous amuser, que faudrait-il changer ?

Assez rapidement, vous ressentirez une joie, qu'il faudra accueillir avec reconnaissance. Reconnaissance vis-à-vis de vous-même, de votre enfant (vous pouvez le lui dire !), vis-à-vis de l'être qui, en vous, rend tout cela possible.

Quand vous ressentirez cette joie, vous saurez que vous pouvez commencer. Prenez le temps, faites plusieurs séances, et si vous "ramez", notez ce qui ne fonctionne pas. A chaque fois, notez votre objection sur votre tableau Freeplane. Puis, mettez en face la réponse que vous allez mettre en œuvre. Par exemple, si vous écrivez « Je suis nerveuse », vous noterez en face votre réponse :

Je suis nerveuse, comment vais-je faire pour arranger ça ? ◊ je peux y aller progressivement, je n'ai pas de date limite, je vais prendre l'habitude et ma nervosité va baisser, je vais travailler sur mon rythme cardiaque (voir les livres que nous vous recommandons).

Et de même pour chaque objection.

A chaque objection, mettez dans votre tableau (ou sur une feuille de papier si vous ne voulez pas utiliser Freeplane) la manière dont vous allez réagir. Cette manière de procéder, employée par les gens qui ont atteint les plus grandes réussites, est redoutablement efficace.

Ce ne sont pas les opinions des autres qui vont vous décider, mais la manière dont vous allez accueillir le sentiment nouveau qui va s'installer en vous, en tant que père ou mère enseignant à la maison. Vous allez recevoir ce nouveau statut dans votre corps de manière positive. C'est là aussi une notion capitale : supprimer les voix négatives en les transformant en objections. Puis, les objections en réponses concrètes commençant par « je vais faire, je m'engage à, je vais agir sur...».

C'est sur vous que vous allez travailler d'abord. Vous allez décider d'aller mieux, d'être positive, vous allez vous intéresser à la pensée positive sur Internet. Votre cerveau détermine votre joie, mais aussi votre réussite. Ce qui va vous arriver dans votre vie dépend de ce qui se passe dans votre tête.

DES LIVRES POUR VOUS AIDER

Nous préconisons des livres.

Vous avez déjà visité notre blog. Une page est tenue à jour avec les bonnes références à lire.

Vous y trouverez les ouvrages de Janus Korczak pour mieux parler à votre enfant, pour apprendre les mille et un trucs qui vous permettront d'avoir une relation enrichissante avec lui.

Vous y trouverez les livres pour vous, sur le cerveau, sur le développement personnel que nous avons sélectionnés dans la jungle des ouvrages. Allez-y dès à présent, vous devez les avoir sur votre table de chevet d'autant que la lecture (de bons livres bien sûr) est un véritable médicament, un secret pour aller mieux qui bénéficie à votre cerveau et à votre cœur.

Vous devez à penser à prendre soin de vous, l'enseignant(e) doit être au mieux de sa forme, de son moral et de sa réussite.

Vous avez déjà visité mon blog, où vous avez appris que le sommeil est le médicament n°1, qu'on devient ce qu'on mange. Et tout le reste des conseils que nous vous avons donnés.

Vous pouvez acquérir « La Solution HeartMath » de Doc Childre et Howard Martin. Ce livre vous aidera à réguler votre cœur, ce qui sera excellent pour votre santé, votre tonus.

Lise Bourdeau a écrit un livre, « les 5 blessures qui empêchent d'être soi-même » et qui représente une lecture rapide, très utile.

« La Vérité sur ce qui nous motive » de Daniel Pink est incontournable pour connaître les ressorts secrets de la motivation. Vous en aurez besoin.

Si vous parlez anglais, nous ne pouvons que vous recommander « Buddha's Brain », de Rick Hanson.

Enfin, la créativité étant un ressort essentiel de l'enseignement, vous gagnerez beaucoup à lire « La Créativité » de Mihaly Csikszentmihalyi.

Plus de mamans malades, fatiguées, lasses, bloquées, débordées ! Commencez par vous. C'est bon pour votre enfant, c'est bon pour tout le monde, et tout le monde vous renverra des "ondes positives", de la réussite, vous irez tous beaucoup mieux. Croyez-nous, ça marche !

EN PARLER À VOTRE ENFANT

Vous allez lui parler en deux temps : d'abord, lui annoncer que vous réfléchissez à la solution de l'Ecole à la maison et vous lui expliquerez comment ça fonctionne, les avantages pour lui (pas pour vous, si vous lui dites que ça va vous économiser des heures de voiture, vous aurez une paire de sourcils qui va se froncer devant vous !). Ses avantages, aucun autre. De lui-même, il exprimera tôt ou tard les avantages pour vous et les autres membres de la famille (s'il y en a). Vous vous donnez ensuite quelques jours ou vous en parlez éventuellement, mais où surtout vous essayez de voir s'il a "capté" et s'il se pose des questions. Si ça lui est passé par dessus la tête à quinze mille pieds de hauteur, refaites la séance, piano, pianissimo ! Ensuite, re-belote, vous attendez qu'il en parle de lui-même, éventuellement en évoquant la question. Quand il en parle, notez sa manière de penser : négative, interrogative ou positive.

La seconde fois, vous adapterez votre discours à lui. S'il a été négatif, demandez-lui pourquoi l'idée ne lui plaît pas. Echangez tranquillement. S'il est interrogatif, sollicitez ses questions et répondez à ses objections. Quand il est prêt pour en parler (ou s'il a été positif dès le départ), attaquez le "chapitre 2" : on va le faire à partir de telle date. Vous lui dites clairement à quelle date vous commencez, où ça se passera, quel sera votre rôle. Tout cela sommairement, pas de long discours, votre enfant doit sentir votre détermination, votre capacité à décider, à contrôler.

Si votre enfant a été constamment négatif, recommencez le processus en sollicitant mieux ses objections. Si c'est une simple attitude, un caprice, un *a-priori*, vous pouvez soit prendre la chose avec légèreté, soit lui dire que vous commencerez à telle date précise, de toute façon vous savez comment lui dire, adaptez-vous. Le jour venu, revenez sur la question et obtenez une discussion sérieuse. Pas dramatique, sérieuse. Attention, mamans, à ne jamais dramatiser, c'est votre penchant naturel. Tout n'est pas grave, lourd, pesant, fatal, déterminant. Tout est modulable, adaptable, évolutif. Soyez légères, juste ce qu'il faut ; l'Ecole à la maison vous donnera bien assez de poids moral pour que vous n'y ajoutiez pas un point sentimental.

Si votre enfant est très résolument négatif, ce qui à notre avis n'arrive jamais, mais enfin si le cas se présente et que vous n'arrivez pas à savoir pourquoi, abandonnez le projet pour l'instant. Il y a un problème plus profond, voyez quelqu'un qui sache y faire avec les enfants, il y a des psy épatant(e)s.

Enfin, s'il est négatif et que vous savez pourquoi : soit vous pouvez agir sur l'objection, soit vous ne le pouvez pas. Le cas échéant, voyez cette psy épatante.

EN PARLER À VOTRE CONJOINT

S'il y a quelqu'un à qui vous craignez d'en parler, c'est lui (ou elle). La libérale à la maison, c'est vous, votre conjoint est rigoriste en ce qui concerne l'enseignement. L'école classique, on n'y touche pas. Dans un monde qui fout le camp, c'est l'institution à protéger. Bref, vous pensez que ça va chauffer. Qu'il (ou elle) dira un non définitif, parce qu'il (ou elle) travaille à l'Education nationale, ou que les divagations extrémistes anti-école, c'est un truc de complotistes qui ne connaissent rien à la réalité de terrain etc.

Vous pensez échouer ? Pas sûr.

Vous n'allez pas essayer de convaincre votre conjoint. C'est la première chose à vous mettre en tête. Rappelez-vous ceci : le meilleur moyen de ne pas obtenir quelque chose, c'est d'essayer de convaincre ou de forcer le passage. C'est la même chose que lorsque nous avons éliminé l'addiction à l'ordinateur, vous vous souvenez.

Vous allez lui demander ce qu'il pense de la situation actuelle, au sujet de votre enfant. Plus tard, vous allez lui dire simplement que vous réfléchissez à l'Ecole à la maison. La réaction est à 90% du type : « Comment ? c'est infaisable, on ne va pas sortir du système comme ça, tu n'es pas une prof » etc. Ne dites rien. Laissez l'autre réfléchir. Plus tard, voyez comment il réagit à une affirmation telle que « tu as raison, je serai incapable d'enseigner mon enfant ». Il va sûrement vous dire que là n'est pas le problème et… vous exprimez exactement ce qu'il pense. Vous examinerez exactement l'argument et vous réunirez de quoi y répondre.

S'il n'a pas vraiment d'argument mais parle de choses qu'il ne connaît pas, dites-lui simplement que sa réaction est naturelle, c'est celle de 90% des gens, et même celle de gens qui depuis se sont mis à l'Ecole à la maison. Que c'est la réaction *normale*. Vous pouvez lui proposer un jeu : « Voilà, je vais défendre ton opinion à savoir que nous n'allons pas faire l'Ecole à la maison, et toi tu vas défendre l'idée qu'on va la faire. » Vous pouvez également lui demander de faire un cours de 40mn avant d'en parler ; de deux choses l'une, soit il découvrira que ce n'est pas si sorcier que ça, soit il vous dira qu'il refuse et vous laissera le faire, ce qui est un premier pas vers une forme d'acceptation.

Quand viendra la conversation ultime, répondez à chacune des objections posément : c'est faisable, le cours par correspondance se charge des formalités administratives, j'en suis capable parce que j'ai déjà essayé et j'ai réussi, dans l'histoire des millions de mères ont enseigné leur enfant, financièrement j'ai pensé à ceci et cela, je te propose de rencontrer madame unetelle qui fait l'Ecole à la maison » etc. Préparez bien le dossier.

Répondez à chaque objection l'une après l'autre, ne laissez pas s'entasser un discours de dénigrement. Exactement comme vous l'avez fait pour vous-même : répondez à chaque objection l'une après l'autre, par un engagement concret.

Vous pouvez également, à ce stade, prendre un coach. Ce mot vous irrite probablement, en France cela semble ridicule et c'est aussi ce que nous pensions. Mais en réalité, c'est un métier très sérieux qui s'appuie sur la neurolinguistique, les neurosciences, l'analyse transactionnelle etc. Un bon coach vous permettra de savoir en une heure si votre projet est viable ou non, s'il est atteignable, il vous aidera à mettre en place un plan d'action, à trouver les ressources en vous : le vrai coach est orienté résultat, vous allez donc atteindre votre but. Il vous accompagnera si vous le souhaitez, il vous conduira en famille vers un autre horizon, vous réussirez votre propre performance ! Encore une fois, si vous le souhaitez, nous vous aiderons avec plaisir.

MOTIFS POUR *NE PAS* FAIRE L'ECOLE À LA MAISON

Si vous faites partie des gens qui pensent qu'il est impossible d'être équilibré et normal sans aller à l'école, l'instruction en famille n'est probablement pas faite pour vous. Renoncez-y si vous pensez comme François Bayrou, ancien ministre de l'Education nationale (sic), qui déclarait lors de sa campagne de 2007, à Toulouse : « Je ne connais aucun cas d'enfant équilibré, avec de bons résultats, dont la famille ait un problème ou une réticence vis-à-vis de l'institution scolaire. » Preuve qu'il n'avait pas rencontré beaucoup de familles, ce que nous nous sommes chargés de lui dire de vive voix. Les familles sans l'école se portent bien, et même très bien. Elles peuvent être composés d'écrivains, d'édiles, d'universitaires parfaitement équilibrés. Il y a d'ailleurs de très nombreux instituteurs qui la pratiquent : ils savent de quoi il est question.

Maintenant, si vous pensez que votre enfant n'est pas à sa place dans son école, la réponse n'est pas forcément de choisir l'Ecole à la maison. Il y a des enfants pour lesquels l'Ecole à la maison n'est pas l'idéal. Rien de plus naturel. Si vraiment il n'est à l'aise que dans une école, mieux vaut ne pas insister.

Comment savoir si mon enfant est fait ou non pour l'Ecole à la maison ? Essayez. Oui, essayez, comme nous vous le disions dans le chapitre précédent. Suivez le fil comme nous l'avons décrit, mais cette fois, vous allez observer l'enfant. Il y a ce qu'il dit et il y a ce que son attitude exprime. S'il se replie sur lui-même ou s'il est totalement retors à ce mode de travail, s'il a une réaction violente, alors laissez cela de côté un jour ou deux, parlez-en avec lui doucement. Puis, s'il est d'accord, réessayez. A ce moment-là vous saurez si c'est possible ou non. Voilà, en deux séances, vous serez fixé(e).

Ensuite, le plus souvent revient la crainte que leur enfant soit isolé, celle de l'asocialisation dont nous avons parlé (nous avons expliqué que l'Ecole à la maison n'a pas d'impact négatif sur la socialisation de l'enfant), ou encore le manque d'amis pour l'enfant. Il est certain qu'il faut une activité hors de la maison : sport, musique, scoutisme, vie associative. Il ne faut pas élever des murs autour de la maison. On peut protéger son enfant sans l'enfermer. Le cloisonnement peut avoir des conséquences tout aussi néfastes qu'une mauvaise scolarité. Mais nous avons déjà dans ce livre réglé leur compte aux prétendues asocialisation ou désocialisation

Des parents craignent une absence de règles qui ferait que l'enfant ne travaillerait pas bien, n'aurait pas de bons repères, peu de méthode de travail. Il en aura au moins autant qu'à l'école. Cela ne dépendra que de la manière dont les parents assumeront leur rôle d'enseignant. Avec une bonne règle du jeu, ça se passera bien. Cette règle, c'est vous qui l'expliquerez à votre enfant. Vous lui indiquerez quel jour commencera l'Ecole à la maison, quelles affaires il doit tenir prêtes (lesquelles vous lui achèterez, ce qui lui fera plaisir), les horaires de la première semaine (ne vous avancez pas sur la seconde semaine, vous serez peut-être contraint(e) de les changer). En exprimant ces choses simples, il comprendra instantanément que vous allez être la ou le chef d'orchestre. Il faut DIRE les choses, clairement, en peu de mots et sans se répéter 10 fois (le bavardage nuit à l'autorité, nous le verrons plus loin, au chapitre de l'autorité).

Comment savoir si vous êtes fait pour l'Ecole à la maison ?

Il est évident que si vous ne savez pas lire ou très mal, si vous avez un énorme passif scolaire et aucune culture, il vaut mieux renoncer.

Il existe d'autres arguments soulevés par les parents, pour exprimer ce qu'ils reprocheraient à l'Ecole à la maison. Le premier de tous, c'est que l'instruction en famille leur semble être totalement étrangère à leur monde. Mais ce sentiment peut s'effacer devant la nécessité, comme dans notre cas et le cas de presque toutes les mamans qui s'y sont mises.

Immédiatement après, c'est la conviction que la maman (le plus souvent) se sent totalement incapable d'enseigner son enfant. Or, nous constatons que ce sont souvent celles qui se disent les moins capables qui s'en tirent le mieux, car en fait le même scrupule qui les dissuade d'abord, les conduit à l'excellence ensuite. Avec un bon cours, il est rare qu'une maman n'y arrive pas. Le cours Sainte-Anne par exemple prend en charge le programme, l'emploi du temps, les devoirs, il ne vous reste plus qu'à être bon(ne) pédagogue et, croyez-nous, si vous nous avez lus jusqu'ici, c'est à votre portée. Les parents qui sont réellement incapables d'instruire leur enfant à la maison ne sont pas rarissimes, mais ils ne sont pas non plus la majorité. En fait, le fait de vouloir vraiment faire l'Ecole à la maison vous donne *pratiquement la faculté de le faire*. A condition d'être accompagné tout de même car tout ne se fait pas tout seul.

Il ne faut pas se forcer si on ne sent pas du tout la chose faisable. Et si vous êtes à mi-chemin, dans le doute, rencontrez une famille qui pratique, parlez-en sur Internet, appelez les directrices des cours par correspondance. Nous laissons quant à nous nos coordonnées à la fin de cet ouvrage et nous répondons à chaque demande de renseignement. Nous proposons même du coaching pour parents qui se lancent, n'hésitez donc pas[26].

On redoute également l'impact sur la vie professionnelle, mais là, chacun est juge et nous n'avons rien à vous dire de ce côté-là, si ce n'est qu'une réflexion est nécessaire : pourquoi travaillez-vous ? Avez-vous l'intention de transmettre une partie de vos biens à vos enfants ? Si oui, qu'en fera-t-il s'il a raté sa scolarité ? Pouvez-vous réorganiser votre travail en fonction de l'Ecole à la maison ? Et puis, si vous ne pouvez faire l'école vous-même, n'y a-t-il pas un regroupement familial près de chez vous, ou une école hors contrat ?

Des parents redoutent le moment de la réintégration à l'école. Si l'on a enseigné en ouvrant l'esprit de l'enfant, cette crainte est infondée. Nos enfants ont tous très bien réintégré l'école, avec d'excellents résultats et des amis.

On s'inquiète parfois sur le niveau, mais cette crainte aussi est injustifiée, dans la presque totalité des cas l'enfant à la maison est au-dessus du niveau de sa classe d'âge. Alors que nous avons enseigné l'anglais à notre fille aînée sans être des cracks, et sans un Anglais à l'horizon de notre village paumé du sud-ouest, elle a eu un 20 au Bac !

---

[26] *: coordonnées en fin d'ouvrage.*

On a peur de temps à autre des éventuels contrôles de l'administration. Les contrôles sont rares et se sont jusqu'ici plutôt bien passés, mais il y a des exceptions calamiteuses[27].

Le contrôle pédagogique annuel pour les familles qui font l'instruction à la maison sans cours par correspondance, est redouté par la plupart des parents et des enfants. « L'inspection académique propose et évalue sur la base de tests purement scolaires, nous dit cette maman, les personnes qui viennent contrôler ne prennent même pas la peine de regarder les travaux informels des enfants et négligent de s'intéresser à la pédagogie propre à chaque famille malgré la reconnaissance, d'après les textes, qu'elles devraient en avoir. » Il n'y a pas lieu de s'inquiéter, si au début les inspecteurs arrivaient avec de gros a priori, maintenant, la plupart du temps, ils sont assez intelligents pour faire la différence, et jugent aux résultats. Il y a fort à parier qu'ils vous féliciteront, comme dans notre cas et bien d'autres. S'ils ont quelque chose à redire, vous avez 90% de chances que ce soit justifié. De toute façon, suivez leurs avis. J'oubliais : recevez-les bien !

Autre argument, l'intégration de l'enfant dans la société qui inquiète parfois, ne devrait pas causer de souci, comme nous l'avons vu.

Maintenant, peut-être qu'il existe un meilleur établissement pour prendre le relais que celui que vous fréquentez. Il faut de toute façon faire des recherches exhaustives. Il y a peut-être un projet de création d'école dans votre entourage[28]. Le covoiturage permet de chercher plus loin[29].

Quant à vos critères d'appréciation, sachons-le, ce n'est plus une affaire d'école privée ou publique, c'est une affaire de qualité, et la différence se joue désormais beaucoup plus entre école "sous contrat" et "hors contrat". Les écoles privées étaient meilleures jusque récemment et elles le restent du point de vue des statistiques nationales. Mais la plupart est très loin des niveaux qu'elles avaient il y a 30 ans. En effet, les écoles privées sous contrat doivent suivre le programme officiel et leurs enseignants viennent souvent du public ; la différence entre ces écoles et les écoles publiques est donc des plus réduites et se cantonne généralement à la direction, ce qui ne garantit pas la qualité de l'établissement, loin s'en faut. Pendant 20 ans, l'illusion d'une meilleure qualité a conduit des enfants vers le privé ; depuis un moment, le privé est aussi touché par le

---

[27] : *Dans les années 90, il y a eu des cas de parents qui se sont exilés au Canada parce que l'administration leur interdisait l'instruction en famille pour des motifs fallacieux, comme l'absence d'installations sportives !*

[28] : *Nous ne traitons pas ici de la création d'établissement scolaire.*

[29] : *Le fait de transporter les enfants des amis comporte des risques que vous devez absolument prévenir avec une police d'assurance adéquate.*

nivellement, il est parfois une impasse, voire un piège. Les "conseils diocésains" ont joué un rôle néfaste pour l'école privée, en misant sur un "caractère propre" de pure façade, ou de "témoignage", vidé de substance, avec quelques heures de catéchisme donné par de braves dames qui n'ont aucune formation, alors que pendant ce temps les enseignements principaux étaient sabordés. C'est ce qui explique le courageux combat de quelques évêques, petite poignée en avance sur son temps, en se situant dans une perspective[30]. Ils sont dans le vrai et préparent peut-être l'école de demain. En attendant, disons-le clairement : mieux vaut une école où les matières sont bien enseignées, avec toute la profondeur anthropologique nécessaire, et sans catéchisme, qu'une école avec catéchisme et sans enseignement droit et inspiré. Si votre caté est médiocre et les matières bourrées d'idéologie perverse, le bilan est négatif. En revanche, si les matières replacent avec justesse la loi naturelle, entre autres, et par exemple avec un excellent cours de philo, on peut se passer du caté (que vous ferez si vous le voulez ailleurs). Ne vous leurrez donc pas.

C'est ainsi qu'à titre personnel, Rémy a pu éprouver la qualité d'un établissement public où ne régnait aucune transcendance particulière, par rapport à une école privée où les conformismes d'une bourgeoisie rose écrasaient les derniers restes d'une culture ; sans le moindre doute l'école publique où la politique était interdite était plus humaine. Les parents se font des illusions, que la réalité vécue par leur enfant devrait dissiper. Sans parler des nombreuses écoles "catholiques" où l'on délivre des enseignements fallacieux du point de vue de la Foi, chose fort courante. Ce n'est pas parce qu'une école est catholique que vous êtes assuré d'avoir un enseignement catholique. Nous avons relevé nous-mêmes des propos tels que : « Quoiqu'en pensent vos parents (sic), l'homme est un

[30] *: Mgr Cattenoz, évêque d'Avignon, dans sa "Charte pour l'enseignement catholique dans le diocèse d'Avignon", ou Mgr Rey à Toulon, ont su se démarquer du conservatisme ambiant en rappelant ce que devraient être la spécificité et le contenu de l'enseignement catholique. Ce faisant, ils se sont aussi attiré l'hostilité à peine voilées de la part de l'establishment ... dit catholique. Mgr Cattenoz écrivait très justement : « Avant même toute catéchèse, une première évangélisation s'impose donc en priorité. » Nous lui répondions : « Nous osons dire que la lutte pour une "école catholique" au sens militant est (hélas !) faussée, qu'il faut d'abord une école au sens vrai. Il y a une vertu dans une école authentique qui consiste à offrir à l'enfant un univers au sein duquel il s'épanouira et découvrira une liberté profonde (non pas seulement une liberté de choix, mais une liberté de créature capable de prendre un chemin), il sera un enfant accompli, avec toute la beauté que l'enfance peut refléter. [...] Une école publique peut être plus catholique que bien des écoles catholiques, en édifiant un être sur la base d'une anthropologie, même en-dehors de tout "caractère propre". C'est-à-dire qu'il y a, soyons honnêtes, des "caractères propres" qui font de l'école catholique une école qui non seulement n'est plus catholique, mais qui en plus n'est plus même une école ! [...] Par conséquent, l'œuvre prioritaire de l'école catholique consiste à retrouver un enseignement de qualité. [Il faut que] l'enfant reçoive et l'enseignement, et la liberté, et la vertu, et le discernement qui sont largement refusés dans nos écoles. »*

animal (resic) », ou encore « pendant longtemps l'Eglise a nié que les femmes avaient une âme », vieux poncif totalement faux[31].

S'il n'y a pas de solution de remplacement, il vous reste deux voies : rejoindre ou initier une création d'école, ou faire l'Ecole à la maison. On peut envisager de rejoindre un regroupement (avec une autre famille ; en fait, légalement, le mot n'existe pas, on parle d'établissement scolaire à partir de deux familles). Il est évident que le regroupement est une merveilleuse solution... à condition de trouver une famille idéale, ce qui est très difficile. Soit que vous ne soyez pas capable d'enseigner votre enfant, soit que vous n'en ayez pas le temps, c'est une chance extraordinaire de trouver une famille apte à s'occuper de votre enfant (ou plusieurs familles qui le soient). Mais il vous faudra tout de même regarder de très près ce qui lui est réservé et avoir des relations sérieuses avec ces personnes ; vous devrez étudier le programme et la méthode, parcourir les manuels etc. Il ne s'agit pas de quitter l'école pour se retrouver dans une situation plus fâcheuse encore. Vos critères d'évaluation doivent être pertinents, prenez conseil.

Bref, vous vous réinvestirez dans le parcours de votre enfant, que vous choisissiez l'école classique ou à la maison.

ACTUALITÉ DE LA LOI

Sur le site, nos abonnés sont tenus au courant de l'actualité de la loi. Cela leur permet de réagir victorieusement contre les tentatives fallacieuses de l'école ou du rectorat.

---

[31] : *L'Eglise a placé une femme, Marie, à sa tête, et fait des milliers de saintes, de bienheureuses. De tous les bobards inventés par les impies contre l'Eglise catholique, le plus stupide, le plus grossier est sans aucun doute celui qui lui attribue la négation de l'existence d'une âme chez la femme.*

Alain Decaux résume l'origine de cette désinformation dans le tome I d'Histoire des Françaises (Librairie Académique Perrin, Paris, 1972, pp.133-134) :

« Lors de chaque combat livré par des femmes, on affirme qu'en 585, un concile s'est tenu à Mâcon pour trancher d'une épineuse question : la femme a-t-elle une âme ? On écrit là-dessus comme s'il s'agissait d'un fait historique démontré. Il faut dire la vérité. Si l'on consulte la liste complète des conciles, on s'aperçoit qu'il n'y a jamais eu de concile de Mâcon. En revanche, on trouve en 586 – et non en 585 – un synode provincial à Mâcon. Les « Actes » en ont subsisté.

Leur consultation attentive démontre qu'à aucun moment il ne fut débattu de l'insolite problème de l'âme de la femme. Le synode s'est borné à étudier — avec un grand sérieux — les devoirs respectifs des fidèles et du clergé.

Alors ? D'où vient cette légende si solidement implantée ? N'aurait-elle aucune base ? Si. Le coupable est Grégoire de Tours. Il rapporte qu'à ce synode de Mâcon, un évêque déclara que la femme ne pouvait continuer à être appelée « homme ». Il proposa que l'on forgeât un terme qui désignerait la femme, la femme seule. Voilà le problème ramené à son exacte valeur : ce n'était point un problème de théologie, mais une question de grammaire.

Nous le relevons parce que c'est important de savoir que les écoles dites "privées" sont aussi souvent des relais de la pensée unique.

L'ÉCOLE À LA MAISON DANS LE MONDE

Vous saurez aussi où en est l'école à la maison dans le monde et ce que vous pouvez faire si vous voyagez. Vous verrez que dès lors que vous passez la frontière, vous êtes absolument libre. A condition de savoir quelques trucs, et savoir quoi ne PAS faire.

Conclusion du chapitre : Voilà pour ces motifs qui conduisent à faire l'Ecole à la maison ou à ne pas la faire.

Voyons maintenant comment la faire. Certaines propositions que nous émettrons ici peuvent naturellement servir à des regroupements, et même à des écoles.

Deuxième partie : Débuter l'Ecole à la maison

D'ABORD, QUELLE EST LA SOLUTION DE "HOMESCHOOLING" LA PLUS ADAPTÉE POUR MOI ?

Le choix d'une solution vous appartient et pour qu'il soit sûr, posez-vous les bonnes questions. Pour ce faire, vous avez probablement consulté notre "nuage", un logiciel pratique et amusant qui vous guide ; si ce n'est pas fait, inscrivez-vous sur le blog (formulaire à droite intitulé « 2 clics pour le bonheur de mon enfant ! ».

Vous avez deux grandes voies : en inscrivant votre enfant auprès de l'académie via un cours ou en l'inscrivant vous-même. De toute façon, comme vous le savez, c'est obligatoire dans la plupart des pays de l'OCDE : la loi exige qu'il y ait un enseignement.

Ensuite, vous avez plusieurs formules :

Ecole à la maison (homeschooling) : on garde les matières, on y ajoute autre chose et on enseigne de manière différente (remise en cause objectifs, programme et méthode, conservation des matières)

Déscolarisation : on modifie les matières, on y ajoute autre chose, on enseigne de manière différente (remise en cause objectifs, programme et méthode, modification des matières)

Ascolarisation (unschooling) : on ne garde rien, on enseigne autre chose et de manière différente (remise en cause complète)

Nous verrons plus loin chacune de ces formules.

COMBIEN DE TEMPS POUR S'ADAPTER ?

Vous avez pris la décision ou vous y pensez. Il semble difficile de retirer son enfant, pour le moins on a besoin d'un délai ? Il faut préparer nos proches, nos voisins, l'institutrice ? Parlons-en.

D'abord ne redoutez pas le regard de vos proches. Que vous preniez la décision aujourd'hui ou dans 6 semaines, l'avis des autres n'en sera pas changé. Cette internaute a raison quand elle dit : « Quant aux réactions des individus de votre entourage, elles sont inévitables et peu vous comprendront y compris votre famille – Seul le bien être de votre enfant doit être pris en compte ! » Nous disons que l'approbation générale viendra plus tard, quand les gens se seront habitués à l'idée et qu'ils verront les résultats.

Mais se pose la question : dans combien de temps mon enfant sera-t-il capable d'être un bon élève, après qu'il ait passé par l'école, par la méthode globale etc. ?

Il faut du temps à certains parents. C'est leur manière de fonctionner, et c'est très bien si ça marche.

Mais ce n'est pas la seule manière et l'important, c'est que l'enfant ne soit pas laissé pour compte. Aucun de nos enfants n'a eu besoin d'une seule heure pour s'adapter. La question c'est : s'adapter à quoi ?

Imaginez que vous soyez coach d'une équipe de salariés. Vous avez un résultat à livrer dans 2 semaines mais la formation que doivent passer ces salariés prend 6 mois, que faites-vous ?

Cette situation se pose tous les jours. Aux USA, des équipes doivent gagner des championnats avant le délai de récupération, des politiques doivent être élus alors qu'ils sont inconnus, des produits doivent être livrés alors qu'ils ne sont pas encore conçus.

Hm ! Pas possible, murmurez-vous.

Comment fais-je pour que mon enfant qui ne sait ni lire ni écrire à 8 ans, imbibé de global, sache lire et écrire dans 6 mois ?

C'est le genre de chalenge d'aujourd'hui et de demain.

Il y a une solution à cette quadrature du cercle. C'est là que le bon génie du coaching, inspiré de textes fort anciens, a une réponse géniale.

On pense que l'école a eu une influence telle sur l'enfant qu'il lui faudra des mois pour s'adapter. En fait, l'école n'a eu aucune influence sur nos loupiots parce que nous leur avons donné de quoi l'oublier instantanément, sans délai.

Si vous avez laissé l'enfant avec le global longtemps, alors il faut un temps pour revenir de là. Mais ce temps est pour vous, pas pour lui, c'est un temps durant lequel vous allez élaborer la bonne méthode. Pas quelque chose de compliqué, non, quelque chose de simple, une stratégie, une manière de faire, un truc, un dialogue etc. Vous allez lui donner ce qu'il peut recevoir, dès le départ, et ne pas exiger ni même souhaiter qu'il soit performant dès le départ.

La notion « d'adaptation » qui est souvent évoquée relève de l'idée répandue. Elle signifie « l'enfant doit s'adapter pour être au niveau que j'attends de lui », et c'est une vision qui vous bloque des mois effectivement parce qu'elle pose dès le départ une difficulté : que l'enfant s'adapte. Or, il est un véritable accidenté après la globale, il lui faudra du temps, c'est évident.

Inversons les choses maintenant et disons : nous nous adaptons à l'enfant.

Et ô miracle, l'enfant s'adapte en un clin d'œil, vous pouvez scolariser un enfant en Chine ou au Japon et d'une semaine sur l'autre, ça ne pose pratiquement aucun problème pour lui. L'enfant est beaucoup plus capable d'adaptation que nous. Dès lors, ne projetons pas nos angoisses sur lui, ne soyons pas dans le doute, ne lui laissons pas comprendre que nous pensons qu'il n'y arrivera pas.

On va lui demander, non pas d'atteindre l'objectif, mais de se mettre en marche avec nous.

Donc, vous pouvez commencer tout de suite, sans délai. Avec une méthode adaptée qui lui permettra de revenir à niveau (celle que nous vous proposons sera parfaire ;-)), le tout c'est qu'on parte dès maintenant de son point à lui.

C'est la raison pour laquelle nous ne vous disons jamais : il doit être à la hauteur, il doit remplir l'objectif. Non. C'est comme ces soldats d'un roman qui se demandaient s'ils allaient gagner la guerre, c'est absurde et démotivant : ils doivent combattre et la victoire leur sera donnée ou non, cela dépendra notamment de leur engagement. Jeanne d'Arc répondait : « Les hommes se battent, Dieu donne la victoire ». On pourrait en tirer : « ne nous projetons pas dans l'avenir en misant sur la réussite, faisons ici et maintenant ce que nous devons faire. »

L'adulte aura là encore le plus à faire, il aura du mal à donner la bonne méthode adaptée à ce que l'enfant a reçu auparavant. Et il aura du mal à obtenir que l'enfant soit au niveau qu'il exige parce que l'enfant n'a pas les pré requis et qu'en effet, il lui faudra du temps pour les avoir. Mais s'il prend la résolution de s'y mettre, il obtiendra la victoire. En tous cas il aura fait tout ce qu'il faut pour cela.

Par conséquent, tout enseignement doit être personnalisé, justement, vous allez adapter l'enseignement à l'enfant en chair et en os que vous avez devant vous.

Ce n'est plus l'enfant qui va se plier au programme, à la corporation, à « l'éducation nationale », c'est vous et le programme qui allez vous adapter. Vous aurez un objectif impossible donc vous allez trouver des recettes inimaginables. « Ils ne savaient pas que c'était impossible, c'est pour ça qu'ils l'ont fait », dit le coach. Vous allez trouver. L'enfant, lui, comme il dispose d'une plasticité cérébrale énorme, il va réussir.

En revanche, si on exige qu'il ait les pré requis qu'il n'a pas, c'est le blocage, l'échec scolaire, la dyslexie, la phobie scolaire et tout ce patafar jargonesque inventé pour faire croire que l'enfant a un problème alors qu'il réagit a-bso-lu-ment normalement. L'enfant n'a pas de problème. N'importe quel enfant peut réussir. N'importe lequel.

Les adultes, spécialement les professionnels de l'éducation, les médecins scolaires, les psys etc. brouillent les pistes. Ils ne savent pas, ils n'ont pas appris. Ce sont des certitudes d'adulte et d'ailleurs oui, les adultes peinent à s'adapter, c'est davantage pour eux qu'il faut un délai. Ça fait 40 ans qu'on aurait dû adapter le système et voyez : rien n'a été fait !

Un mot encore : Quand vous renseignez quelqu'un sur la route à prendre, une personne qui vous demande comment aller à tel point, vous ne lui dites ni « prenez votre temps avant de partir, c'est trop tôt », ni « c'est trop tard », ni « vous partez du mauvais point ». Non, vous lui indiquez le chemin en partant de là où il est, maintenant. C'est la clé.

QUAND ON DÉMARRE L'ÉCOLE À LA MAISON, À QUEL NIVEAU COMMENCER ?

"Une précision me manque actuellement: comment évaluer le niveau d'un enfant afin de lui proposer la bonne classe lorsqu'il intègre un cours par correspondance? L'écart de niveau est tel, parfois! Notre aîné (5 ans1/2) à un niveau de troisième trimestre de CP mais ne sera pas prêt pour le CE1 du cours Ste-Anne en Septembre."

Déjà, le niveau de l'école classique n'est pas un repère: on déclare ayant tel niveau un enfant qui ne l'a pas, loin s'en faut. On va donc parler désormais uniquement du niveau du cours par correspondance, donc un vrai CE1, un vrai CE2, un vrai CM1 etc.

Comment évaluer, où démarrer ? Faisons ici un mémorandum qui vous permette d'avoir l'esprit clair.

1/ Première étape: vous trouvez des exercices des deux ou trois niveaux proches de celui de l'enfant et vous les lui faites faire.

2/ Une fois que vous trouvez le bon niveau, reprenez un peu avant.

3/ Il est possible que l'enfant ait différents niveaux selon les matières, ce n'est pas grave, on panache. On part souvent du cours le plus bas et on fait un cours à un niveau plus élevé pour les matières les meilleures. Mais parfois il n'y a que des lacunes dans une seule matière. Là, on prend le niveau général et on rattrapera pour la matière déficiente. Parfois, vous aurez du mal à choisir. Dans ce cas, prenez le niveau qui vous semble le plus proche en gros de l'enfant en faisant attention que vous devrez commencer par rattraper tout ce qui est en défaut. Si ce rattrapage vous prend plus de trois mois, prenez le niveau en dessous.

Ce n'est pas grave car en récupérant ce qui n'est pas su, on ira ensuite beaucoup plus vite.

4/ On ne cherche pas à rattraper une tranche d'âge. "Il a 10 ans donc il est censé être en CM2". Non. Il importe de ne pas tenter à tout prix de se mettre à niveau en fonction d'une tranche d'âge mais plutôt de ne rien laisser dans l'ombre. Voilà ce qui importe. On peut très bien ne jamais avoir fait de grammaire ou de poésie avant 12 ans: on commence alors au début. De même, en Histoire, il est très fréquent qu'un enfant ne sache rien avant de démarrer l'école à la maison. En ce cas, vous démarrez au tout début.

5/ Si vos supports sont trop enfantins, vous complétez mais pas trop: l'enfant aura hâte de retrouver des supports de son âge et ça le poussera à avancer.

6/ Il ne faut pas faire davantage que du rattrapage. Attention au perfectionnisme. Il s'agit de mettre à plat et supprimer les zones d'ombre.

7/ On démarrera doucement en vérifiant les divers acquis tout en restant dans l'émulation aussi présente que possible.

8/ On allongera les séances progressivement.

9/ On évite l'approche scolaire et on s'amuse. Vous pouvez présenter ce démarrage d'une manière sympa: « Je vais traquer tout ce que tu ne sais pas, je parie que je trouve 5 choses en 10mn... Allez, fais-moi une bonne grosse faute ».

10/ On oublie le programme pour reprendre chaque chose le temps qu'il faut.

QUELLE FORMULE ?

Nous vous l'avons dit, vous avez l'**Ecole à la maison** (homeschooling), **la déscolarisation,** et l'**ascolarisation** (unschooling).

Nous verrons plus en détail chacune de ces options mais on va considérer que vous nous faites confiance et que, pour commencer, raisonnablement, vous ne vous lancez pas à l'aveuglette dans une aventure sans cours, ni sans soutien.

Du soutien ou du plein temps ?

Vous devez d'abord savoir si vous faites quelques heures par semaine ou à plein temps. Ce choix vous appartient et pour qu'il soit sûr, posez-vous les bonnes questions. Bis repetita : pour ce faire, vous avez probablement consulté notre "nuage", un logiciel pratique et amusant qui vous guide ; si ce n'est pas fait, inscrivez-vous sur le blog (formulaire à droite intitulé « 2 clics pour le bonheur de mon enfant ! ».

Par correspondance ou en solitaire ?

Il vous faut ensuite choisir entre deux formules : le cours par correspondance ou le cours "en solitaire", c'est-à-dire sans inscription nulle part.

Il est certain que nous recommandons le cours par correspondance. Vous avez tout à gagner d'un bon cours par correspondance. Des méthodes existent[32], complètes, très bien faites et adaptées à tous les parents, y compris évidemment aux mamans et aux papas qui n'ont pas le métier en main.

Cela ne vous empêchera aucunement de pratiquer un cours très libre, voire d'aller vers les apprentissages informels, ou apprentissages par la joie.

L'inscription ne pose pas problème pour vous si vous choisissez un cours par correspondance : c'est le cours qui fait la déclaration de scolarité de l'enfant (assurez-vous de choisir un cours qui fasse l'inscription, tous ne le font pas).

Si vous êtes une ancienne institutrice ou un enseignant avisé, ou si vous avez suivi une formation Freynet ou Montessori, alors vous choisirez plutôt l'une de ces méthodes où c'est vous qui créez le cours.

L'expérience vous permet de faire le cours vous-même, sans inscription dans un cours par correspondance. En ce cas, vous aurez à signaler votre choix à votre mairie et à l'inspection d'académie[33], et vous aurez un contrôle tous les deux ans : les enfants instruits à domicile font l'objet d'une enquête à caractère social. Certaines mairies réagissent mal et vous en aurez peut-être des conséquences gênantes.

Dans notre village, en Haute-Garonne, département sinistré pour l'enseignement avec une omnipotence d'un parti politique très hostile, le maire était virulent, les calomnies n'ont pas manqué, ainsi que la délation . Ce sont des coins très reculés, aux mentalités années 70, l'Ecole à la maison est regardée comme méritant le mépris voire la haine et le maire a jugé utile de nous dénoncer à l'Académie alors que nous avions un cours par correspondance[34].

Nous précisons bien cependant qu'il ne s'agit pas de demander d'autorisation, le droit est pour vous, il s'agit *d'informer* l'administration. *Le maire n'a pas le droit de s'opposer à votre décision*[35].

Donc, si vous souhaitez faire le cours seul(e), la charge de travail sera assez conséquente, vous devrez préparer les cours, faire les corrections et établir un dossier de suivi... Certains y parviennent, mais c'est une activité exclusive de toute autre.

---

[32] *: nous avons établi une liste des meilleurs cours sur le site, avec un sondage très poussé où vous exprimez vos préférences.*

[33] *: nous vous proposerons une lettre-type.*

[34] *: nous nous doutions de ce qui se passerait : l'inspecteur d'Académie qui est venu a dressé le plus bel éloge qu'on puisse imaginer de notre enseignement. Le maire ne s'en est apparemment pas remis.*

[35] *: voir texte de loi.*

Sachez encore que les cours par correspondance ne vous obligent pas forcément à un rythme, ni à un niveau particulier. En choisissant un cours qui vous convienne, vous serez beaucoup plus libre qu'en n'en prenant pas.

LES DÉMARCHES ADMINISTRATIVES

Nous expliquons les démarches à faire sur le site à nos abonnés. Si vous vous lancez réellement, l'abonnement sera indispensable, notamment pour ce point, spécialement depuis le durcissement des textes officiels. C'est un labyrinthe dans lequel il ne faut pas entrer. Vous ferez uniquement ce que nous vous dirons.

LE BUDGET

Les cours par correspondance sont payants, environ 700€ par an pour les CM, 650€ pour les CE et 550€ pour les CP. Les parents qui font ce choix sacrifient le dernier écran plat à leur enfant. Pour nous, qui nous sommes trouvés dans des situations financières plus que difficiles, comme artisans, il y a toujours eu une solution. Nous avons réussi une année à dépenser moins de 50€ et nous vous donnons aussi le truc dans l'accompagnement.

LE PREMIER COURS

Dans l'abonnement-accompagnement, nous vous expliquons comment exécuter votre premier cours. Vous allez nous dire : « Pourquoi ne pas le dire ici, tout de suite ? » ☺ Parce que ce livre ferait 1.500 pages et qu'il coûterait 250€, tout simplement.

LA SALLE DE TRAVAIL

Une salle de travail appropriée : la salle commune. Attention : l'enfant ne travaillera jamais sur une table basse, mais sur la table haute.

Intéressons-nous à l'endroit où vous allez travailler avec votre enfant, la salle de travail. Ce sera le salon ou la cuisine, c'est-à-dire 9 fois sur 10 la salle commune, où vous serez le plus souvent. On évitera la chambre de l'enfant bien sûr, car on distingue lieu de cours et espace personnel mais on proscrira aussi la chambre des parents, la chambre d'un frère ou sœur ou le bureau de papa, qui est trop marqué par une identité. Si la cuisine n'est pas trop loin du salon, le salon est très bien. Si la cuisine est grande, elle conviendra. S'il n'y a pas de salon et que la cuisine est petite, on va faire attention à y préserver un espace à l'enfant grâce à une attitude adéquate. S'il y a un autre endroit qui puisse être consacré exclusivement au travail de l'enfant, ce n'en est que mieux.

L'endroit où l'on fait cours

La salle de travail est l'endroit où vous faites cours, elle doit être bien éclairée. On supprimera tout signal sonore, on éteint la télé évidemment, tout ce qui attire l'attention. Pensez que l'enfant a besoin de lumière pour travailler, venant de derrière lui, pas en face de lui. Evitez l'éblouissement. Il doit être bien éclairé spécialement quand il lit ou écrit. On ne place jamais une lumière face à lui.

Autant que possible, l'enfant est assis à un endroit où il peut écarter les bras dans toutes les directions sans toucher aucun mur.

Rangement

De préférence, les affaires scolaires sont rangées dans un endroit qui demeure toute l'année le même, et bien rangées. Chaque enfant dispose d'un emplacement propre, et toutes ses affaires sont rassemblées. Il sait où trouver chaque chose, et il importera qu'il consacre un petit moment bien net au rangement de ses affaires après les cours.

Pourquoi pas d'autres méthodes ? Certes, si un enfant ou une famille fonctionne autrement et que ça fonctionne, pourquoi pas. Mais nous proposons là une base qui est un bon départ. L'organisation des choses matérielles sert l'esprit et le libère, courir après ses affaires est une perte de temps.

Si le parent qui fait cours a la garde d'un plus petit, mieux vaut que ce dernier soit gardé par quelqu'un pour que le grand qui fait cours ait vraiment un parent qui s'occupe à fond de lui. Mais sinon, ce n'est pas dramatique ; très souvent Cécile a eu un petit dans les bras, a donné des biberons pendant qu'elle faisait cours, et s'il faut laisser les enfants travailler quelques minutes pour changer une couche, c'est un truc à prendre : on donne un peu de travail à l'enfant ou aux enfants qui font cours : préparer un exercice, en refaire un, lire le cours, apprendre une leçon etc.

La juste distance

Si la maman a besoin de faire la cuisine avant la fin du cours, c'est-à-dire s'éloigner un long moment, ce n'est pas dramatique. Au contraire, on va en profiter pour apprendre à l'enfant à travailler seul, sous surveillance à distance. L'enfant est soit dans le salon, soit dans la cuisine, et donc vous n'êtes pas loin. Cette distance est très importante : vous n'êtes pas sur le dos de l'enfant mais à quelques mètres, il peut respirer et se prendre en main. Vous êtes suffisamment présente pour qu'il ne s'arrête pas complètement de travailler. Et même, votre présence le rassure et l'aide à travailler. C'est une juste distance, notion extrêmement importante que très peu de parents connaissent.

Nous en reparlerons : être trop sur un enfant est aussi mauvais que d'être trop loin de lui. Et cette distance change en fonction des circonstances.

A l'extérieur

Certains cours auront lieu à l'extérieur. Profitons de la liberté que nous nous sommes donnés en faisant l'école à la maison pour ne pas nous enfermer et aller dans le jardin, dans les bois, sur la grève, n'importe où pourvu qu'on puisse s'entendre (on évitera les abords de l'A7 le 1er août ou le tarmac de Roissy Charles De Gaulle ;-)). Nous avons fait des cours dans la campagne, au bord des rivières, en montagne... On peut aussi songer à faire des visites instructives : caves viticoles, usines, fabriques, partout où les choses sont fabriquées, cela passionne les enfants.

Travailler dans sa chambre

Enfin, peu à peu, l'enfant sera invité à travailler dans sa chambre.

Nous encourageons les parents qui remettent leur enfant à l'école ou dont l'enfant y est déjà de lui faire faire ses premiers devoirs du soir dans la salle commune (salon ou cuisine) jusqu'à l'âge de 12-13 ans. Il nous est arrivé de faire entièrement confiance aux enfants en les laissant se débrouiller seuls avec leurs devoirs mais après une première période concluante, le travail a nettement baissé. Dans leur chambre, les enfants n'ont pas spontanément l'esprit aux devoirs, le naturel revient au galop. Seul dans sa chambre, jusqu'à cet âge-là, l'enfant a tendance à bâcler son travail, à se perdre en pensées. Ensuite, il se sent coupable de ne pas faire son travail et ça le perturbe. Plus il se sent coupable, plus il va mal faire, et sciemment. Vous devinez bien qu'il est important d'éviter de laisser une culture de la culpabilité se développer. Mieux vaut qu'il ait un bon élan en début de soirée avec vous, même si vous ne jetez qu'un coup d'œil distrait à ce qu'il fait : vous êtes là, et votre seule présence l'incite à s'y mettre. C'est encore mieux si vous regardez vraiment, il s'appliquera davantage. Il peut ensuite finir dans sa chambre, s'il est bien lancé.

PS : L'Ecole des Herbes folles propose une autre vision de cette salle de travail basée sur le feng-shui. Certains points sont très intéressants, notamment le fait pour l'enfant de ne pas tourner le dos à la porte d'entrée, d'être adossé à un meuble, d'avoir des plantes dans la pièce et bien d'autres choses passionnantes. Allez le lire ! Pour ce qui regarde la table de la cuisine à laquelle nous sommes favorables, nous disons que malheureusement tout le monde ne peut pas s'offrir une table et un lieu à part, et d'autre part nous pensons que la proximité de la maman qui prépare le déjeuner et de l'enfant qui travaille, à une distance ni trop grande ni trop faible, est un excellent moyen de favoriser le travail de l'enfant en indépendant, sans être livré à lui-même. Il est vrai cependant que la table de la cuisine sert à d'autres usages. L'idéal en ce cas serait qu'une table réservée au travail de l'enfant ne se trouve pas loin de la maman. Mais cela impliquera que cette table soit proche de la cuisine et le risque existe qu'elle soit dérangée souvent par les frères et sœurs ou même le ménage quotidien. Chacun verra en fonction de la configuration de ses pièces. Il est vrai qu'il faut avoir grand respect des objets et lieu de travail.

LES HORAIRES

Voici ce que peut être une journée-type d'école à la maison. Faut-il ajouter qu'il ne s'agit là que d'exemples que vous ajusterez à votre façon, naturellement.

D'abord, pour être pratique, vous avez grand intérêt à faire un emploi du temps sur une grande feuille et que cette feuille soit accessible à l'enfant, donc placé à hauteur du regard.

Il est opportun de noter que :

1/ l'enfant peut enchaîner plusieurs cours sans difficulté, la concentration étant favorisée par la diversité des enseignements.

2/ la ponctualité dépendra de ce dont votre enfant a besoin. Elle peut évoluer en cours d'année mais comme on le verra dans le dossier sur l'autorité, mieux vaut commencer par de la rigueur, quitte à assouplir plus tard.

3/ plus l'enfant est âgé, plus les séances peuvent se prolonger. Ne pas imposer une heure sur la même matière aux plus petits.

Pour un CP (exemple pris en cours d'année) :

8h50 : appel des enfants pour qu'ils se préparent à venir travailler

9h00 : français, lecture et déchiffrage de nouvelles lettres

9h20 : français, petite dictée de lettres ou de mots avec correction et explications des erreurs

9h40 : français, petite leçon de grammaire

10h00 : français, exercice lié à la leçon de grammaire

10h30 à 10h50 : pause récré

10h50 : maths, calcul mental

11h00 : maths, écriture de chiffres

11h20 : maths, opérations sur le cahier

11h40 : maths, petit problème à résoudre sur le cahier

12h00 à 13h30 pause déjeuner et récré

13h30 : leçon de choses ou leçon d'histoire

14h00 : début d'apprentissage de la leçon vue ensemble (par cœur)

14h30 : début d'apprentissage de la nouvelle poésie de la semaine

14h50 : illustrations diverses (cahier de poésie, cahier de leçons de choses ou d'histoire)

15h30 : fin des « cours »

Durée totale théorique des cours : 4h50. On verra qu'en réalité, on fera moins.

Organisation « type » d'une journée de travail scolaire à la maison pour un CE1 et un CE2 (exemple pris en cours d'année) :

8h50 : appel des enfants pour qu'ils se préparent à venir travailler

9h00 : français, lecture et exercices liés

9h20 : français, dictée (préparée la veille) avec correction et explications des erreurs

9h40 : français, leçon de grammaire

9h55 : français, exercice lié à la leçon de grammaire

10h30 à 10h50 : pause récré

10h50 : maths, calcul mental

11h00 : maths, nouvelle leçon

11h20 : maths, exercices liés à la leçon

11h40 : maths, problème à résoudre sur le cahier

12 :00 à 13h30 pause déjeuner et récré

13h30 : leçon de choses ou leçon d'histoire

14h15 : maths, opérations sur le cahier

15h00 : français, préparation de la dictée du lendemain

15h20 à 15h40 : pause récré

15h40 : apprentissage de la leçon de choses ou d'histoire

16h15 : début d'apprentissage de la nouvelle poésie et illustrations

16h45 : fin des cours

Durée totale théorique des cours : 05:45. On verra qu'en réalité, là aussi, on fera moins.

On relèvera que la journée pourrait commencer par des pratiques manuelles. Elsa propose ainsi : « La classe commence vers 8h30, après avoir pris le temps de faire son lit et de ranger ses affaires... Quand les enfants allaient à l'école, ils n'avaient pas le temps de faire tout cela et c'est moi qui faisais tout. On commence par une courte prière, on regarde le saint du jour. On commence par un bon quart d'heure de jeu de concentration comme le conseille Elisabeth Nuyts. Il y a tout un panel de jeux au choix : le loto des odeurs, un *organicolor* qui est un assemblage de pièces géométriques en bois à reproduire de mémoire, etc. Toute action doit être accompagnée de langage : *"Je prends le losange rouge, je le pose à côté du carré, etc."* C'est le langage qui va construire toute la pensée. Ensuite, chacun se met à son bureau dans une même grande pièce. »

PREMIÈRES HEURES

La première période a été la plus dure.

Nous avions trois grands bambins à enseigner, plus la garde des deux petits, les cours étaient sur la table, l'heure avait sonné, on avait préparé les choses comme s'il s'était agi d'un cours magistral, nous les avions préparées comme jamais depuis en fait, et puis on avait commencé joyeusement, les enfants surtout curieux de ces premiers instants nouveaux qu'ils sentaient importants pour nous.

C'était nous en effet qui étions les plus impliqués, ce qui était bien naturel. De ce fait, au début, les enfants jouaient le jeu, rendu palpitant par la découverte.

Mais dès le lendemain, les enfants poussaient des soupirs et trouvaient l'exercice fastidieux, ils ne voyaient pas pourquoi leurs parents se montraient plus exigeants que d'habitude. Les leçons n'étaient pas plus difficiles qu'à l'école ; ce qui les rebutait, c'était le sentiment pour eux de jouer aux écoliers alors qu'ils étaient à la maison.

Ils nous déniaient aussi certainement toute crédibilité, ils savaient que nous aurions beaucoup de mal à exiger d'eux ce qu'un enseignant exige à l'école. Et enfin, nous étions les parents, pas de quoi s'alarmer, des parents ne sont pas aussi inquiétants qu'une institutrice adossée à l'école, au directeur et finalement au monde entier. Car un enfant regarde l'école comme le monde, d'un bloc. Une entité extérieure à laquelle mieux vaut ne pas se trouvé confronté. Les parents, c'est la famille, un espace connu et sûr.

Nous les avions retirés de l'école hors-contrat formidable où ils étaient à Caromb en Provence parce que nous étions contraints de déménager. Ils savaient donc très bien ce qu'était l'école, et une excellente école. Nous ne pouvions qu'être un degré en dessous.

Les jours allèrent de mal en pis. Nous avons essayé la douceur, la fermeté, la patience, le jeu, tout. Mais c'était la galère, et cette galère ralentissait de jour en jour, nous avions le sentiment d'affronter une chiourme lasse, blasée, bientôt rebelle. Au bout d'un mois, nous en étions à un point extrême et la question se posait de savoir si nous faisions le bon choix. Question catastrophique. Car nous ne nous étions pas préparés à cela, notre engagement était si entier, nous étions si sûrs de notre choix que reculer nous aurait paru aussi dur à admettre que de devoir recommencer notre couple à zéro.

De guerre lasse, quelques temps plus tard, nous remettions les enfants à l'école, à proximité de notre nouvelle demeure, dans une petite école communale avec deux classes de six ou sept élèves chacune, les trois autres niveaux du primaire étant enseignés dans un village voisin. Nous tentions de positiver. La maîtresse était jeune, volontaire, intelligente, ça devait bien se passer. Mais les cahiers sont revenus, et il a fallu se rendre à l'évidence : les enfants n'apprenaient pas grand chose, les poésies étaient médiocres quand il ne s'agissait tout simplement pas de pures inepties, il n'y avait pas d'écriture, ou à peine, les leçons consistaient en collages et en flèches dans tous les sens. Sans parler des bagarres sur la cour de récréation auxquelles nos enfants n'étaient pas du tout habitués.

Rien à faire. Il fallait les reprendre. Nous les avons repris.

Les enfants n'étaient pas plus studieux que ça, ils ont été contents de rentrer à la maison mais parce que c'était pour eux comme de prendre des vacances. Autant dire que du point de vue de l'enseignement, ils n'avaient pas mûri.

Les cours ont redémarré à la maison. Le va et vient entre la maison et l'école n'avait rien arrangé. Cécile allait flancher. J'étais requis de prendre les choses en main. Je m'y mettais.

C'est alors que je trouvai un truc fort utile, qui nous donna confiance en nous. Dans le fond, nous étions comme un équipage dans un navire qui coule. Dans ces cas-là, les états d'âme sont à mettre entre parenthèses.

Les enfants étaient entrés dans un mauvais processus, mais de manière totalement naturelle. Ils en étaient à refuser, non pas l'autorité, mais le niveau d'exigence pourtant normal. Il était vain de les affronter frontalement. J'ai réfléchi longuement, je me souviens que j'y pensais sur la route. Et puis soudain, le truc m'est apparu, comme une évidence. Il ne faut pas s'attaquer à un problème grave brutalement : mieux vaut laisser passer, laisser couler, ne rien dire ou dire peu de choses. Vous me direz : c'est de la démission ! Non, pas si vous montez au créneau plus tard, sur un problème mineur.

L'explication est facile à comprendre. Si un adulte a le dessus dans un conflit profond avec l'enfant, celui-ci est atteint, il se trouvera marqué intérieurement. C'est ce qu'il faut éviter. Un enfant marqué peut se mettre à haïr durablement l'adulte et tout ce qui l'entoure, le cours à la maison en l'occurrence. Bref, les affrontements sont à éviter. Il s'en produit bien assez pour ne pas essayer de les éviter.

D'un autre côté, il n'est pas question non plus d'abandonner toute autorité aux yeux de l'enfant, sans quoi l'apprentissage est irrémédiablement compromis.

Il faut donc laisser l'enfant en paix avec le problème grave et... se rabattre sur un problème vénal.

C'est exactement ce que j'ai fait. Je me suis mis en colère pour une vétille (nous appelons ça la colère décalée). Une colère fatale, sans cris, les yeux dans les yeux. Les enfants étaient muets de stupéfaction. On entendait les mouches voler. La partie était gagnée.

Quand on fait l'Ecole à la maison, on s'inscrit sur le long terme. Lorsque je travaille sur tableau, je me munis d'une baguette et je fais cours. La baguette ne me sert à rien, mais dans mes mains, elle donne à penser que les cours seront désormais différents, ils sont un accessoire qui manifeste une activité spécifique, organisée. Le bout de bois parle aux enfants, ils saisissent inconsciemment la symbolique. Pour lui donner vie, je m'en sers pour désigner des calculs au tableau. Ce n'est rien du tout, un bout de bois, mais c'est un symbole. Ce n'est pas une menace, c'est un accessoire qui habille un rôle, de même que la tenue du pilote de F1 vous dit immédiatement : « Ce gars-là sait conduire. »

Les choses ont changé de ton, en un mot. Les enfants préfèrent laisser passer l'orage. Il ne passera plus jamais. L'orage sera toujours dans un coin d'horizon, prêt à fondre, l'enfant peut tout faire sauf ce qu'il ne doit pas faire, sans quoi la foudre lui tombera dessus.

La simplicité du système amène très vite une situation beaucoup plus paisible, où chacun est détendu. Il aurait mieux valu commencer ainsi. Ce qui nous amène à la conclusion suivante : mieux vaut démarrer avec une exigence forte, quitte à la diminuer progressivement, qu'avec une ambiance relâchée qu'il faudra ensuite rattraper.

L'un de mes professeurs à l'école n'avait jamais de problème de discipline sérieux, alors que ses collègues se faisaient chahuter : il commençait toujours l'année scolaire par une première séance terrible, où il se montrait plus que chatouilleux, exigeant qu'on se lève et rabrouant sérieusement le dernier ou la dernière levée. Il se faisait ainsi plus qu'une réputation : une image gravée dans nos inconscients. Je l'ai eu plusieurs années de suite et à chaque fois, c'était le même rituel, et toujours surprenant. Nous, les anciens, nous savions que c'était un rituel, mais ça ne faisait qu'augmenter notre respect. C'était tout simplement un truc. Profitable à ses cours et donc à ses élèves. Le plus extraordinaire, c'est qu'il était parmi les profs les mieux aimés. « Qui châtie bien est bien aimé », pourrait-on dire. Ce qui prouve que l'estime des jeunes se tourne naturellement vers celui ou celle qui « tient son rang », qui assume son rôle et ne brouille pas les pistes.

Nous acceptons la discipline au club de sport, dans les arts martiaux et au travail, mais nous avons du mal à la maintenir dans la pédagogie, et le mot est pratiquement interdit de séjour à l'école (du moins en Occident, en Orient il existe toujours). D'où l'énorme flou qui ne profite à personne, les heures passées à faire de l'ordre en classe. Heures perdues et déstructurantes, épuisant les ressources de l'individu, sa joie, sa force, ses capacités. Les êtres ont des limites qu'on repousse ou qu'on abaisse.

Que vous lisiez Clausewitz, Sun Tzu, ou Talleyrand, vous saurez infailliblement que le recours à la force est ultime, que tout doit être mis en œuvre pour l'éviter ; il ne s'agit pas là seulement de non-violence, c'est aussi que le recours à la force révèle les limites de votre système et l'expose. On a eu dans l'enseignement de la sanction, et trop peu de la prévention. Et ensuite au contraire, comme le recours à la sanction a traumatisé des générations d'après-guerre, on a eu le laisser-faire. Il revient à notre temps de mesurer l'erreur de ces deux extrêmes : autoritarisme et laxisme. Il y a eu successivement deux générations distinctes : la génération du silence et de l'ordre, puis la génération du bavardage et du laxisme. De nos jours, il y a multiplication des forces de police et des prisons, cela montre que l'Etat politique est incapable d'ordre ; il a un temps de retard et se trouve inorganisé du fait de la génération d'après-guerre.

J'ai parlé du regard tout à l'heure. C'est d'abord dans le regard que l'enfant percevra les failles exploitables à volonté ou la volonté sans faille. Et dans la voix. Regardez les enfants dans les yeux, parlez clairement.

Cette manière d'accompagner guide l'enfant peu à peu, lui donne l'habitude de vous suivre.

Dans une classe d'âge allant jusqu'à 12 ans, il n'est pratiquement pas besoin d'élever la voix. Mais ce n'est pas parce que cela arrive qu'il faut s'inquiéter. On a parfois les nerfs en pelote. Il faut simplement savoir que l'autorité calme n'est pas impossible et que tous les enseignants peuvent en arriver à ce terme. Dites-vous bien que le plus terrible des enfants se taira en présence de certaines personnes de la société civile. Songez à quelle personne il obéira spontanément et essayez de voir ce que cette personne possède pour faire cette impression. Imaginez votre enfant en présence de Jean Gabin ou Louis Jouvet, pensez-vous qu'il les chahuteraient ? Bon, vous avez des exemples plus récents en tête ? Prenez ces exemples. Adoptez leur manière d'être. Il suffit d'en arriver à impressionner autant que ces personnes. Question d'attitude surtout.

Ce qui assure l'enfant de votre caractère débonnaire et chahutable, c'est l'excès de paroles, les explications pour tout. C'est votre voix monocorde qu'on entend sans cesse, qui lasse et achève l'assiduité, elle finit par ne faire qu'un signal acoustique monotone, l'enfant ne vous entend plus.

Avec ce que nous avons vu dans ce chapitre, vous voilà à même de commencer l'école à la maison. Il vous reste à entrer franchement dans la pratique.

Troisième partie : Pratiquer et maîtriser l'école à la maison

LES MATIÈRES

Matière par matière, voilà comment nous nous y prenons.

Français

Dans le français, il y a d'abord lecture et écriture. Ensuite, il y a différents apprentissages : grammaire, conjugaison, orthographe, poésie, rédaction. Le plus important pour commencer, c'est de NE PAS compliquer l'esprit de l'enfant par une énumération de ce qu'on va faire. Ne dites pas à votre enfant « tu vas apprendre à lire, écrire, conjuguer, maîtriser la grammaire », ces mots vont lui rendre l'abord difficile. Allez directement au sujet, commencez par la lecture. Quel que soit son niveau, commencer par lire est la plus simple des solutions.

Au commencement était le verbe

L'apprentissage de la lecture passe inconditionnellement par la méthode syllabique. Objet de tous les mépris dans les années 1970, rejetée comme archaïque, elle est d'une rapidité, d'une efficacité, d'une luminosité si remarquable qu'on se demande si le fait de la décrier n'était pas volontaire. Tous les bons neuroscientifiques s'accordent pour dire qu'elle est l'instrument le plus poussé pour apprendre à lire et développer l'intelligence. C'est très bien expliqué sur ce blog littéraire : http://www.roman-livre.com/communication-en-cours. Elle permet une progression, gage d'une structuration. Au lieu de deviner, de suer sang et eau dans l'inquiétude, l'enfant reconnaît tout simplement les caractères qu'il *connaît*[36]. Il n'y a pas de devinette. Dans le cas de la méthode globale, au semi globale, ou simili globale, qui sont toutes, de toute façon, des méthodes globales, ou dans n'importe quelle méthode moderniste actuellement en vigueur à l'Education nationale, l'enfant est censé reconnaître du premier coup d'œil un mot tout en

---

[36] : *La méthode syllabique est celle qui est validée par les neurosciences. Elle est respectueuse de la nature et du mode de fonctionnement du cerveau et de la langue écrite. C'est la bonne méthode, c'est-à-dire :*

1. *celle qui part des éléments graphiques simples pour aller vers les éléments graphiques complexes en l'espèce les lettres de l'alphabet et leurs assemblages ;*
2. *celle qui part des éléments graphiques pour aller vers les sons qui leur correspondent ;*
3. *et, finalement, celle qui va des données visuelles aux données auditives.*

étant incapable de l'épeler. Ainsi, l'enfant en arrivera à dire "voiture" pour le mot "véhicule" ! Lorsqu'il lira un texte ésotérique traitant du « grand véhicule de la foi au Tibet », il risque de lire « grosse bagnole un jour au Tibet » ! Bref. Le sens véritable des mots s'efface au profit d'une idée *a priori*, une minima syntaxique. Imagine-t-on la portée manipulatrice de cette méthode ? on va couper l'individu de la recherche du sens, il va se contenter d'opinions qui lui auront été dictées. Pousser l'enfant à la devinette ne peut que le ramener à ce qu'il a déjà appris, c'est donc le pire moyen pour ce qui concerne l'ouverture à ce qu'il ne connaît pas et qui est son avenir. La « méthode globale » enferme l'enfant. Nous l'écartons vigoureusement.

La dictée, charnière du cours de français en primaire, est une synthèse de tout ce qui est étudié en français (analyse, conjugaison, orthographe d'usage, orthographe grammaticale, vocabulaire, ponctuation). C'est l'un des exercices les plus importants, on en fait quatre par semaine avec à la suite plusieurs exercices liés à cette dictée : explication de texte, recherche des synonymes, des homonymes, des contraires, des métaphores etc.

Pour l'orthographe, outre le dictionnaire papier que l'enfant est censé posséder dès son jeune âge, vous avez un excellent site : Lexilogos. On y trouve aussi l'étymologie, et l'origine des mots est souvent un régal pour les enfants. Pour la conjugaison, vous avez impérativement un Bescherelle ancienne édition (avant 1990 si vous pouvez) mais il y a foule de sites, il suffit de taper "conjugaison" dans votre navigateur préféré.

Si vous ne prenez pas le support d'un cours par correspondance, et si votre cours par correspondance n'en comporte pas, il faut choisir des dictées d'auteur qui soient de beaux textes, qui aient du sens. Mieux vaut à notre avis ne pas lire la dictée en entier, mais la laisser découvrir au fur et à mesure de la rédaction, on évite ainsi une lassitude de l'enfant. L'ennui est votre ennemi et le sien. Ce qui n'empêche pas une préparation de la dictée : on étudie le vocabulaire la veille, les règles grammaticales après. L'avantage de l'Ecole à la maison est ici qu'on peut faire parler l'enfant beaucoup plus qu'en classe.

Après une dictée, on peut aussi faire un travail d'oral pour développer et affiner l'expression de l'élève. Par exemple, on lui demande de nous dire de quoi parle le texte. Excellent exercice pour le cerveau et donc tout le corps (comme je l'explique sur mon blog). En discutant, on peut apprendre le français comme on apprendrait une langue étrangère. Développer l'expression orale est un préparatif aux concours, aux entretiens d'embauche etc. Ils sont un très bon exercice pour construire un propos en le développant au fur et à mesure. Ce travail n'étant plus fait depuis longtemps, il est rare de croiser un Français sachant faire spontanément des phrases de plus de quinze mots. Comptez, vous verrez !

L'analyse grammaticale est complètement différente de celle de l'école actuelle. C'est un exercice essentiel qui contribue à la construction de l'intelligence de l'enfant en développant son attention, sa réflexion et sa sagacité. C'est aussi un exercice méthodique qui met en place une structure mentale organisée. En fin de primaire, un enfant est capable d'analyser, c'est-à-dire de donner la nature, le genre, le nombre, la fonction d'un mot, et cela pour tous les mots de n'importe quel texte.

La récitation. Bien préparée, la poésie ou le texte doivent être recopiés dès que possible sur un cahier à part que l'enfant soignera particulièrement, avec de belles illustrations qu'il réalisera lui-même. La photocopie collée dans le cahier de l'école est l'exact contraire de ce qu'il faut faire. Pour entrer dans la sensibilité d'un texte, le dessin que l'enfant réalise est un moyen de se l'accaparer, de l'analyser mot à mot, de comprendre que l'adulte peut le rejoindre, qu'il y a une intelligence de la beauté des mots.

En ce qui concerne le choix des récitations, on se demande pourquoi la plupart des professeurs des écoles choisissent l'ineptie et la laideur plutôt que la beauté, la grandeur, l'intelligence. Ce n'est tout de même pas en français qu'on manque de belles poésies ! Que les Américains soient obligés de se rabattre sur des journaux ou des brochures, on le comprend, mais la langue française est celle qui compte le plus grands nombres de grands textes, c'est la nation de l'écriture. Et pourquoi avoir peur de choisir des textes anciens, de redouter Corneille, Racine, Molière, Balzac, Chateaubriand etc. ? Les enfants d'aujourd'hui seraient-ils plus stupides que leurs prédécesseurs ? Serait-ce réac ? Dans les tournures de phrases anciennes, il y a des finesses, des subtilités, qui permettent de comprendre certaines tournures contemporaines. J'entends dire sur une radio nationale que les enfants d'aujourd'hui seraient incapables de comprendre "Le Corbeau et le renard", c'est une équation intellectuelle qui dit à peu près : « Ce qui ne s'apprend plus ne peut plus être appris. » Bravo pour la logique ! Et à quoi sert d'enseigner le respect puisque de toute façon il n'y a plus de respect, et pourquoi enseigner l'honnêteté puisqu'il n'y a plus d'honnêteté ? etc. Y a-t-il encore chez ces « pédagogues » un enseignement, au juste ? Bref, le Corbeau et le Renard sont à la portée de tous les enfants, il faut seulement que les adultes se donnent un peu d'efforts pour l'enseigner.

Nous n'avons aucun problème avec ces textes ni avec de plus récents, pourvu qu'ils soient bons. Quand il n'y a plus de langage, il n'y a plus de liberté, et nous voyons bien que notre société est servile. Ce qu'on trouve dans les manuels scolaires donne, sur ce chapitre, sérieusement à douter de la volonté publique d'élever les enfants, et on jurerait qu'on cherche à faire des petits citoyens sans dimension intérieure, sans réflexion propre.

La récitation peut-être l'occasion d'apprendre à l'enfant à s'exprimer devant un public. Ne faire que réciter, c'est déjà pour l'enfant tout une affaire. Avant de faire un discours, d'improviser un texte, il faut savoir affronter une audience. La poésie est l'exercice idéal pour cela. Il nous est arrivé d'organiser en fin d'année un concours général de récitations pour nos enfants. Et lorsque nous étions en regroupement, ce concours s'élargissait à l'ensemble des enfants, ce qui nous a permis de vivre tous ensemble un moment exceptionnel où chacun s'était préparé, éventuellement costumé. Je pense qu'aucun enfant n'a oublié sa prestation de ce jour-là.

Analyse logique : elle met en marche la même mécanique mentale que l'analyse grammaticale. A pratiquer, se munir d'une bonne méthode pour cela.

Comment peut-on faire du latin sans ces deux bases d'analyse ? Beaucoup de professeurs de cinquième (classe dans laquelle on commence le latin dans les collèges sous contrats) se plaignent de ce qu'ils doivent faire de la grammaire et de l'analyse du français au lieu du cours de latin à proprement parler. Nos enfants entrant en 4ème arrivent avec pratiquement trois ans d'avance en latin (ils l'ont commencé en sixième et sans passer un an à faire de la grammaire française car c'était acquis).

Conjugaison : c'est un exercice d'agilité de l'esprit. À la fin du primaire, tous les temps de tous les modes doivent être sus. La conjugaison est un exercice apprécié des enfants au même titre que le calcul mental, car il demande de la vivacité ; c'est souvent l'occasion d'un jeu à plusieurs avec ardoise. Les détracteurs disent qu'on n'utilise pas tous ces temps dans l'utilisation courante du français. D'abord, ce n'est pas exact, il se trouve des personnes assez habiles pour les utiliser et dont le propos est toujours mieux écouté qu'aucun autre ; ensuite on les rencontre dans les livres. Lors d'un entretien d'embauche, il est évident que la maîtrise des temps classe favorablement le postulant à l'emploi. Entre la personne qui dit : « J'ai quitté mon dernier emploi parce que j'ai déménagé, il faut d'ailleurs que je trouve un logement dans la région » et une autre qui me disait : « J'ai quitté mon dernier travail parce que j'ai bougé, il faudra que je vais trouver un nouvel appart' », qui j'embauche, à votre avis ?

Il s'agit aussi de développer les capacités intellectuelles et la richesse de la langue. Et on a tous observé que lorsque quelqu'un se met à employer avec habileté un temps rare, les têtes se tournent, l'attention est captée.

Rédaction, introduction : il faut en faire une par semaine. A l'école de notre village, on n'en fait aucune avant le CM2, et ensuite deux dans l'année. On comprend pourquoi on assiste au retour des écrivains publics...

Le travail de rédaction devrait être précédé d'un petit exercice. Il y a pour nous la grande rédaction et les petites rédactions. Pour mettre en œuvre la conjugaison, le vocabulaire, les règles grammaticales, où les tournures de phrases nouvelles, l'enseignant et les élèves se donnent quelques minutes pour rédiger trois ou quatre lignes qu'ils lisent ensuite à haute voix. Ce sont de petites rédactions qui prépare non seulement l'enfant aux grandes rédactions, mais qui l'habituent également à composer puis prendre la parole. La rédaction est l'exercice qui développe le plus la liberté intellectuelle de l'enfant, sa faculté à dépasser les règles et les cadres, sans parler de son imagination bien sûr.

Lecture : approfondissons

Importance capitale de la lecture : toutes les matières en dépendent

Sans lecture, il n'y a pas de math, d'histoire, de sciences, ni rien (à part le sport) ! Le prof de math exige que l'enfant sache lire, et bien lire, c'est-à-dire pas seulement survoler, mais intégrer. Sans un bon apprentissage de la lecture, sachez-le, il n'y aura pas de réussite scolaire. On verra plus loin pourquoi la méthode globale, en lecture, produit tant de désastres mais la première chose qu'on peut lui reprocher, c'est de détruite des parcours scolaires. Il est fondamental que l'enfant apprenne à lire et à bien lire. Ne maîtrisant pas la lecture, beaucoup d'enfants sont incapables d'avancer et c'est là qu'on « diagnostique » ici une dyslexie, là une phobie scolaire, alors que tout simplement l'enfant est bloqué, malheureux et incapable d'avancer ; et bourré de complexes pour ne rien arranger.

Cet apprentissage va durer jusqu'à 18 ans, et non s'arrêter à 12 ans, contrairement à l'idée répandue.

Les enfants qui sont de bons lecteurs font des parcours plus réussis que les autres, toutes les études concordent à ce sujet. Ici par exemple, les Canadiens en font une vidéo. Vous avez donc là une matière qui est au commencement, qui prédomine, toutes les autres présupposent que l'enfant sache lire.

Car savoir lire n'est pas seulement lire, c'est aussi s'entraîner à comprendre, à réfléchir, à imaginer, à concevoir, à préparer et à anticiper, etc.

De plus, et vous le savez, la lecture est le moyen privilégié pour développer le cerveau, elle crée des connections dans le cerveau de l'enfant et tout ce qui crée des connections dans le cerveau améliore la santé générale et l'équilibre[37].

La lecture donne à l'enfant de la culture (donc une certains satisfaction d'en savoir plus et donc un début de joie), elle lui permet de découvrir qu'il y a eu des gens qui ont vécu, fait des choses avant lui, écrit, raconté leur histoire (il n'est donc pas seul et il apprend qu'il trouvera peut-être des amis dans les livres, des expériences qui vont l'aider), ça ouvre son horizon et déploie sa personnalité. La télé est incapable de faire ça parce que lorsqu'on lit, on produit des connections neuronales que la télé ne produit pas. C'est important à savoir.

Donc, commençons par lire un texte abordable, vous pouvez le lire en alternance, chacun votre tour, c'est un exercice sympa de lire à deux. Si l'enfant est timide, faites-le seul(e) au départ.

Dans l'article Les 10 étapes pour apprendre à lire à mon enfant, que nous vous recommandons d'aller lire, nous indiquions une méthode progressive. Avant les cours de lecture, il y a la lecture du soir, que vous faites au petit avant qu'il s'endorme. C'est très important, vous l'avez fait sans le moindre doute. Dans cet article, on respectait une progressivité et c'est là un point crucial.

La progressivité

Car s'il y a une chose que vous ne devez pas louper, c'est la progressivité de votre enseignement. Progressez lentement. Dites puis redites les choses, n'hésitez pas à vous répéter. Ce que vous dites une fois n'est pas forcément complètement ingéré par l'enfant, il entend parfois un mot sur deux. Vous sentirez lorsqu'il a vraiment compris.

Ne jamais laisser un enfant être perdu

Les exercices que vous ferez respecteront cette progressivité, un exercice permet d'ingérer les choses progressivement et on verra qu'il est important de ne jamais laisser un exercice raté derrière soi. Comme un scientifique ou un philosophe, l'enfant doit toujours avoir un pied en lieu sûr, partir d'un point connu et intégré. Qu'il se sente en sécurité. De même qu'en escalade, vous devez toujours avoir 3 points (mains, pieds) assurés pendant que le quatrième cherche une nouvelle prise. Donc une chose à ne pas faire, c'est avancer alors que l'enfant a lâché prise, ne comprend plus. Prendre du retard dans le programme

---

[37] *Alzheimer, c'est pour schématiser une diminution des connections neuronales, et ceci se produit certes par maladie mais aussi et surtout par la diminution de l'entraînement cérébral.*

n'a pas d'importance. Le plus important, c'est que votre enfant ne soit jamais perdu.

Et pour éviter qu'il soit perdu en lecture, on va évidemment prendre une méthode syllabique qui est la seule à permettre une progression respectueuse du développement du cerveau de l'enfant.

C'est dire que toutes les méthodes globales ou semi-globales sont formellement... non seulement déconseillées mais à proscrire ! Le cerveau de l'enfant a besoin de faire ses connections progressivement, les unes après les autres, et seule la méthode syllabique, progressive, partant du début, est la bonne. La méthode globale part du milieu, elle embrouille, elle crée d'immenses ravages dans l'esprit des enfants et finalement produit la dyslexie et toutes sortes d'autres maux. La méthode globale est responsable d'un nombre incalculable de troubles à l'école. Donc, pas de méthode globale ou semi-globale. Nous nous sommes engagés à rendre votre enfant heureux et nous avons dit que la condition, c'était d'employer la bonne méthode.

La lecture, par goût

Le meilleur moyen de donner le goût de la lecture à votre enfant, c'est d'échanger avec lui sur ce qu'il lit. Lire n'est pas seulement une activité écolière, c'est un passe-temps et il faut que ça le devienne pour l'enfant.

Il lit parce que vous lisez. C'est important car recommander à un enfant de lire alors qu'on ne lit pas soi-même n'est pas pertinent.

Il lit parce qu'il trouve des livres dans la maison. Pas partout non plus, il faut éviter la surabondance et la quantification. Mais il y a des livres sur votre table de chevet, dans le salon. Entourez la bibliothèque de mystère ! Pour ce faire, bon nombre de pères d'écrivains célèbres ont adopté comme méthode d'interdire à leur enfant de toucher aux livres de la bibliothèque : cela avait pour conséquence que l'enfant était très fortement attiré par les livres et qu'il le faisait en douce. Le père le savait et le voyait faire, parfois tard la nuit, avec satisfaction. Vous aurez peut-être vous aussi votre stratégie mais peu importe, l'important est que le livre soit pour lui un objet respecté, aimé et convoité.

Nous l'avons dit, pratiquement tous ceux qui réussissent très bien dans la vie lisent. Et très peu d'entre eux regardent la télévision; la plupart, jamais. C'est notre cas, nous n'avons plus de télé depuis 10 ans et les enfants ne la réclament pas, ils l'ont oubliée.

Il est important que vous fassiez lire votre enfant avant de s'endormir. C'est reposant pour le cerveau et facilite le sommeil. Nous avons toujours dit à nos enfants que lire le soir était important et presque obligatoire. On trouve facilement des livres sur le net pour 90 centimes d'euros, également chez Emmaüs, encore qu'il faille reconnaître les bons ouvrages.

L'une d'entre vous écrit en commentaire : « Mieux vaut lire peu de bons ouvrages, bien écrits, porteurs de connaissances, de beaux sentiments et de modèles repérables, que des tas d'ouvrages moyens aux qualités banales. » Il est certain que les ouvrages de piètre qualité n'apportent rien et même peuvent dégoûter l'enfant; demandons-nous de temps en temps : « quels livres emporterais-je sur une île déserte pour mon enfant ? » Une recherche sur Internet vaut la peine car la littérature pour les petits et même pour les grands n'est pas toujours de qualité.

Concrètement

En cours, le texte que vous choisissez de lire ou qui se trouve dans le programme par correspondance (par exemple Amadou le bouquillon) sera reçu par l'enfant en fonction de la manière dont vous allez lui présenter. Vous pouvez en dire un mot, sans raconter ce qui va se passer.

Lorsque vous faites cours de lecture, vous êtes assis(e) à côté de votre enfant pour lire avec lui. Lorsque ce sera son tour de lire, vous vous assurez qu'il ne se trompe pas. Il met le doigt sous les lignes. Plus tard, il sera face à vous ou à côté de vous pour faire une lecture d'un texte d'histoire, de français, voire de philo.

Il n'est pas mal de choisir d'être à côté de l'enfant plutôt qu'en face, pour lui éviter de se sentir observé, pour relâcher la pression. Cela sera vrai en particulier pour les parents qui ont du caractère.

Pour les jeunes apprenants, soyez patient(e) avec eux. Vous allez épeler tout simplement « b-a, ba », il le fera à son tour et c'est comme ça que ça va commencer. Donnez le temps, faites-en un peu chaque jour ou presque mais pas plus de 7-10 minutes, d'accord ? Il est important de ne pas aller jusqu'à la fatigue mentale, c'est trop jeune pour ça.

Pour les plus grands, soyez patient(e) aussi ! L'enfant lit, se trompe parfois, c'est normal. Soyez doux et douce, ne vous emportez pas. Ce qui est facile pour vous est très difficile pour lui (ou elle).

Avec nos « moyens », nous lisions, ils suivaient, de temps en temps nous nous arrêtions et ils devaient dire le mot qui suivait. Ce procédé amusant les aidait énormément à ce concentrer. Utilisez ce truc !

Lisez un paragraphe et demandez à l'enfant ce qu'il a compris. Demandez-lui bientôt ce qu'il pense qu'il va se passer. Ce sont là de très bons exercices oraux qui facilitent l'apprentissage du français.

Maîtriser le langage

La lecture n'est pas réservée aux 4-12 ans, au contraire, vous pouvez et devriez poursuivre au-delà, et même à 18 ans. Pour notre part, nous faisons régulièrement la lecture d'un texte au début des repas. Des textes très variés, romans, poésie, philo, évangiles… Les parents lisent mais les enfants sont invités à lire aussi. Les plus grands grommèlent, mais ils s'exécutent finalement et apprécient, sans oser le dire. Ils acquièrent peu à peu de quoi les rendre plus sûrs d'eux, plus éloquents. Or, chez les jeunes, l'éloquence est centrale, la « tchatche » détermine ceux qui sont estimés et respectés. Elle leur permet aussi de défendre leur point de vue et de ne pas se retrouver écrasés sans argument ou incapables de dire une réplique. Bref, la lecture va être la matière privilégiée pour maîtriser l'expression orale, avec la rédaction, dont nous parlerons bientôt.

Ecriture et rédaction : aller plus loin

Vous préférerez deux outils : le crayon de bois pour le brouillon et le stylo plume pour la recopie (sur copie propre). Proscrivez le stylo à bille et autre pointes feutres. Car un stylo à plume oblige à un certain soin, une prise en main bref, il provoque des connections neuronales stimulantes et bien sûr, une coupure avec la banalité, un sens de la belle écriture. Un beau stylo (pas trop cher évidemment) est un bel objet à offrir à un enfant, pour commencer une année.

Ecriture et rédaction demandent aussi qu'on y aille progressivement. Alors, comment y aller progressivement ?

Commençons par choisir un sujet, un sujet qui va plaire à l'enfant. Il est important que l'enfant aime ce qu'il va faire. Vous savez ce qu'il aime, composez un sujet sur cette base.

Si c'est le tout début et que votre enfant n'a jamais composé une rédaction, commencez par des choses très courtes, demandez-lui simplement les mots qui lui viennent à l'esprit en rapport avec un sujet (ski à la montagne, balade en forêt, invitation à aller jouer chez un copain, ballade en mer, découverte d'une grotte, d'une cave de château abandonnée, construction d'une cabane, déménagement, concours à la télévision, traversée de la forêt à pieds…). Ils les dit d'abord, puis les écrit. Il va coucher ces mots, tout simplement. Et il trouvera ça facile.

La fois suivante, comme il aura trouvé ça facile, il n'aura pas peur de ce cours, il le trouvera même plus libre que les autres, et ce sera une grande victoire pour vous ! C'est un moment décisif car là se déterminent ceux qui aiment écrire. Quand il sera prêt, demandez-lui trois phrases, toutes simples.

« Tu croises un monsieur étrange dans la rue, décris-le. »

« Nous accompagnons un ami à l'aéroport. Nous nous garons et entrons dans le hall. Que vois-tu ? »

« Une vieille dame nous invite chez elle. Lorsqu'elle était jeune, elle a vécu en Afrique et tout son appartement est orné d'objets étonnants. Raconte. »

Etc. Votre imagination trouvera des sujets à l'infini, sinon piochez dans la bibliothèque, à la première page vous aurez un décor, des personnages, des métiers, des situations qui peuvent être décrits en trois phrases. Ou dans votre vidéothèque ou sur des sites de scénarios ou d'histoires tel celui-ci. Ou, mieux, dans votre mémoire ou votre imagination : excellent exercice pour vous !

Si votre enfant est plus avancé, le processus sera le même sauf qu'au lieu de lui demander trois phrases, vous en demanderez un nombre qu'il est capable de faire. Pourquoi ne pas lui demander le nombre qu'il se sent capable de réaliser ?

Ensuite, pour atteindre progressivement à une bonne quantité (par exemple une belle rédaction de 4 pages), proposez à votre enfant de faire à chaque séance une phrase de plus. Sa performance va ainsi augmenter (pensez en ce cas à noter le nombre de phrases).

Nous le redisons : pas question d'attaquer une rédaction de 30 lignes « pour se dégourdir l'esprit » dès le premier jour ! Faites faire du court, du haiku si vous le voulez (c'est-à-dire un poème ultra court).

Quelle que soit la longueur, préférez toujours des sujets que l'enfant aime.

Votre fille aimera peut-être : « Quelqu'un doit venir à la maison, vous la préparez avec votre maman et vous imaginez tout ce qui pourrait être embelli, et puis le personnage arrive, un peu farfelu. Racontez sa réaction » et votre garçon : « Vous êtes parti avec un ami dans la forêt et soudain, vous découvrez une petit château abandonné armé de canons rouillés, caché par la végétation que forme les arbres, les ronces, l'herbe haute. Personne ne l'avait jamais découvert avant vous. Vous décidez d'entrer dans un souterrain qui se révèle au milieu d'un tas de feuilles marrons et noires. Racontez. » Composer l'énoncé est simple, vous proposez un cadre, introduisez l'action et invitez à raconter.

Peu à peu donc, vous élargissez le champ d'exploration.

Pour nourrir sa rédaction, vous pouvez lui suggérer des mots vous-même, sous forme de ce qu'on appelle « le menu chinois » en coaching, c'est-à-dire que vous lui faites plusieurs suggestions, et lui de son côté va enchaîner avec ses propres idées. Cette suggestion que vous faites n'est pas là pour remplacer ses réponses mais pour le « débloquer ».

« Obscurité, ténèbres, gluantes, sordides, encrassé, infect, poussiéreux, insalubre. » Si vous êtes à cours d'idée, prenez un dictionnaire des synonymes ou tapez un mot sur l'ordinateur puis faites l'outil pour les synonymes (Maj+F7 sous Word).

Votre « élève » va donc proposer des mots et vous les agencez ensemble, vous les agencez joliment, et il va trouver que ses mots mis ensemble sont beaux à dire et à entendre. Et puis vous allez mettre des adjectifs qualificatifs qui sont intéressants et agréables. Ensemble, vous créerez des tournures. Vous lui posez des questions qui le sollicitent et l'encouragent : « Quelle phrase pourrais-tu faire avec ces mots ? »

Vous savez qu'un enfant qui rentre de l'école et dit que sa journée était « cool » n'a rien dit, s'il peut développer avec des adjectifs, des anecdotes qualifiées avec des sens variés, cela va changer l'intérêt de ses phrases et améliorer sa fierté.

Suggérez-lui d'aller chercher des mots dans le dictionnaire en commençant par le faire vous-même, amusez-vous avec le dictionnaire, qu'il vous envie.

Puisqu'on en parle, connaissez-vous le jeu du dictionnaire ? Très amusant et enrichissant !

Expliquez-lui que le verbe être à tout propos est lassant (« c'était bien et c'était intéressant » vont devenir par exemple « j'ai énormément apprécié tout ce que je découvrais », que le verbe faire est ennuyeux, de même que trouver (« je trouvais ça bien ») est pauvre. Elargissez, explorez, affinez ses expressions par plus de précision, plus d'imagination, plus de couleur.

Ça peut être un jeu de chercher des mots et de découvrir des mots qui veulent dire la même chose.

Cela, vous pouvez le faire en cours, mais aussi en-dehors des cours, avec votre enfant. Vous-même, faites cet effort, amusez-vous à vous reprendre et faites de votre enfant votre complice : vous avez prononcé une phrase un peu « light », pas très intéressante ou même mal formulée, demandez-lui : « Je n'aime pas ma phrase. Que devrais-je dire à la place ? ».

Plus loin encore : importance de la rédaction

La rédaction est d'une importance extrême pour le cerveau. C'est l'exercice par excellence, pour le développement des connexions neuronales au centre de la santé, de la longévité etc.

Se mettre à écrire, à inventer, c'est une initiative extraordinairement courageuse. Parce que cela pousse à dire, à prendre position, à défendre un point de vue, des goûts, des valeurs, à assumer cette exploration, à prendre des risques. Cet exercice amène l'enfant à explorer ce qu'il a en lui, son esprit. Mais aussi à inventer, à composer une histoire, donc s'avancer dans un inconnu. Et c'est très important pour un enfant de s'avancer dans un inconnu, de ne pas être confiné, comme un animal en cage, dans un monde connu et bien domestiqué.

Il est très important que l'enfant évolue dans un monde qui ne soit pas uniquement celui de données objectives, comme on le verra en maths. Les données objectives et l'apprentissage des maths est très important, c'est un autre aspect, mais en maths on travaille à partir de base connues et de règles bien établies ; on n'est pas en maths dans la subjectivité, on est dans l'objectivité, on applique des règles. Et c'est important, car cela construit la personnalité, c'est même une partie de la personnalité.

Mais il est aussi très important qu'il y ait à côté de cette objectivité mathématique une subjectivité, donc une prise de risque.

On veillera d'ailleurs toujours à unir chez l'enfant sa subjectivité et son objectivité.

On comprend pourquoi nous devons dire avec force que l'enseignement du français dépasse de très loin l'enseignement de l'orthographe ou de la conjugaison. C'est une voie de vie.

Bien sûr, il est important de savoir les règles d'usage puisque l'enfant va être jugé à la manière dont il va s'exprimer et écrire et on a tout intérêt à faire en sorte qu'un enfant écrive bien. Il n'y a rien à faire, une bonne orthographe sera toujours bien estimée et appréciée des recruteurs et des patrons, et par la société en général. De même qu'une bonne expression. Un jeune qui n'est pas capable d'aligner des phrases de plus de 5 mots aura beaucoup moins de chance de trouver un travail valorisant qu'un autre qui saura exprimer ce qu'il veut et ce qu'il aime. Il aura moins su s'exprimer, et ça s'entendra, ça se verra, il sera mal à l'aise, il articulera mal et cela pour une raison toute bête : les fonctions n'existent pas dans son cerveau, les connexions n'ont pas été faites parce qu'on ne lui en a pas donné l'occasion suffisamment. Un enfant qui fait des phrases de plus de quinze mots est tout de suite remarqué, les gens lèvent la tête, on écoute un jeune qui a du vocabulaire, qui s'exprime, on dit « il est intelligent » même si ce n'est pas forcément vrai. Il attire la sympathie, quel que soit son entourage, même dans les pires bas-fonds, celui qui a la « tchatche » domine et se trouve plus respecté : le lingual est central dans la société. Il donne la prééminence. De même pour l'écriture.

La langue maternelle, tremplin vers la liberté

Il y aurait quelque chose de plus terrible pour votre enfant que la prison dans laquelle on le jetterait à vie ; ce serait la prison intérieure, l'incapacité à être libre au fond de lui-même.

Eh bien, on est toujours plus ou moins capable de liberté. Il n'y a pas d'un côté les gens libres et d'un autre les gens pas libres.

La liberté est variable en fonction de deux choses fondamentales sans lesquelles elle n'existerait pas : la culture (au sens large) et l'imagination.

La culture, parce qu'elle nous apprend ce que d'autres ont fait ou vécu, et cela alimente notre réflexion et augmente nos moyens d'action. Il est évident qu'une société totalitaire a d'abord intérêt à limiter la culture sur des choses autorisées et contrôlées (avec par exemple un Ministère de la Culture).

Donc, il est fondamental que vous puissiez donner à votre enfant autre chose que le flot officiel, autorisé, que vous voyez partout, spécialement à la télé qui est un bon thermomètre de la pensée "officielle" ; cette pensée n'est pas seulement la pensée du gouvernement, c'est la pensée qui domine les gouvernements, le cinéma, la presse et plus encore la majorité des citoyens. C'est donc un enjeu considérable de donner une culture qui permet d'y échapper.

L'imagination

Ensuite, il y a l'imagination.

Et l'imagination ne peut éclore que grâce à la subjectivité.

C'est l'autre grande vertu que nous allons développer en français : la subjectivité.

Cette subjectivité — que nous allons expliquer — favorise l'imagination et la liberté. Elle se développe encore plus dans l'écriture.

La subjectivité au centre de l'être

La subjectivité, c'est ce qui n'est pas la loi, le dogme, la certitude, l'évidence, la norme, ce qui est calculable, évaluable. Tout cela est objectif. L'enfant comprend très bien « tu n'as pas le droit de faire ça », c'est un interdit, il comprend tout de suite « fais tes devoirs », c'est un ordre ; il ne va pas forcément obéir, mais il comprend. D'ailleurs, il n'y a pas besoin d'être intelligent pour comprendre. Et être éduqué dans cette sorte de fonctionnement binaire ne permet pas d'être très intelligent.

En outre, combattant interdits et ordres, l'enfant est prisonnier d'un jeu : pour ou contre. On comprend bien qu'un enfant qui n'a grandi que dans l'interdit ou l'ordre développe peu de liberté intérieure. Il va développer instinctivement soit un tempérament soumis, soit un tempérament rebelle, ou osciller entre les deux. Souvent, le second d'une famille où l'on développe ce type de système y échappe, voyant que l'aîné y est plongé. Notons au passage qu'il arrive fréquemment que le cadet soit celui qui se mette en retrait par rapport au système familial et joue une autre partition qui permette d'autres registres.

Concrètement, nous allons donc éviter de mettre en place un système d'interdit et d'obligation et proposer des alternatives. Par exemple, plutôt que de dire à l'enfant « tu mets la table ou tu débarrasses après le repas », on dira « que pourrais-tu faire pour rendre service : mettre la table, débarrasser, autre chose ? » C'est cet "autre chose" qui importe en l'occurrence. Quand l'enfant sera plus grand, on évitera de prétendre tout expliquer, d'avoir réponse à tout ; on équilibrera ce qui est explicable (le comment "ça" fonctionne) et ce qui ne l'est pas (le "pourquoi" ça fonctionne). L'explication et l'humilité devant l'absence d'explications sont deux attitudes très constructives pour l'enfant. Parfois vous savez, ou quelqu'un sur Internet sait, mais parfois nul ne sait, et même si des tas de gens vous disent qu'ils savent, il est important que vous disiez à votre enfant que nul ne sait, nul ne comprend. Il développera ainsi d'une part le respect de ce qui a été découvert, le respect de ce qui est mystérieux et le désir de ce qu'il y a à découvrir.

La subjectivité, c'est autre chose qu'un simple système d'interdit et d'obligation.

De même, une éducation donnée par des parents profs de maths ou scientifiques qui se diraient en permanence "objectifs" et qui balaieraient toute notion non quantifiable, non prouvée, laisserait à croire à l'enfant que tout se mesure, que ce qui est existe est mesurable, que finalement tout est quantité : d'énergie, de cellules, d'atomes etc. C'est ce que me disait le fils de profs de maths : pour lui, tout était quantifiable, c'était d'ailleurs un scientifique et une scientifique intelligent. Mais, il se retrouvait totalement dépourvu dans sa vie sentimentale, qui était un désastre. Dans le monde du sentiment, il n'y a pas de mesure possible, on y évolue sans appareil ni certitudes. Généralement, les profs sont assez cultivés et en interaction entre eux pour apprécier mutuellement leurs spécialités, et la plupart des profs de maths ou de sciences savent bien faire la part des choses entre la rigueur du fait, ce qui est objectif, et le mystère de ce qui n'est pas quantifiable, ce qui est subjectif.

La subjectivité, c'est intégrer qu'il n'y a pas que le vrai ou le faux, accepter qu'il n'y ait pas toujours de repère, de textes définitifs, d'usages, et entrer dans un monde libre, ouvert. La poésie est évidemment le champ le plus caractéristique de la subjectivité. C'est accepter qu'il y a des choses qui ne sont pas déterminées et prédéterminées, ni sûres, ni prouvées, ni quantifiables.

La grandeur de l'être humain, ce n'est pas d'appliquer une loi, de répéter quelque chose de connu, d'évoluer en terrain contrôlé, c'est d'accepter quelque chose qui ne soit pas défini, quelque chose d'invisible donc. Prenons l'exemple d'un juge. S'il est mauvais, il appliquera le texte et jugera selon ce texte. S'il est bon, il ne se contentera pas d'appliquer le texte, il étudiera les circonstances, les mobiles, la situation, les jurisprudences s'il y en a, et il mûrira un jugement particulier. Il n'y a pas beaucoup de juge comme ça, évidemment. Mais dans tous les métiers, les hommes et les femmes capables de cette liberté, capables d'accepter qu'ils ne savent pas tout ou que le système répond à tout, sont rares. Ce sont aussi les plus grands. Un mathématicien qui disait que les mathématiques ne sont subjectives qu'un temps, que plus haut, elles étaient poésie.

La grandeur de l'être humain, c'est de voir l'invisible et d'y entrer.

Nous avons tous à accepter une part d'objectivité, parce que lorsque le ciel est bleu, il est bleu, et cela guide aussi notre attitude raisonnable face à la loi ou aux règles sociales, nous avons des repères pour aller vers quelque chose qui nous conviendrait ; mais nous devons dans le même temps accepter la subjectivité, comme ce qui empêche le contrôle et la quantification, la loi des tribunaux aveugles C'est le monde de ce qui n'est pas "repéré", balisé, quantifié. Les jeunes fiancés qui échappent à leurs familles qui veulent arranger différemment leur union sont l'archétype, ils s'échappent parce qu'ils s'aiment, mais aussi pour ne pas être la proie d'un monde agencé, maîtrisé, définitif, ils veulent l'inventer, le réinventer.

C'est parce que tout n'est pas quantifiable que se déploie la liberté véritable

Y aurait-il donc liberté fausse et liberté vraie ? OUI.

On confond souvent ces deux libertés : la liberté de choix (« je fais ce que je veux entre diverses choses que je connais») et la liberté véritable (« je choisis toutes sortes de choses et me prédispose à certaines dont je ne connais même pas l'existence »). La liberté de choix choisit entre ce qui existe, la liberté véritable déploie des "possibles", elle va donc beaucoup plus loin.

La liberté de choix existe dans tous les systèmes politiques, y compris dans la dictature : vous voulez des médias ? Nous avons des médias autorisés pour ça (en France, la Maison de la radio par exemple). Vous voulez protester ? Il y a des dates et un endroit pour ça. Vous voulez du pain ? On en a qui vous conviendra. Vous voulez penser ? On a des pensées pour vous. Bref, vous choisissez entre des choses qu'on vous propose. C'est limité. Ça ressemble à la liberté, mais c'est une liberté limitée, conditionnée.

La liberté véritable est celle que nous recherchons pour notre enfant. Nous voulons qu'il dépasse les choix, ceux qu'on lui imposera, mais aussi ceux qu'il se propose lui-même, qu'il ne se contente de rien qui le diminue ou ne lui permette pas de se déployer, de rencontrer son bonheur, sa voie.

Cette liberté-là, c'est un risque, c'est prendre pieds en une zone qui n'est pas balisée. Elle favorise la créativité et donne les moyens d'imaginer une existence différente.

La subjectivité est la voie délicate. Mais elle a aussi son côté obscur : prétendre que rien n'est vrai, que tout est subjectif, relatif, que tout doit être réinventé. Faire table rase des réalités, c'est refuser qu'elles existent ; il y a une tentation totalitaire par la subjectivité et l'idéal. Mais beaucoup plus encore : c'est se priver de ce que les réalités ont à offrir pour progresser. Subjectivité et objectivité sont les deux visages d'un même être qui se construit. La vertu qui les associe, c'est le discernement.

Les maths vont équilibrer la subjectivité avec l'objectivité.

Mathématiques

Introduction générale : Calcul mental, calcul rapide : il faut en faire 10mn par jour, c'est un entraînement de l'esprit qui rend les maths beaucoup plus amusantes. L'école le remet au goût du jour, tant mieux.

Tout au long du primaire, les notions sont revues et rabâchées chaque année, et chaque année on élargit le champ.

Il faut faire des opérations tous les jours ou presque. La division est vue dès le CE, pratiquement en même temps que la multiplication car c'est l'opération inverse, il est logique de les voir ensemble. Dans l'école actuelle, on en fait quelques-unes à la fin du CM2, parce qu'il faut l'avoir vue avant la sixième. Lorsque notre fille aînée est entrée en sixième, certains élèves de sa classe n'avait pas vu la division et beaucoup ne la maîtrisaient pas ! Les fractions sont souvent vues avant la division, ce qui est aberrant, on voudrait embrouiller l'enfant qu'on ne s'y prendrait pas autrement.

Il existe même une nouvelle méthode de division où la soustraction apparaît dans la division. Des amis de nos enfants nous racontaient que leur maîtresse leur avait avoué ne rien comprendre à cette nouvelle méthode mais « qu'il fallait faire comme ça » ! Règle d'or en passant : ne jamais enseigner ce qu'on ne comprend pas.

Problèmes de maths : c'est l'occasion d'appliquer les notions vues dans la semaine et de pratiquer les opérations. La présentation est très importante car l'on apprend à ranger les informations reçues ou trouvées afin de pouvoir les exploiter. Voilà qui structure la capacité d'analyse et de synthèse de l'enfant. Aujourd'hui, l'enfant n'écrit plus du tout, il a juste à remplir des cases dans des fascicules. On lui a prémâché tout le travail d'analyse des données et on la lui livre pêle-mêle ou plus ou moins structurée.

S'il y a une chose fondamentale en maths, c'est bien l'exposé des données. La démarche qui se situe en amont de tout calcul, c'est de comprendre le problème qui est posé. C'est au sein des données livrées que se trouvent les éléments, les indices qui permettront de résoudre le problème. Comme dans une enquête de police, comme nous allons le voir plus loin, l'essentiel est avant tout de faire un relevé précis, méthodique, exhaustif. Un policier qui efface des traces, néglige des empreintes ou répond aux questions avant de les avoir posées est sûr d'envoyer en prison des innocents. L'actualité nous a montré que de telles choses se produisent.

Alors, si l'on veut démolir la méthode, le raisonnement, il faut faire ce que l'école publique fait : livrer les données sans conduire l'enfant à les analyser et à les ranger, à les réécrire.

En maths, la rapidité d'exécution n'a aucun intérêt, ne brusquez donc pas votre enfant. Peu importe le temps nécessaire, l'essentiel est d'atteindre le but. C'est l'exact contraire de la rédaction où l'objectif est fixé au départ et de manière subjective. Là, l'objectif est à atteindre, il est strictement... objectif. Les mathématiques sont la discipline de la méthode. A supposer que votre enfant se creuse la tête et ait envie de trouver la solution, s'il est fatigué, proposez-lui de répondre le lendemain, de prendre la soirée pour y réfléchir. C'est génial comme méthode car il va en faire son affaire personnelle.

Il est indispensable d'avoir des exercices très bien faits, dont les énoncés sont extrêmement rigoureux. Dans un bon énoncé, chaque mot est important et à sa place. Éviter donc les problèmes mal faits.

Dans les fascicules de l'Education nationale, on place les réponses demandées dans des cases mais ou ne raisonne pas, on est sans cesse guidé, il n'y a aucune place pour le raisonnement propre de l'enfant. L'enfant est complètement assisté, il ne pourrait faire le problème sans cela. Dans un bon cours, les données du problème sont posées, l'enfant le résout seul en partant d'une feuille blanche, étape par étape.

Nous nous souvenons qu'à l'école, on a demandé à notre fille aînée d'additionner des chaînes hi-fi et des consoles vidéo. Non seulement c'est insoluble, mais en plus notre fille ne savait pas ce qu'était une console vidéo. Il s'agit là de vouloir faire moderne comme si, pour un enfant, des billets, des pommes, des stylos ou des bonbons ne sont pas plus simples à manier. Une console vidéo, c'est une unité centrale, des fils, des télécommandes bref, un ensemble d'objets. Tout cela embrouille l'esprit. Pour le ministère apparemment, les billes ou les pommes, ça fait ringard. N'empêche que rien ne vaut ces objets simples pour symboliser l'unité, il est simple de les additionner ou les soustraire. Les technocrates et les politiciens vieillis sont complexés, ils veulent "faire modernes". Le culte de la nouveauté fait des ravages.

Géométrie : même préconisations : méthode, progressivité, simplicité.

L'école actuelle emploie des fascicules où l'enfant n'a pratiquement rien à faire, il ne manie plus les instruments indispensables à l'acquisition de la géométrie.

Joachim, un enfant redoublant sa 4ème, est incapable de tracer une perpendiculaire à l'équerre. Qu'est-ce qu'il aurait fait si on lui avait demandé, comme à l'un de nos CM, de la construire grâce au compas ?

Le cours de maths, fondation

Allons plus loin et creusons ce que nous venons de voir. Nous allons avec les maths retirer un autre grand trésor. Nous allons équilibrer la personnalité de l'enfant qui a gambadé en esprit durant le cours de français.

Les maths sont simples. Primo : soit le résultat est vrai, soit il est faux. Pas besoin d'inventer ni de faire une rédaction. Secundo : tout est dans l'énoncé. Il suffit de bien lire et d'y aller pas à pas.

C'est un point sur lequel nous voulons insister : rendre les choses simples doit être votre règle de cours. Le pire ennemi est l'incompréhension : c'est source de blocage et de rejet.

Quant à vous, il n'y a pas besoin d'être matheux pour enseigner les maths, pas plus que vous n'étiez obligé d'être prof de français pour commencer à enseigner le français.

Rappelons que normalement, en CP, l'enfant sait compter. En CE1, l'enfant apprend à additionner, soustraire, multiplier et même à diviser, puisqu'il commence à voir que le pendant naturel de la multiplication est la division (souvent l'enfant demande lui-même « c'est quoi le contraire de multiplier ? », dans le cours de l'année). Donc, à la fin du CE1 il connaît les principes de base. C'est ce que propose en principe aussi le système actuel, mais dans les faits, en France, on commence plutôt à faire des divisions en CM2, ce qui est trop tard.

En maths, vous allez commencer par vous amuser. Vous allez imaginer que vous êtes un inspecteur de police, un Colombo ou un Sherlock Holmes, un Hercule Poirot ou un Maigret, vous savez, l'un de ces policiers observateurs, tatillons, passionnés du détail.

Quand je faisais des cours de rattrapage à des enfants en difficulté en maths, je commençais toujours par leur demander quelle est la différence entre un bon et un mauvais inspecteur de police; ce que fait le bon inspecteur. Ils s'essayaient à me trouver des réponses. Je les leur jouais.

Je mimais le policier qui débarque avec ses gros sabots, qui touche et renverse tout. Qui s'accoude au bar où l'assassin a pris un verre, piétine des preuves et néglige des indices. Les enfants rigolaient. Je refaisais la scène, cette fois différemment. J'entrai prudemment sur la scène de l'assassinat, je regardais où je mettais les pieds, je regardais tout lentement, j'écoutais, prenait tout le temps nécessaire et relevais chaque élément pour mon enquête.

Quel est le bon policier ?

Les enfants trouvaient la réponse à tous les coups, même les touts-petits[38].

Et hop ! ils avaient compris ce que c'est que de faire des maths.

C'est ce que vous allez apprendre à faire à votre fille ou votre fils. C'est d'une simplicité enfantine. Il n'y a pas besoin d'imaginer, pas besoin d'inventer, il suffit d'observer.

Observation, concentration

On va travailler la concentration. On va permettre à l'esprit des maths d'entrer dans le corps de l'enfant et d'y installer la concentration d'abord.

Vous allez apprendre à votre enfant à observer, ce sera un préalable aux maths. Vous mettez des objets sur une table, il les observe, puis vous lui demandez de se retourner, et vous déplacez deux objets. Il doit deviner lesquels. Par exemple,

---

[38] *Cette technique s'appliquait dans 3 cas: au tout début, lors des crises de doutes lorsque l'enfant se demandait à quoi servaient les maths, et pour les enfants en grande difficulté, complètement perdus.*

ou autre chose qui vous plairait. Il va s'amuser à observer, et ça fera un bon début de matheux.

Vous allez apprendre à l'enfant à lire, et lire en maths c'est lire un énoncé. Chaque mot compte. Tout est là. La seule chose, c'est qu'il manque des éléments pour accéder immédiatement au résultat. Il faut poser les éléments. Ne pas aller plus loin, ne pas spéculer. Prendre le temps de poser les éléments, de bien se les mettre sous les yeux.

A ce stade, vous illustrerez autant que nécessaire avec des dessins, des schémas, car la représentation visuelle est d'une grande utilité dans cette matière abstraite.

Ensuite seulement, on va se demander quel principe peut conduire de l'un à l'autre, quel point ils ont en commun : de quelle manière ils se mesurent, comment on les agence, on les compare, on les rapproche etc. On va chercher quelle est l'action à faire, l'action qui n'est pas demandée dans l'énoncé mais qui est le moyen de répondre. Le principe qui permet de les utiliser pour résoudre une énigme. Dans un énoncé, il y a un invisible qu'il faut découvrir.

La première étape d'observation est évidemment cruciale car sans une bonne lecture, l'erreur est assurée. Comme le suggère Henri, qui sait de quoi il parle dans l'un des commentaires, « Il faut insister sur le fait qu'un raisonnement juste entraîne un résultat erroné si les prémisses le sont (si le détective a mal relevé les indices, par ignorance ou mauvaise foi) ». Le moment venu et quand il aura acquis cette conscience de ce qui est faux et de ce qui est vrai en maths, montrez à votre enfant comment on fait pour se tromper, faites-lui la démonstration d'une mauvaise observation ou d'une mauvaise lecture. Laissez-le vous corriger.

La seconde étape consiste à se poser la bonne question, et elle dépendra de la manière dont vous aurez familiarisé l'enfant avec elle. Il s'agit évidemment toujours au départ de mettre en pratique un principe qui répond à une question. Comment calcule-t-on la surface d'un rectangle ? Il le sait parce qu'il l'a fait. De nombreuses fois. Vous lui aurez fait faire des tas d'exercices, jusqu'au moment où il sait complètement, que c'est un jeu d'enfant pour lui. Les maths, c'est de la **pratique** avant tout.

Cette pratique et cette connaissance intime des premiers principes lui permettent d'aller vers les suivants.

Le raisonnement

L'esprit des maths va ensuite faire pousser la logique chez l'enfant. Les maths sont l'apprentissage du raisonnement, sans lequel aucun propos n'est sérieux.

Notre société, qui jadis était très cartésienne, est maintenant chaotique et le raisonnement a déchu, la logique est un peu bannie, on entend des opinions politiques basées sur des comportements privées, du sentimentalisme, on voit des budgets votés sur un enthousiasme, une raison d'Etat ou un couvre-feu (un Etat d'urgence) se décider alors que tout a été fait pour provoquer le pire... On a perdu la raison dans le monde politico-médiatique. Si vous devez aller à la télé, ne préparez pas un raisonnement limpide et implacable, préparez des petites phrases, des cris, des larmes, les journalistes vous estimeront bien mieux.

Cela dit, dans la vie réelle, un raisonnement juste et fin est un trésor. L'enfant qui sait tenir un raisonnement est la perle rare. S'il a appris à marier sa subjectivité et son objectivité, à associer sa liberté avec une construction intellectuelle valable, alors il va aller loin, très loin.

Vous allez lui expliquer posément qu'une chose qui est vraie n'est pas fausse et qu'une chose qui est fausse n'est pas vraie. Croyez-nous, ça vous semble évident à vous, mais c'est une découverte pour un enfant : le monde des maths est divisible en deux, ce qui est vrai et ce qui est faux. C'est un premier pas. C'est la naissance du discernement. En maths, c'est facile, il n'y a qu'une seule réponse. Si le ciel est bleu, il n'est pas noir. Cela va planter en lui le sens du vrai et de la vérité, et le sens de ce qui est juste.

Soyons donc clairs avec l'enfant, en maths, articulons bien les énoncés. Et pour vous assurer qu'il suit, là encore, faites-le de faux raisonnements, laissez-le vous corriger.

Le calcul mental est indispensable. Faites-en régulièrement. Bien sûr qu'il y a des calculettes et des ordinateurs, mais savoir compter modèle le cerveau. N'oubliez pas que tout travail du cerveau lui est bénéfique. Vous ferez donc faire régulièrement du calcul mental, les cours que vous avez vous le permettent. Nous ne développerons pas plus les conseils techniques, puisque les cours vous disent tout ce qu'il y a à faire. La seule chose qu'ils ne vous diront pas, c'est l'état d'esprit que vous devez avoir.

Ce que vous n'avez pas le droit de faire

En maths, il y a une chose qui n'est pas permise à l'enseignant(e), c'est de laisser un enfant passer une partie du cours sans la comprendre. C'est l'obligation formelle de l'enseignant. L'enfant ne doit jamais se retrouver en situation d'impasse, sinon il cultive une mauvaise image de lui-même et un dégoût des maths. Donc, on fera des exercices et on en refera jusqu'à ce qu'il comprenne et s'approprie le mécanisme. Il importe peu que vous preniez du retard, mieux vaut tout arrêter que de passer à autre chose sans avoir compris. Une incompréhension en maths a détourné plus d'un esprit d'une carrière matheuse, et une stupide négligence d'enseignant peut fait perdre une vocation d'ingénieur.

Si toutefois il y avait un blocage, on pourrait essayer de voir si un autre chapitre reprend la même notion sous un autre angle. Dans ce cas, on sautera le pas. Mais on reviendra ensuite immédiatement sur nos pas et on reprendra le fil du cours (si je puis dire).

De même, il y aura des chapitres moins faciles que d'autres pour votre enfant, son tempérament fera un tri, vous veillerez donc à noter dans votre classeur d'enseignant les notions pas tout à fait acquises pour y revenir.

Quelle est la méthode en cas de panne ? Vous revoyez avec l'enfant la notion une semaine plus tard, un mois plus tard, puis deux mois plus tard. Brièvement, mais vraiment, avec deux exercices. Vous verrez, c'est très efficace.

Histoire

Avant de vous livrer les deux ou trois trucs pour l'enseigner correctement, il est nécessaire de faire un développement sur cette matière qui est le domaine de prédilection des idéologues !

L'Histoire est simple à enseigner aux enfants, il ne s'agit que de raconter des faits et de les expliquer en se situant du point de vue de l'époque. On démarre avec une chronologie, on s'arrête sur une époque et dans une géographie bien situées et on raconte. Rien d'extraordinaire.

Mais l'école est venue brouiller les choses. A l'école, vous êtes sûr que votre enfant se fera une idée "conforme" de l'Histoire de son pays, naturellement en progrès constant depuis l'obscure époque de la France royale jusqu'à notre brillante époque en progrès (à défaut d'un présent satisfaisant). Inutile de préciser que cette Histoire enseignée de manière militante n'est pas la bonne approche.

Je me souviens d'un voyage en bus avec les enfants d'un club de sport, nous allions à l'autre bout de l'Europe et durant deux jours, j'avais eu l'occasion de proposer des jeux pour éviter que l'on passe son temps, l'œil glauque, à regarder des films sans intérêts. J'ai donc proposé une série de questions générales auxquelles les enfants étaient censés répondre. Tout le bus s'y est mis, c'était très amusant. Les meilleures réponses se situaient dans le domaine de l'astronomie et la faune du Crétacé, apparemment ces domaines persistent à focaliser l'intérêt et n'ont pas encore fait l'objet de révisions politiquement correctes. Les dinosaures et les étoiles, on n'y touche pas. Il est vrai que de faire entrer les étoiles ou les dinosaures dans les cadres de la pensée mondialiste ne va pas être de tout repos ; encore qu'avec un effort, on pourrait écrire : « Les dinosaures femelles étaient aussi féroces que les mâles », « les territoires des dinosaures n'étaient pas enfermés dans nos frontières étriquées » ou encore « à l'époque des premiers dinosaures, il n'y avait pas d'hommes et donc pas de pollution industrielle. »

Blague à part, tout le reste de l'étendue de l'Histoire est un horizon uniforme et dévasté. Le domaine le plus calamiteux dans l'enseignement général, c'est probablement l'Histoire ! Dès les années 80, on a supprimé la chronologie, base fondamentale. Aujourd'hui, un enseignant ne situe plus les événements dans l'ordre ! De cette manière, les enfants sont incapables de dire quand se situait tel personnage ou telle action. Cette méthode a été abandonnée dans de nombreux pays, mais comme souvent, la République française est en retard.

Les enfants ne savent rien, absolument rien de sérieux. Toujours dans ce bus, les enfants et les plus grands se révélaient incapables de remettre dans l'ordre chronologique Bonaparte, Jeanne d'Arc, Richelieu, Charles De Gaulle, Attila et Louis XV. Les jeunes Français sont, en Histoire, d'une nullité crasse. J'ai eu l'occasion de me rendre compte que les parents aussi, et souvent les profs. Lorsque vous demandez de citer deux grands noms du temps de Louis XIV, c'est l'impasse. Le temps où la France a été la plus célèbre nation du monde…

À notre avis, l'Histoire est, par excellence, la matière où l'idéologie se fait le plus sentir. Il est hors de question, pour le régime politique actuel, que les Français puissent découvrir dans leur Histoire des motifs à le remettre en cause. Hors de question qu'ils puisent dans le passé une quelconque nostalgie, de quelconques regrets, ni même un simple comparatif ou un bilan qui les amèneraient à douter de la vérité officielle. Cette crispation ne date pas d'hier, et sans remonter à Michelet, tous les programmes scolaires français refusent depuis des lustres d'aborder l'Histoire avec objectivité. Cependant, les historiens poursuivent leur travail et l'on trouve en ce moment à peu près partout des quantités de travaux qui permettent de se faire une idée. Il y a un décalage énorme entre les études poursuivies actuellement, passionnantes, et les programmes scolaires, préfabriqués.

Là encore, l'Ecole à la maison donne l'occasion de corriger le tir. Il y a des tas de choses sur le Net, privilégiez évidemment les sites de qualités (éventuellement Wikipédia, Linternaute, mais il y en a sûrement d'autres. Pour notre part, nous préférons les bons livres que le site Chiré recommande, neufs ou d'occasion ; les ouvrages recommandés en Histoire sont toujours excellents et il y a d'autres livres, tels les romans, parmi lesquels vous trouverez votre bonheur (Chiré est une vraie librairie de la pensée libre).

Nous allons vous donner un exemple banal d'une interprétation idéologique d'un moment de l'Histoire. Nous lisions récemment dans un manuel scolaire, pourtant l'un des meilleurs, une phrase sibylline au milieu d'un texte très subtilement orienté. Ce texte racontait que Louis XVI, bien entouré, s'obstinait à ne pas écouter les conseils que ses ministres lui prodiguaient et, avant d'annoncer la fuite jusqu'à Varennes, concluait par cette phrase : « En fait, Louis XVI n'est pas de bonne foi. » L'hypocrisie de la formulation qui évite de dire carrément « Louis XVI est de mauvaise foi », n'est dépassée que par l'immensité du mensonge : car la réalité, c'est Louis XVI est LE SEUL de bonne foi, tous ses ministres pratiquement lui mentent !

On voit que ce type de petites phrases est rédigé par des idéologues. C'est toute l'Histoire de France qui est ainsi recomposée.

L'Histoire étant par définition le récit et l'étude d'une période passée, l'enjeu consiste à comprendre les événements non seulement pour ce qu'ils étaient mais également dans l'esprit du temps. C'est pourquoi, pour notre part, nous avons opté pour un mode narratif suffisamment enthousiasmant d'une part, et d'autre part pour une étude des documents.

Dans un manuel d'Histoire Nathan de 4ème, supposé traiter le XVIIIe siècle, on ne signale même pas Louis XV ! Probablement l'un de nos plus trois grands rois, il a tout de même régné 52 ans, il se battit pour une répartition égale de l'impôt et pour l'instruction publique, contre l'avis des philosophes et des parlements ! Ensuite, le même manuel raconte tout le XIXème siècle sans évoquer Louis XVIII, Charles X, ni Louis-Philippe, qui sont dans le livre présentés *après* les préparatifs de la première guerre mondiale. Chez Hatier, on trouve des manuels qui ne se gênent pas pour faire la propagande de l'Union Soviétique, tout en omettant de signaler les dizaines de millions de morts du régime communiste.

Il n'est pas mal, quand on enseigne l'Histoire, d'avoir lu les livres de Jean Sévillia ou Jacques Heers, passionnants !

Vous l'avez compris, la politique est très présente dans les manuels scolaires. Ce n'est pas nouveau. Les Républicains savaient dès 1792 qu'il faudrait s'attaquer à l'instruction publique. Ils s'y sont si bien attaqués d'ailleurs qu'après dix ans, l'instruction publique était tombée au plus bas niveau de son Histoire, alors qu'elle n'avait pratiquement pas varié depuis l'époque gallo-romaine jusqu'à Louis XIV. Les Gaulois étaient plus instruits que les Français de 1800, étonnant, non ? Ce qui valut à la France de se laisser dépasser par l'Angleterre et de stagner durant presque un demi-siècle.

Quant à nous, nous avons tiré un parti de ces manipulations qui passent ailleurs comme une lettre à la Poste : nous faisons le cours d'Histoire d'une part, et d'autre part nous faisons parfois une histoire de l'Histoire, c'est-à-dire un regard sur la manière dont elle est expliquée. C'est ainsi que nos enfants ont appris à lire entre les lignes, décortiquer les interprétations, déceler les orientations. Il y a tout un cours à faire autour de la prétendue mauvaise foi de Louis XVI, et l'on peut montrer à quel point l'idéologie qui a conduit à sa mise à mort continue à être justifiée. C'est pour les enfants un moyen de mieux comprendre leur temps et leur société.

Il s'agit de former de nouvelles générations capables d'aborder l'Histoire avec beaucoup plus de recul et de sérieux. Dans un autre ordre d'idée, à l'autre horizon des temps, la période celte est abordée d'une manière nouvelle, qui consiste à revaloriser nos ancêtres les Gaulois. Ils en avaient bien besoin, car les historiens savent maintenant qu'ils ont été capables de bâtir des villes, de lire et écrire, de posséder leur propre écriture etc. Sans le moindre doute, l'invasion romaine a fait disparaître un certain nombre de savoirs : science des plantes, sciences agricoles. Mais on en arrive à faire de la romanité une nouvelle barbarie ! C'est cette fois les tendances universitaires "Nouvelle droite" et régionalistes qui affichent leur paganisme. Les Romains auraient littéralement tout saccagé dans leurs conquêtes. Justement non, la paix romaine s'est caractérisée par le fait qu'ils composaient généralement avec les édiles locaux. Vous avez des historiens qui vous pondent des livres sans avoir mis les pieds dans les musés, ni lu d'ouvrages sérieux. En toile de fond de cette logique, le christianisme est également visé. Rome, ce sera plus tard le siège du christianisme. De fil en aiguille, à lire certains ouvrages, Noël, vilaine fête de la Nativité, aurait remplacé la folklorique halloween, si identitaire !

Le cinéma et la télévision font une concurrence terrible à l'école et on a intérêt à comprendre que si certains cours comme celui d'Histoire ne sont pas passionnants et neutres, les enfants préféreront les films. Or, apprendre l'Histoire à travers le cinéma, surtout avec ce qui est produit depuis une trentaine d'années, est le plus sûr moyen d'induire les enfants en erreur, à peu d'exceptions près.

Je crois que certains cours que nous avons faits à nos enfants resteront gravés dans leur mémoire à jamais. La bataille d'Hastings, la retraite de Russie, le temps des cathédrales, et bien d'autres sujets peuvent être l'occasion d'un récit merveilleux, palpitant, inoubliable en un mot.

Il y a un autre aspect qui doit vous encourager à bien raconter l'Histoire : c'est le fait que vos enfants vous entendent dire des choses d'adultes, dans un langage d'adultes, ils s'imprègnent ainsi d'une façon de s'exprimer en public, à haute et claire voie. Ce modèle leur sera très utile plus tard.

Vous commencerez donc, en Histoire, à rétablir la chronologie. Ensuite, il suffit de raconter les faits, d'expliquer pourquoi les choses se passaient ainsi à l'époque, en invitant l'enfant à changer de point de vue : les modes de pensée actuelle étaient différents autrefois. Il n'y a rien de plus compliqué que cela : l'Histoire est une matière simple à enseigner, et très agréable.

Géographie

À la maison, on a la possibilité d'utiliser les cd-rom ou d'aller sur Internet pour rendre le cours vivant. Si on sait se servir de GoogleEarth par exemple, la géographie peut être un régal. Mais la recherche dans des documents papier, des livres, le calcul d'une échelle nécessitent aussi de se reconnecter au réel.

En ce qui concerne les documents, comme c'est le cas en Histoire, il faut prendre le temps de les lire et nous avons choisi pour notre part de les faire lire aux enfants une phrase sur deux. On évite ainsi de parler tout le temps et de laisser l'attention des enfants se perdre.

La géographie, c'est un petit cours simple en apparence. Sûrement le plus facile à aborder. Mais il peut être aussi le plus ennuyeux pour l'enfant. Alors gare ! Il n'y a pas d'histoire à raconter, c'est souvent un déferlement de données brutes. On va donc développer une parade double.

La géo est généralement enseignée conjointement à l'histoire, ce qui est un peu curieux mais cela peut s'expliquer au moins pour une raison : le mode d'enseignement est presque le même.

Le grand truc : développer le sens de la découverte

Si en histoire on insistait sur la narration et l'art de savoir raconter, en géographie, on mettra l'accent sur **la découverte**.

C'est un cours qui, lorsqu'il n'est pas préparé, permet aux parents de s'émerveiller ! Ne vous gênez pas de recevoir toutes ces connaissances avec intérêt et enthousiasme. Souvent, le cours déborde et on continue de lire et regarder les documents avec l'enfant après la fin. Prolongeons même dans la journée et sur plusieurs jours. Quand une notion revient dans l'actualité, on peut en parler. Ainsi, on va dans l'esprit de l'enfant relier l'apprentissage de savoirs avec la réalité et c'est l'une des grandes vertus de ce cours.

Vous ne saviez pas que la Chine produisait 350 tonnes d'or ou qu'Amazon avait assez de liquidités pour acheter 48 fois Peugeot ? Le cours, à divers niveaux, vous livre des faits étonnants. C'est le moment de montrer votre étonnement.

Vous abandonnez la réserve que vous avez au travail, avec des clients ou des fournisseurs, ou quand vous faites des courses. C'est important que l'enfant ressente cet émerveillement.

Comment pouvez-vous émerveiller l'enfant ? Essayez de creuser cette question avant chaque cours.

On le voit, le savoir est donc le premier argument.

La préparation consistera essentiellement à réunir les bons documents complémentaires. Une fois encore, le livre est plein de choses intéressantes, mais pas suffisantes, il faut aller chercher des éléments supplémentaires.

D'autant que la géo est la matière la plus sujette à l'actualité et les mises à jour. Si les capitales ne changent pas d'endroit tous les mois, les gouvernants si, de même que les échanges commerciaux ou les actualités générales.

Internet est là une source de renseignements suffisants pour presque tous les cours, mais pour augmenter le goût du livre il serait bien que les livres ne soient pas trop loin.

Googleearth sera un outil extraordinaire pour bien situer les lieux et les superficies. Servez-vous en abondamment. Ce faisant, l'enfant constatera que l'ordinateur, ce n'est pas que pour jouer.

L'intervenant extérieur

Il peut arriver qu'un sujet soit à la portée d'un intervenant extérieur. Si le facteur peut expliquer en 5mn en quoi consiste son travail, demandez-lui quelques jours à l'avance s'il accepterait de le faire à votre enfant. En ce cas, vous sortez exceptionnellement du cours et faites une leçon hors programme. Questionnez des professionnels, des transporteurs par exemple qui font de la route et pourront certainement répondre à vos questions. En ce cas, pensez à préparer ces questions parce que votre enfant et les professionnels auront tendance à parler de choses superficielles.

Intervenant de l'extérieur ou... à l'extérieur, d'ailleurs. Déplacez-vous, allez voir une usine ou une fabrique, une association, allez à la campagne, à la montagne, au bord de la rivière, faites découvrir le monde à votre enfant avec des yeux curieux. Apprenez-lui que la curiosité (à ne pas confondre avec l'indiscrétion, on l'a dit), est une qualité, et qu'il y a des tas de choses à côté desquelles il est passé sans s'en rendre compte. Il y a des tas de choses autour de lui dont il n'a pas conscience. On le verra aussi en sciences naturelles. Développez sa curiosité, intriguez-le, posez-lui des questions.

Le résumé

On fera, comme en histoire un résumé si le cours n'en propose pas, ce qui est rare, et ce résumé doit être appris par cœur, nous l'avons déjà dit c'est très bon pour le cerveau. Rappel de la méthode : premier apprentissage le jour même, second le lendemain, la semaine suivante, le mois d'après.

On lit les éléments du cours à haute voix. Le parent écoute. Quand un paragraphe a été lu et que les documents ont été vus, le parent pose une ou deux questions pour vérifier que l'enfant a compris. Rien de plus.

L'idée générale et les « grandes masses »

Ensuite, quand tous les documents auront été vus, le parent travaillera à présenter les grandes « masses » du cours, les grandes lignes, c'est-à-dire qu'il ne va pas se perdre dans les détails mais présenter une idée d'ensemble. Il va faire un résumé. Il va travailler son sens de la synthèse et c'est très bon. Et c'est là qu'on passe de la simple notion de « savoirs » à la construction de l'esprit, chez l'enfant.

Et chez l'adulte aussi. Croyez-nous sur parole, les adultes capables de synthétiser une pensée sont rares. Donc vous avez là une occasion rêvée de saisir un problème dans sa globalité. Ce sera très intéressant pour les parents un peu rebelles, bavards, ou polémistes, ils devront apprendre à présenter les choses de manière succincte !

Saisir l'idée générale est ce qui manque le plus aux enfants.

Voici ce que nous vous proposons donc. Vous, parent, vous allez vous-même travailler l'expression d'une idée synthétique. Exemple : après la leçon sur la France en CE1 : « Ce cours nous a parlé aujourd'hui de la place centrale qu'occupe la France en Europe, parce qu'elle est située entre nord et sud, qu'elle dispose de ressources diverses, que sa population est la seconde en importance et sa culture toujours estimée, le grand pari pour notre pays est de conserver ces avantages. » Vous avez réussi à le dire d'une seule traite, sans regarder le livre. Très bon exercice pour vous. ;-)

Lui, l'enfant, va tenter de restituer ce que vous avez dit. Et dans cet échange, vous aurez travaillé ensemble et beaucoup progressé.

Une mise en garde pour le cours de géographie. Le parent doit veiller aussi à ne pas mêler les plans. Les mamans font ça très bien en général mais les papas peuvent être tentés de dire des choses qui débordent un peu trop. Par exemple, si l'on fait la géographie des Etats-Unis, ils vont peut-être émettre un jugement sur son économie. C'est bien sûr à éviter. On reste dans le sujet, et rien que le sujet.

Le cours de géo ne présente aucune difficulté spéciale. C'est pourquoi vous pouvez en profiter pour travailler sur vous.

Leçon de choses, sciences et vie de la terre

Évidemment, si on vit à la campagne, on a la possibilité de faire plusieurs cours à l'extérieur. C'est une matière un peu difficile, en ce sens qu'il faut faire des démonstrations pratiques, et l'Ecole à la maison n'est pas toujours bien outillée pour ça. Cependant, il faut essayer de préparer ce cours et de se munir des accessoires nécessaires. Durant ces leçons, l'enfant qui ne sait pas tout ce dont vous êtes capable, découvre en vous l'adulte qui maîtrise bien des secrets de la matière. Un truc utile consiste à lire les textes et s'arrêter devant les mots inconnus, ce sont les enfants qui les disent, puis l'on reprend la lecture. Ils les ingèrent ainsi beaucoup mieux.

Il est bon de faire des petites expériences à la maison. Il y en a des tas sur Internet, et sans danger. N'hésitez pas à rassembler les accessoires et faire une démonstration sur la lumières, les couleurs, l'électricité, les graines ou autre, les enfants adorent. Mais allons-y !

La leçon de choses **(qui change de nom à chaque septennat donc nous l'appellerons ainsi ;-)**) est sans doute l'une des leçons les moins travaillées à la maison, parce qu'elle fait partie des leçons qui ne sont pas dans les matières que l'on regarde comme centrales dans le programme. C'est une leçon négligée.

Et pourtant, on l'oublie un peu, mais elle se rattache aux cursus scientifiques.

De plus, et surtout, elle va être un moteur très puissant pour la solidité de votre enseignement, elle va contribuer au premier chef à faire en sorte que l'enfant aime l'école à la maison. Pour motiver l'enfant à se mettre au travail en début de journée, elle est la reine. Elle est également puissante pour le premier cours de l'après-midi, quand la tête dodeline sur le cahier, à l'heure de la sieste, ou le matin pour se réveiller.

Comment pouvons-nous enseigner la leçon de choses ?

De diverses façons. Car la leçon de choses, c'est l'observation du monde qui nous entoure, ce qui nous laisse une grande liberté d'action.

D'ailleurs à l'origine, l'intelligence des concepteurs avait voulu, au travers de ce principe éducatif de la leçon de choses, que l'enfant observe et parte de la chose afin de pouvoir acquérir des notions abstraites. C'était le bon cheminement : partir de la réalité matérielle pour aller vers l'intellection (la méthode globale a eu tendance à vouloir faire le contraire et encore aujourd'hui, on part de principes ou d'idées pour aller vers la chose, ce que l'enfant ne comprend pas).

Premier atout de l'école à la maison

Vous serez évidemment enclin à sortir avec votre enfant. Qu'il neige ou qu'il vente, il y a toujours à observer dehors, n'est-ce pas mesdames ? Non, je plaisante, vous n'êtes pas obligée de sortir à chaque fois. Vous pouvez attendre un rayon de soleil et une température au-dessus de 10 degrés. Quatre ou cinq leçons au bord de la rivière, dans un alpage, sur la grève, dans un chemin creux, dans un champ, au zoo sont des souvenirs éblouissants. En revanche, les leçons de tous les jours sont fortement conseillées ! Profitez des circonstances, des événements, du climat, d'un bricolage ou d'un jardinage pour faire une leçon de choses improvisée. Il serait dommage de vous contenter du programme.

Vous bénéficiez d'une entière liberté à la maison, il faut que ça se voit en leçon de choses !

L'émerveillement durant la leçon de choses

Mais s'il y a une vertu à développer en cette matière, c'est l'émerveillement. Allons quoi ! Ne boudons pas notre plaisir, cessons d'être blasés ! Nous vivons rassasiés, plus rien ne nous étonne. L'eau coule au robinet et on ne le remarque pas. L'ampoule s'allume et on n'y pense pas. Sabre de bois ! mais aucun roi de France n'a connu ce luxe ! Salomon, David et Crésus nous envieraient ! Babylone n'avait pas ces éléments de confort qu'on trouve dans le plus miteux des T2 !

Nous sommes étonnés plutôt quand une ampoule ne s'allume pas, on marmonne un juron, oubliant de remercier du fond du cœur les générations qui nous ont légué le fruit de leur travail et de leur inventivité et Celui par qui tout a été créé.

Alors, voilà ce que nous pouvons d'abord communiquer à notre enfant : l'émerveillement. Lui faire remarquer avant toute chose comme il est incroyable que nous disposions de tout ce que nous avons autour de nous dans la maison.

Qu'il est incroyable d'avoir tout ce qui est dehors aussi, ces merveilles de la nature qui n'ont aucune raison d'exister, qui statistiquement n'avait aucune chance d'exister, tant les possibilités pour que la vie soit apparue sur Terre est infime, inexistante, moins possible que de gagner le loto national 30 fois de suite...

Que toute chose est matière, agencement de choses crées depuis le commencement. Que nous avons peut-être sur le nez des atomes qui se trouvaient sur celui d'un brontosaure !

Lui dire qu'il n'y a pas deux flocons de neige pareils depuis l'origine des temps et qu'il n'y en eut jamais deux semblables dans toutes les tempêtes de neige, dans tous les glaciers de la Terre, ou sur aucune des milliards de planètes enneigées de l'espace !

Lui dire qu'il est unique au monde, qu'il n'y a pas deux enfants comme lui, qu'il n'y a jamais eu deux enfants comme lui dans toute l'histoire. Et qu'avec mille milliards de dollars les scientifiques ne créeront jamais un être comme lui.

Lui dire aussi la beauté extraordinaire que peut offrir la nature et l'être humain !

Mille choses enfin que vous pouvez relever dans la vie de tous les jours, mettre sur un carnet ou en mémoire dans votre téléphone portable. Et lui transmettre avant d'attaquer quelque leçon que ce soit.

Nous pensons que c'est d'abord ça qui importe : ce regard sur les choses, plutôt que le relatif mépris qui se veut anti-matérialiste. Mon Dieu, mais quel dégoût des choses qui font notre quotidien. Ne pas se laisser envahir, certes, mais être reconnaissant et respecter les choses et la matière, la Création en un mot, comme dons qui nous sont faits sans que nous ayons grand mérite. Méritons-nous qu'un pommier, dans la ferme d'une famille même pauvre, fournisse plus de pommes qu'il n'est nécessaire ? Abondance inexpliquable de la nature.

Cette leçon de choses est un regard, et une sortie de son petit monde, pour se pencher ou lever ses regards vers les petites et les grandes choses du monde, pour reconnaître le mystère de la matière encore incompris, où se cache un langage mathématique (« toute chose est nombre » disait Pythagore), où le mystère est tellement cohérent, si merveilleusement cohérent au bout des milliards de milliards de milliards de milliards d'improbabilités que les grands mathématiciens et les grands chercheurs s'inclinent respectueusement, éblouis, et murmurent « voici la pensée de Dieu » (Albert Einstein).

Pourquoi une marguerite peut-elle avoir 5, 8, ou encore 13 pétales et jamais 10 ou 11 ? Personne ne le sait.

Et pourquoi des hommes et des femmes cherchent-ils, au lieu de rester chez eux à regarder la télé, que cherchent-ils ? Que veulent-ils ? Le mystère des choses, c'est aussi *qu'elles créent un désir de savoir.*

Voilà pourquoi il est bon de noter ce qu'un enfant remarque, ce qui l'intrigue, et de lui offrir, deux ou trois fois dans son enfance, un livre qui parle d'un sujet qu'il a évoqué. Un beau livre peut faire énormément pour votre enfant, s'il correspond à une recherche. C'est d'abord parce qu'il y a eu des livres que Sommerfeld, Kepler, Planck, Clifford ou Minkowsky sont devenus de très grands scientifiques. Le livre prolonge l'observation. Il relie aussi l'enfant qui s'étonne à des hommes qui se sont étonnés avant lui.

Cette ambiance d'étonnement est une bonne ambiance d'étude et de travail pour la leçon de choses en particulier et la science en général. Là encore, cette matière va alimenter les autres, le français se nourrira des observations en leçon de choses, les maths aussi, et réciproquement.

Le cours

Le cours vous demandera parfois d'aller chercher, avec l'enfant, l'objet de l'étude. Vous développerez les éléments à connaître. Rien de compliqué.

Vous pourrez ensuite le laisser dire ce qu'il a observé lui-même qui n'est pas dans la leçon. Et c'est tout. Vous ferez relire à l'enfant son résumé et il peut commencer à l'apprendre.

L'essentiel est dans la manière dont vous aborderez vous-même cette matière, comme toujours !

Un jour, l'enfant apprendra que la chose change quand on l'observe… Ce sera bien plus tard, quand il aura dépassé l'apparence et qu'il tendra son regard vers l'invisible. Alors, parce que vous aurez donné beaucoup, il saura que son observation dépend de lui, et au moment parfait il devra être parfait…

Les langues étrangères

Apprendre une langue est aujourd'hui plus que recommandé. Les jeunes qui ne savent pas au moins une ou deux langues étrangères sont pénalisés dès leur entrée dans le monde du travail, mais aussi dans leur cursus estudiantin : où faire des études si l'on ne parle aucune langue étrangère ?

Le cours de langues se décompose en deux parties : langues vivantes et langues classiques (dites anciennes).

Si vous êtes nul(le)...

La langue vivante va présenter pour vous une difficulté si vous ne la pratiquez pas. Apprendre une langue exige de pratiquer, ça ne fait aucun doute. Faire de la théorie ne servira à rien, si l'enfant n'a pas la musique de la langue dans l'oreille et sa logique en tête. Il est impératif que l'enfant pratique oralement. Par conséquent, si vous ne pouvez pas avoir avec lui des conversations même sommaires ou faire cours en connaissant un minimum de la langue, il faudra contourner l'obstacle. On est là sur une difficulté qui n'existe pas dans tous les autres cours.

Pour les langues anciennes, cette difficulté n'existe pas. Il s'agira d'une cours normal, quoiqu'on s'assurera de prononcer correctement les quelques lettres à risque, mais nous n'insistons pas : les cours l'expliquent.

Allons-y.

Le choix des langues

Il y a les langues européennes classiques et les autres. Votre origine aussi va jouer et si vous avez 12.000 hectares en Martinique que vous pensez léguer à votre fils, vous lui apprendrez le créole ;-)

Sinon sachez que les offres d'emploi sur le marché internationale se présentent à peu près dans ces proportions :

anglais	72%
allemand	14%
espagnol	9%
italien	5 %

On voit qu'il est difficile de se passer de l'anglais. Accessible en moins d'un an pour ce qui est des conversations courantes américaines, très pauvres en vocabulaire, il a l'avantage d'être facile à apprendre. Par la suite, il offre des réserves de richesse insoupçonnée pour celui qui envisage un doctorat à Oxford.

Mais vous pouvez aussi penser à des langues rares qui offrent des opportunités très intéressantes, à ceci près qu'il faudra que l'enfant s'y tienne jusqu'au moment de trouver du travail et il est extrêmement délicat de prévoir aussi longtemps à l'avance. C'est très indiqué si vous projetez d'aller vivre dans le pays.

Ne choisissez pas le chinois : les Chinois n'aiment pas beaucoup que les étrangers parlent leur langue et aiment parler l'anglais, de plus la complexité oblige à pratiquer sur place au moins 10 ans avant d'éviter la grosse gaffe quotidienne.

Le japonais que nous connaissons est séduisant mais il faudra probablement vivre sur place pour vous en servir et Fukushima vous dissuade probablement. Dommage car le Japon est l'un des plus beaux pays du monde et offre un art de vivre sans équivalent.

L'allemand est très intéressant parce que l'Allemagne prend du poids en Europe.

L'arabe est très recherché en diplomatie et les bons arabisants sont rares, contrairement à ce qu'on pense.

Le russe présente aussi des avantages, il n'est pas facile mais permet d'être compris presque partout à l'est.

Le portugais est peu connu et pourtant il est la clé du Brésil qui est plein d'avenir.

Le français est bien sûr la grande langue de la diplomatie mais il faut le parler de manière très convenable et en saisir les subtilités, qui ont conduit Yasser Arafat à exiger que les traités sur les Territoires occupés soient rédigés dans cette langue et non en anglais, trop imprécis (« Occupied territories » signifie indifféremment « les Territoires occupés » ou « des Territoires occupés », ce qui n'est pas du tout la même chose).

Enseigner les langues : ce qu'il ne faut pas faire

On va commencer par dire ce qu'il ne faut pas faire.

Très souvent, l'enseignant commence par rechercher le bon accent chez l'élève. Ne le faites pas. Un bon accent, c'est comme de savoir chanter, cela demande du temps. Votre enfant a un accent rocailleux ou à couper au couteau, ça n'a aucune importance. Ne le complexez pas avec ça et dites-vous que des stars ont pris des cours pour entretenir leur accent français, tel Maurice Chevalier ! L'Angleterre et les USA ou le Canada sont pleins d'étrangers qui parlent avec accent, ça ne gêne absolument personne.

C'est au fur et à mesure des mois ou même des années que son accent va s'améliorer et il ne sera parfait qu'après plusieurs mois dans le pays concerné.

Certes, un bon accent va aider, mais il viendra tout seul, en fait l'accent ne se travaille pas vraiment, aussi curieux que ça paraisse. Ça s'attrape par la pratique.

En revanche, vous lui direz qu'avoir un bon accent, c'est le fin du fin et qu'à terme, c'est ce que l'on essaiera d'avoir, comme ça dans son esprit l'information sera stockée et un jour il mettra l'accent dessus.

Pour l'heure, passer 20 minutes à essayer de prononcer « the » est insupportable pour l'enfant. Laissez-le dire « de » et vous, prononcez correctement si vous le pouvez, il l'entendra.

Evidemment, ne prenez pas ce conseil pour vous si vous êtes natif du pays dont on étudie la langue et que votre enfant parle avec vous tous les jours.

Si vous avez un accent un peu trop frenchie...

Si vous ne savez pas prononcer ou parler la langue, haro sur internent ou les séries télévisées sous-titrées !

Sachez qu'il existe en téléchargement des films dont vous pouvez activer et désactiver la langue d'origine ainsi que les sous-titrages.

Vous ferez votre cours avec le livre d'abord comme demandé par le cours par correspondance (si vous en suivez un).

Puis, vous vous servirez de votre informatique (ou télévision). Vous aurez choisi à l'avance une vidéo ou film (ou émission) (choisissez le niveau du cours : les séries US ou les vieux films des années 40-60 dans lesquels parlent des femmes sont plus accessibles).

Pendant que *vous* allez préparer le matériel, demandez à votre enfant de [faire chauffer de l'eau pour vous préparer à tous les deux une tasse de thé / préparer deux verres de jus de fruit / tout autre chose buvable qui ferait plaisir à l'enfant], complicité qui prépare la séance, puis installez-vous avec lui devant votre matériel.

Pas de blabla préalable, à part un mot sur la nature du document (« on va voir un épisode d'une série américaine en anglais sous-titré »).

Attaquez les premières scènes parlées, environ 10 phrases.

Visionnez-les une seconde fois.

Revenez à la première phrase et répétez vous-même ce que l'acteur vient de dire.

Revenez au début et faites répéter à l'enfant ce que l'acteur vient de dire.

Passez à la phrase suivante.

Faites 10 phrases, pas davantage au début.

Revenez au début et faites redire à l'enfant chaque phrase.

Revenez au début et faites écrire à l'enfant les phrases prononcées.

Fin de l'exercice.

Le lendemain, visionnez la scène avec l'enfant, une fois suffit.

Ne cherchez pas à en faire de trop, cet exercice est épuisant. Mais il a plein d'avantages, et notamment de pousser l'enfant à tendre l'oreille quand il voit un film en version originale.

Vous referez cet exercice régulièrement, au moins une fois par semaine.

Puis vous irez vers une diffusion-répétition directe, c'est-à-dire que vous ne présenterez plus les scènes, vous ferez répéter directement le texte au fur et à mesure du déroulement de l'œuvre. Encore une fois, ne dépassez pas un temps trop long, surveillez l'essoufflement de l'enfant. Jamais plus d'une heure d'affilée.

Apprendre une langue dans les livres : traduire ou ne pas traduire ?

Pour ce qui est des textes dans les livres de cours, au début, vous commencerez toujours par traduire ou présenter la traduction du texte à l'enfant. Il est fondamental qu'il s'appuie sur un échafaudage sûr, et donc des équivalences. Certaines écoles proposent de ne pas traduire : c'est très bien pour les bébés ou les enfants qui vivent dans le pays, mais durant le seul cours, c'est la croix et la bannière ! Ne supprimez la traduction directe que si le niveau ou le contexte le permettent.

Car on retirera cette traduction plus tard, en effet.

Faites le cours normalement, suivant les recommandations du cours.

A la prochaine leçon, au lieu d'en attaquer directement une nouvelle, suivez cette méthode :

Cachez le texte français et demandez à l'enfant qu'il traduise le texte dans la langue. Découvrez la phrase au fur et à mesure, qu'il voie lui-même s'il s'est trompé ou non. Ne lui faites pas remarquer quand il se trompe. Il le voit lui-même.

Cachez le texte français et demandez à l'enfant qu'il traduise de la langue vers le français. C'est la phase ultime, difficile, faites-le tranquillement en acceptant les mille erreurs.

A la séance suivante, vous ferez la leçon deux.

A la séance suivante, vous referez les deux traductions de la leçon 1 et la leçon 3.

A la séance suivante, vous ferez les deux traductions de la leçon 2 et la leçon 4.

Si vous n'arrivez pas à finir une leçon, vous la reportez simplement à la fois suivante.

Le plus important, c'est d'y aller lentement. Progressivement. Ensuite, la répétition est fondamentale. Laissez passer une ou deux nuits permet au cerveau d'emmagasiner sans difficulté alors qu'il est très difficile d'emmagasiner des données nouvelles le premier jour. C'est toujours sur plusieurs jours que ça se passe.

Si vous n'avez pas de cours, vous pouvez vous servir d'un Assimil, vous constaterez que notre méthode est celle que cette célèbre méthode préconise. En fait, les Assimil sont parfaits pour apprendre une langue et on n'est pas obligé d'avoir un cours.

La capacité à traduire du français vers la langue est ce qui marque la maîtrise, et il est bon de savoir le faire dès le départ pour des phrases simples. Donnez le plaisir de cette maîtrise à votre enfant sans attendre !

Passer de l'apprentissage à la pratique courante

Envoyez votre enfant dans le pays concerné dès que vous le pouvez et même n'attendez pas qu'il ait son bac. Il existe de nombreuses associations qui aident à envoyer l'enfant en voyage, on ne les compte plus. Pas autant françaises qu'américaines, britanniques, allemandes.

En attendant, installez Skype et trouvez un correspondant à votre enfant. Skype est un outil gratuit génial pour pratiquer la langue. Soyez présent(e), cependant, pour le premier échange, afin de bien fixer les règles du jeu, il s'agit pour votre enfant de vraiment entendre et parler la langue.

Nous ne saurions trop insister sur cette possibilité. Les 9/10ème des petits Français se contentent d'aller en classe suivre le cours de langue. Faites en sorte que votre enfant sorte du lot. Nous vous livrons dans cet article les éléments imparables, mais vous avez 100 occasions l'an d'amener l'enfant à fréquenter les langues étrangères.

La curiosité est une qualité

La curiosité est une qualité, c'est l'indiscrétion qui est un défaut. Laissez les enfants loin de la curiosité des langues étrangères, c'est dommage car ils sont dans l'âge de l'apprentissage facile. Internet vous permet d'échanger gratuitement, ce qui valait des milliers de francs il y a 20 ans. Dans la rue, vous entendez parler un idiome inconnu ? demandez aux personnes quelle est cette langue. Vous entendez une langue que vous êtes en train d'apprendre avec votre enfant ? faites-lui échanger quelques mots, presque rien mais c'est déjà énorme parce que ça va briser la glace, le complexe. Faites-lui rencontrer des personnes et qu'il parle avec elles !

Vous avez un site sur internent qui propose d'héberger des étrangers. C'est une autre solution qui en plus vous rapportera 3 francs six sous comme disait ma mercière. Mais vous pouvez aussi envisager d'aller à l'étranger par ce moyen, vous faire héberger grâce aux mêmes trois francs six sous, n'est-ce pas sympa ? Papa pourrait emmener votre enfant si vous n'êtes pas partante, madame-indispensable-à-la-maison !

Vous avez également des cafés des langues dans votre ville la plus proche. Une fois par semaine, allez papoter de tout et de rien, si possible avec l'enfant mais pas forcément : vous aussi vous pouvez apprendre et cela va vous aider tous les deux. Ne soyez pas timide, les gens qui y vont sont charmants et aussi simples que vous.

LA MAÎTRISE : APPRENTISSAGES INFORMELS OU PAR LA JOIE

Pourquoi sommes-nous pour les apprentissages informels et plus réservés sur le unschooling ?

L'unschooling est une forme de déscolarisation où toute forme d'enseignement magistral et où toute matière est supprimée. En français, nous dirons ascolarisation (à ne pas confondre avec la déscolarisation qui se situe entre école à la maison et le unschooling).

Nous observons 4 manières de faire. Par ordre d'éloignement, on aurait :

<u>Ecole classique</u>

<u>Ecole à la maison (homeschooling)</u> : on garde les matières, on y ajoute autre chose et on enseigne de manière différente (remise en cause objectifs, programme et méthode, conservation des matières)

<u>Déscolarisation</u> : on modifie les matières, on y ajoute autre chose, on enseigne de manière différente (remise en cause objectifs, programme et méthode, modification des matières)

<u>Ascolarisation (unschooling)</u> : on ne garde rien, on enseigne autre chose et de manière différente (remise en cause complète)

En général on associe déscolarisation et unschooling, ce qui est abusif : on peut rejeter l'école en tant qu'institution et ne pas rejeter totalement l'enseignement traditionnel, même si on s'en éloigne franchement.

Les apprentissages informels, quant à eux, fonctionnent à l'école, à l'école à la maison, en déscolarisation et en ascolarisation. Ils n'ont pas de frontière en fait. Ils peuvent et devraient être considérés comme un prolongement de l'école à la maison, une pratique complémentaire. Ils signent une véritable maîtrise.

Que sont les apprentissages informels ? l'enfant initie un sujet de travail supposons « le ballon de foot", et tout le monde se met à observer, rechercher, comprendre ce qu'est un ballon de foot. L'étude peut durer plusieurs jours. Elle passera, le cas échéant, par les matières, telles les maths (calcul de la sphère, pression, superficie...).

Les apprentissages informels font donc beaucoup passer par la pratique et le contact avec la réalité de la vie, des objets...

Nos lecteurs savent assez que nous sommes très partisans de la transmission des pratiques avant les théories pour une raison simple : le savoir s'enracine mieux quand il a été éprouvé, expérimenté. La théorie avant la pratique est un non-sens... qui est règle à l'école et à l'université.

Les "métiers" (au sens large) sont plus riches en patrimoine transmissible que les spéculations universitaires. On ne transmet pas vraiment une idée, on transmet de l'être (et de l'étant, dirait Heidegger).

Mais cela n'évacue pas l'approche théorique. L'Egypte fournit une clé, dans le parcours du scribe. C'est la voie royale. Le scribe passe par tous les métiers avant de pénétrer la première enceinte du temple. Les métiers lui permettent de comprendre ce que vont être des notions abstraites, il les aura éprouvées.

L'équilibre est la voie.

La force des apprentissages informels, c'est de commencer par du plaisir pour aller vers une exploration plus complète, en passant par les matières. Ils partent d'un ressenti plutôt que d'une raison, et donc d'une racine plus forte.

Nous les présentons comme une deuxième étape, dans le processus : les parents choisissent de s'éloigner de l'école mais conservent le désir d'enseigner leurs enfants "comme à l'école", cela leur permet de ne pas se retrouver au-milieu de nulle part. Il y a un cordon ombilical. Ensuite, dans un second temps, quand ils maîtrisent leur démarche, et comme ils affrontent des difficultés de concentration ou d'émulation, de plaisir, ils vont peu à peu vers les apprentissages par le plaisir ou apprentissages informels.

L'un de nos lecteurs nous écrit : « Vous faites partie des familles qui ont fait le choix de "reproduire" en quelque sorte de façon très scolaire l'école à la maison en suivant des cours par correspondance. »

Oui et non. Non, ce que nous faisons n'est pas très scolaire puisque d'une part certains savoirs que nous transmettons n'existent pas à l'école; en outre nous mettons en avant la connaissance, qui touche à la compréhension des principes premiers, plutôt que le savoir, qui concerne la manifestation, en aval des principes. D'autre part, en effet, nous transmettons un ensemble de savoirs scolaires.

Parfois, notre enseignement est magistral. Parfois, il procède de l'apprentissage par le plaisir.

C'est la voie qui nous semble juste.

Quel est l'enjeu, le débat ?

Ceci soulève un débat. Que faut-il choisir ?

Le unschooling est évidemment une vue de l'esprit, cela n'existe pas dans l'absolu. Certes, il n'y a pas d'école en dur, mais le mot école ne désigne pas seulement le bâtiment. L'école est le lieu de l'enseignement et, quand on s'occupe d'un enfant, il y a toujours enseignement. Même si vous êtes un très mauvais parent, ou un ravisseur, un geôlier, vous transmettez quelque chose. A fortiori si vous donnez quelque chose positivement. Le unschooling n'est qu'un concept. Il y a enseignement, mais radicalement différent. Avec des choses en plus et des choses en moins, pour parler trivialement.

Par ailleurs, toujours pour nous, les apprentissages informels sont complémentaires de l'apprentissage des matières. Nous pensons et constatons que les matières ont été conçues pour équilibrer la personnalité. Vous le voyez dans nos articles.

Quels sont les résultats du unschooling et des apprentissages informels ?

Le unschooling obtient des résultats moyens, mais il s'agit d'une... moyenne. Il y a des cas de réussite exceptionnelle, à côté d'échecs. En fait, le unschooling n'est pas modélisable, car il dépend complètement des parents, de ce qu'ils donnent, offrent, de la vision ou attitude qu'ils proposent à l'enfant dès son plus jeune âge.

C'est donc un peu délicat. Comment modéliser un type d'enseignement qui rejette l'enseignement ?

Les apprentissages dits informels, débouchent sur des résultats probants voire excellents car ils ne négligent pas les savoirs fondamentaux. Nous verrons, dans l'article suivant, les apprentissages informels plus en détail.

Unschooling et apprentissages dits informels sont souvent "en réaction" par rapport à l'école dont beaucoup considèrent qu'elle est devenue nocive. Notre avis est que l'école est globalement devenue nocive, dans la balance elle fait plus de mal que de bien. C'est historique, en fait. Cet événement, qui est largement suivi et commenté, a conduit au retrait et même au rejet de la part de parents nombreux.

Mais il y a lieu de veiller à ne pas jeter le bébé avec l'eau du bain.

Certains rejettent l'école et tout ce qu'elle contient, y compris les matières. Mais il y a une beauté mathématique, une beauté du français. Il y a une irrationalité des maths et une rationalité de la poésie, il y a de la subjectivité et de l'objectivité en tout.

Il n'y a pas lieu de tout réinventer et de tout rejeter. C'est une attitude un peu révoltée qui, tôt ou tard, en passe par des apprentissages plus classiques. Il faudra bien qu'il y ait une transmission, qui ne se fera pas dans le plaisir total, car il faudra un effort, ne serait-ce que d'écoute ou de mémorisation. Je ne confierais pas ma voiture à un garagiste qui ne saurait pas son métier et son métier, il ne peut le savoir qu'en mémorisant des choses, en faisant un effort. Même si 99% de son métier est passion, il y aura nécessaire une part de contrainte. C'est la nature même de la vie.

L'homme qui croît intérieurement apprend qu'il a notamment pour mission de porter une charge, une croix. Et cette charge le construit. Il ne faut pas nécessairement la voir comme une condamnation.

Mais, allons pas à pas dans cette conversation.

Incontournables savoirs

Il faudra bien un jour que l'enfant écrive et compte. Non ? Il est vrai que certaines familles s'en passent mais en ce cas, elles livrent l'enfant à la dépendance. L'analphabétisme est une chaîne. Or, l'indépendance est pour nous une bannière, une nécessité. Nous souhaitons que nos enfants soient à l'aise partout, dans tous les milieux, sur n'importe quelle île déserte, dans une grande école, sur la route, en montagne, dans le métro, sur un cargo, dans un sous-marin, à St-Paul de Rome, à Addis-Abeba, à Takadanobaba ou sur l'île de Ré, bref partout où ils puissent avoir envie de se trouver, où ils peuvent avoir à se trouver volontairement ou non.

Lorsque je débarque au Japon, j'apprends qu'on n'offre pas de cadeau qui ne soit emballé et bien présenté. C'est une contrainte, ce n'est pas mon bon plaisir qui me le fait découvrir, sans quoi j'expérimente une offense faite à autrui. Si je vais à Saïpan vivre dans une famille, je me prépare à manger des plats difficiles pour moi, par exemple du cerveau de singe. Bref, quand je vais au-devant de l'autre, je dois être prêt, et cela implique des apprentissages obligatoires et contraignants. Tout n'est pas lisse, cool, sans aspérité.

Dans l'ensemble, cette prédisposition à vivre en société était ce que souhaitait enseigner l'école, jadis. Elle formait des jeunes gens à la vie adulte. En passant par des matières scolaires qui étaient à même de préparer globalement l'individu et lui permettre de se parfaire.

Ces enseignements qu'on dit classiques sont validés par des générations d'écoliers et des décennies de recherche.

Mais voici le nouveau problème, qui est multiple :

— le savoir est accessible partout facilement. Par conséquent, il n'est plus vraiment utile d'ingérer des choses qui, de plus, sont sujettes à modifications. L'école en ce sens fait perdre du temps. A quoi sert de savoir la place de la France dans le monde sur le plan économique, si ce n'est à nous mettre en tête qu'elle est 5ème alors qu'elle ne l'est plus depuis longtemps ! L'enseignement de savoirs non durables n'a pas de sens. Ou il n'a de sens que s'il se situe dans un travail daté, tel un article. L'enfant ne doit pas apprendre par cœur des notions éphémères.

— le savoir est second. La connaissance est première. Il importe que l'enfant comprenne des principes plutôt que des savoirs non durables, éphémères.

— pour atteindre à la connaissance, le meilleur ressort est la participation de l'être. On sait que l'apprentissage par la contrainte donne de faibles résultats. Au contraire, le plaisir, le goût voire la passion produisent d'excellents résultats. On recherchera donc une émulation, qui sera un moyen central. On s'aperçoit, dans cette perspective, que l'enfant apprend mieux s'il initie l'étude. Reste qu'il n'ira pas de lui-même vers des savoirs plus complexes, il faudra donc que cette étude soit guidée vers un approfondissement par l'adulte. On passera ainsi par les savoirs magistraux, mais en proportion du besoin de l'étude et du goût de l'enfant.

— le mode d'enseignement, magistral, ne suffit pas, la participation de l'élève est fondamentale. Plus encore, la posture hiérarchique de l'école par rapport à l'enfant est caduque, spécialement quand elle considère être la détentrice exclusive de la pensée, comme le fait l'école républicaine[39]. L'école aristotélicienne, platonicienne ou égyptienne est un peu différente : l'élève est une composante de l'école, et non un passager qui est formaté lors de son passage dans l'établissement. Dans l'école antique, il y a une alchimie de l'apprentissage qui modèle l'école. On retrouve cela intact en Orient. Dans un dôjô traditionnel, l'arrivant n'a aucun droit, il doit juste pratiquer. Mais s'il se montre à la hauteur, il pourra un jour, grâce à ses mérites et son savoir, faire évoluer le style. L'école détient plus que l'apprenant, mais celui-ci est partie prenante. On est encore dans

[39] *: Vincent Peillon est la caricature d'une école qui prétend "arracher" l'enfant à ses "déterminismes" (sic), c'est la pensée totalitaire chère aux sectes. Il est grave que ces sectes gouvernent...*

un modèle hiérarchique mais en aucun cas, l'école ne dit qu'elle est la source unique. L'Eglise d'Occident, qui est une école de pensée, a une attitude semblable : elle détient un savoir mais considère que l'arrivant est partie prenante et composante. Il y a donc unanimité des traditions sur ce point.

C'est très différent de l'école républicaine laïque et obligatoire, qui est plus proche de l'armée : il n'y a qu'une voie, et il faut la suivre ou périr (être rejeté). Cela ressemble également au parti politique.

Cela vient du fait que les traditions transmettent, il y a un fil conducteur, alors que les idéologies inventent, comme les partis politiques. Quant aux armées, elles fixaient jusque récemment des règles obligatoires au motif de la survie et de la victoire; on a beaucoup repensé cette attitude qui a coûté plus que prévu (14-18 signe la fin d'une armée de ce genre, même si le modèle reste d'active).

La différence qui change la donne dans les apprentissages informels, c'est que cette fois, l'apprenant déclenche l'étude. C'est lui qui choisit.

Dans les apprentissages informels, disions-nous, c'est l'apprenant qui déclenche l'étude. C'est lui qui choisit.

C'est vers ces apprentissages que nous voulons vous orienter progressivement.

L'école à la maison est d'abord scolaire, parce que vous avez besoin de vous raccrocher à quelque chose de rassurant, vous ne pouvez vous lancer dans le vide.

Démotivation, lassitude, déconcentration

Mais vous allez rapidement être confronté(e) à la démotivation. De même que l'enfant va perdre sa concentration focalisée sur l'étude (sa concentration va se reporter ailleurs), les sourires vont disparaître... Certes, vous avez développé des parades magnifiques, nous avons vu comment changer de registre, de posture, voire de programmes de temps en temps, nous avons appris la spontanéité.

Mais cela ne suffit pas toujours. Nous avons donc, maintenant, une nouvelle méthode à vous proposer.

Les apprentissages informels vont vous permettre de résorber le problème de la motivation qui reste toujours un peu un souci, même pour de très bons parents-enseignants, ainsi que ceux de la concentration focalisée et du travail en solitaire.

L'apprenant qui choisit le sujet de l'étude, ce n'est bien sûr pas nouveau, toutes les voies authentiques, qu'elles soient philosophiques, religieuses, scientifiques, ou artistiques, sont des voies uniques partant de l'énergie, de la vision, d'une grâce individuelle. Mais c'était réservé à l'adulte.

En ce cas, il est évident qu'il n'y a pas de modélisation : vous ne pouvez faire une classe, par définition, avec Nietzsche, Zarathoustra, Saint-Jean de la Croix et Herman Hesse. Puisque chaque voie est trop spéciale, trop individuelle. En revanche, on peut faire partir des personnes qui ont de telles dispositions, ensemble, d'un endroit d'où ils feront leur chemin. Et qui l'acceptent. Par exemple des enfants. Ils partent d'un projet commun et font leur chemin. Vous leur apporterez au fur et à mesure ce dont ils auront besoin.

Validité des apprentissage informels

Dans l'idéal, c'est déjà un peu ce que font les plupart des parents pratiquant l'école à la maison : ils ne font pas strictement et continuellement le programme, ils font aussi d'autres découvertes ou recherches avec leurs enfants. Quand l'enfant initie la recherche en choisissant le sujet, l'ambiance est évidemment plus légère et les progrès sont rapides.

"Informels", c'est une façon de parler d'ailleurs. Lorsqu'un père enseigne à son fils le travail de la terre, est-ce informel ? Mais ça a 200. 000 ans...

Il n'y a pas, en fait, de clivage avec les savoirs magistraux. C'est l'école qui crée ce clivage, en plaçant les savoirs théoriques au-dessus des autres et en méprisant les enseignements au quotidien. L'école n'est d'ailleurs pas réformable d'abord parce que ses postulats de base sont faux. Elle ignore le legs de l'histoire de l'enseignement, elle est dans une posture révolutionnaire qui… ne marche tout simplement pas. Ni à l'école, ni ailleurs.

On ne peut — et c'est notre conviction fondée sur une expérience — supprimer ni les uns ni les autres, ni les apprentissages des savoirs, des comportements, du respect et des métiers (au sens complet du mot), ni les matières scolaires.

Car il ne peut y avoir qu'une voie d'enseignement.

Ne fonctionner qu'avec les apprentissages informels va aussi priver l'enfant d'une démarche qui ne va pas exactement dans le sens de son bon-vouloir. Le bon-vouloir est un excellent moyen, il n'est pas non plus tout.

Pas de contrainte ?

Les apprentissages informels relèvent avant tout d'une démarche qui considère qu'il ne faut aucune contrainte, il ne faut rien imposer aux enfants : l'enfant apprendra par lui-même.

Notre lecteur dit d'ailleurs : « Avez vous lu les deux livres aujourd'hui traduits de John Holt et le livre de Jean Pierre Petit. Si ce n'est pas le cas, je vous les suggère vivement, ils sont passionnants et remettent en cause nos croyances sur l'importance des cours structurés. Pour John Holt, chaque enfant est capable de s'approprier seul, lui même tous les apprentissages. Je serai un tout petit peu plus nuancé que lui mais il a beaucoup plus d'expérience que moi. »

Nous aussi, nous serons plus nuancés. En fait, l'enfant n'est pas capable de s'approprier seul les apprentissages, pas plus que l'adulte. On n'accède à quoi, seul ? à ce à quoi on est à même d'accéder. Nous nous fixons ainsi nos propres limites.

L'autre peut nous conduire plus loin.

De même, l'enfant n'apprend jamais « par lui-même », il y a toujours une influence : de ce qu'il voit, de ce par quoi il est attiré, de ce dont il a envie. Personne ne dira le contraire : l'enfant est « en lien » avec ce qui l'entoure. Il y a une instigation. Pourquoi, à ce moment-là, admettre que l'enfant pourra recevoir une instigation de tout sauf de ses parents ?

Autrement dit, c'est une vue de l'esprit de penser que l'enfant apprendra par lui-même sous-entendu sans aucune influence extérieure. Si on admet une influence extérieure, pourquoi pas celle des parents ?

Ensuite, que l'on veille à ce que cette influence ne soit pas négative, contraignante, pénible, c'est autre chose. Mais il fallait poser ce postulat. Il y a des parents, ils sont donnés, ce n'est pas pour rien. On ne peut pas nier leur existence, et comme toute existence a une raison d'être, il y a lieu de réfléchir à ce qu'est leur rôle.

Les parents peuvent-ils ne représenter pour l'enfant aucune contrainte ?

Non. C'est là, aussi, une vue plus idéologique que sérieuse : toute présence est une contrainte. Le seul fait de vivre est une contrainte pour autrui.

On cherche à diminuer les contraintes. En réalité, "l'apprentissage informel" ou "sans contrainte" veut simplement dire : l'apprentissage sans rapport de force. C'est le rapport de force qui pourrit l'enseignement, et non la contrainte.

Car la contrainte peut être aussi **une aide**. Voilà ce que l'on a totalement omis depuis 20 ans. D'une situation de contrainte, on est passé à l'extrême inverse, comme si la vérité était dans un absolu. Il est prégnant qu'on ignore qu'il n'y a pas d'absolu en ce monde, ni dans la nature humaine.

Cela ne veut pas dire que tout doive être relativiste. Cela signifie que tout est relatif.

Nous cherchons un idéal à partir d'une réalité. Ces deux tenants doivent être omniprésents dans nos esprits d'éducateurs. Sans quoi on verse soit dans le naturalisme excessif, soit dans la théorie, c'est-à-dire in fine l'idéologie.

Nous ne saurions trop garder nos lecteurs de tomber dans ces extrêmes.

Le « non » : quelle présence et quelle utilité ?

Quels parents pourraient affirmer solennellement qu'ils n'opposent jamais un « non » à leur enfant ? Tout parent a dit « non » à son enfant. Ceux qui sont dans le « unschooling » ont juste déplacé le « non » ailleurs. Ils disent non ou manifestent un non, peut-être de manière différente, peut-être sans le dire, mais ils le manifestent.

L'enfant sans contrainte cherchera les limites, fera tôt ou tard une chose qu'il ne faut pas et alors le "non" se manifestera. Il n'y a pas une existence qui ait échappé à cet ordre de chose.

Du fait même de notre nature, nous représentons des contradictions vitales. C'est-à-dire des choses qui s'opposent et qui, en s'opposant, produisent la vie. C'est la rencontre de l'eau chaude de l'Ienisseï et de l'eau glacée de l'Arctique qui produit cette floraison et cette faune marine exceptionnelle dans le Golfe de la mer de Kara. Une eau à même température en eau plus tempérée ne produit pas autant de vie.

Plus encore. Mieux vaut une contrainte claire et identifiée qu'une contrainte non-claire et mal-identifiée, ce qu'on appelle vulgairement une manipulation. Si, pour obtenir ce qu'ils veulent, les parents procèdent d'une manière qui n'emploie pas le mot « non » ou le désaccord clair (et bien sûr constructif), alors ils sont dans la manipulation.

Il est excellent de savoir dire un « non » à l'enfant pour plusieurs raisons, non seulement parce que l'enfant doit aussi lui-même devenir un adulte capable d'un "non" (au totalitarisme par exemple, mais aussi parce que cela lui permet de bâtir son univers, sa manière d'être, autrement dit sa liberté. L'enfant se situe à une distance qui est comprise, selon le sujet, entre l'adhésion complète et le rejet. Toute la vie relationnelle se situe entre ces deux pôles : on est plus ou moins d'accord, on adhère plus ou moins.

Or, comment adhérer ou rejeter quelque chose qui n'est pas identifié ?

La disparition de limites met l'enfant en péril de relativisme et de mort lente. Mettez une grenouille dans l'eau froide d'une casserole puis allumez le feu, patientez. La grenouille périra lentement, elle ne se rendra pas compte du danger qu'elle court. Mettez-la dans une eau chaude : elle bondira et se sauvera. Retirez de l'univers de l'enfant la contradiction, et il se diluera dans le relativisme.

Il est symptomatique que le unschooling corresponde à une époque d'un énorme relativisme : rien n'est important, rien n'est grave, tout est cosmique et généreux. Certes, il faut savoir lâcher prise et ne pas prendre sur soi ce qui n'est pas notre charge. Certes, il y a une harmonie universelle tendue par l'espérance, au-delà des basses considérations. Cependant, il ne faut pas non plus évacuer toute notion reliant aux réalités difficiles et secondes. Parce que les réalités et les obstacles sont pleins d'enseignement. En fait, l'enseignement est toujours une altérité qui produit quelque chose en moi.

La limite et la contrainte comme creuset de la transformation

Il y a dans l'ascolarisation ou unschooling, une vision idéologique. On croit que l'enfant peut grandir sans contrainte. On veut que ce soit vrai.

Or, l'enfant est un conquérant, un chercheur, il cherche des limites, il en a besoin, ces limites le construisent. Comme un chrono crée une performance, un projet crée une réussite d'étape. L'idée qu'il ne faut pas de limite est stérile.

Ce grâce à quoi on grandit

L'enfant, comme tous les êtres vivants y compris les adultes, grandissent et croissent grâce à deux choses :

1. ce qu'ils manifestent (ce dont ils ont besoin, ce qu'ils demandent, espèrent, créent) et
2. ce qui leur est manifesté (les contraintes, limites, obstacles, compléments etc.). Car l'existence de contraintes, de limites, amènent l'enfant et l'adulte à se réinventer, à réfléchir, à recomposer. C'est le pouvoir de **transformation**.

Nous retrouvons l'altérité. L'altérité, c'est tout ce qui n'est pas moi. Tout ce qui n'est pas moi, c'est tout ce que je reçois, et aussi c'est tout ce qui reçoit ce que je donne.

On comprend très bien cela quand on a fait un peu de chimie. La nature est chimie. Les choses se produisent par action et interaction, par réaction. La transformation, c'est-à-dire la « formation passant à un autre état » n'est possible que lorsqu'il y a rencontre d'éléments manifestant une altérité : complément ou contraire. Il n'y a pas de transformation dans le « semblable ».

Or, l'altérité n'est pas seulement l'accompagnement, c'est aussi parfois le conflit, le combat. Cela aussi est créateur, formateur, tuteur. Exciper le combat, c'est livrer l'enfant à une acceptation du rapport de force auquel il ne sera pas préparé. L'image dramatique, c'est le pacifisme idéaliste de Jaurès conduisant des millions de jeunes à mourir en 14-18.

En outre, supprimer l'altérité — ce qui est la logique honnête de la suppression de contraintes —, c'est priver l'enfant de donner.

Enfin, nous voyons que ces familles, qui sont très sympathiques au demeurant, sont parfois dans une militance anti-système, et leurs enfants en sont les héritiers malgré eux. Il faut y faire attention, ce n'est pas sans dangers pour l'enfant. L'enfant n'a pas à expérimenter les idéaux de ses parents. Les parents se conservent pour eux-mêmes une part de leurs idéaux, ils transmettent uniquement ce dont ils sont sûrs, ce qui est roc, et non expérimental. On ne peut mettre en danger un enfant qui évoluera dans la société et qui paiera peut-être par la violence les opinions de ses parents.

L'un de nos lecteurs nous dit avec justesse : « L'enseignant doit permettre aux enfants de travailler en autonomie mais aussi en groupe, développer l'entraide, la solidarité, la COOPERATION. L'enseignant au delà des apprentissages purement scolaire, devrait et doit être un référent au niveau des relations humaines. Montrer ce qu'est le RESPECT de soi et des autres, apprendre à gérer des conflits et à les résoudre pacifiquement. Favoriser le dialogue, la parole des enfants entre eux, libérer les émotions par la parole. »

On ne saurait mieux dire.

Mais reprenons le propos de notre ami :

> « L'école se concentre TROP sur les apprentissages (jamais assez j'en conviens en revanche sur l'apprentissage de la lecture et de l'écriture qui sont à mon sens PRIORITAIRE avant toute autre discipline). Je parle ainsi car j'étais excellent en lecture et en Français et NUL en mathématiques qui m'ont traumatisés durant toute ma scolarité. Pour en revenir à notre sujet de discussion, je trouve remarquable et très respectable la réussite de vos 7 enfants au niveau scolaire. Je ne suis pas du tout certain que les enfants et adolescents qui ont suivi à domicile des apprentissages informels ou dits autonomes aient le même niveau en Français et en mathématique. En revanche, en langues et en Histoire/géographie et au niveau de leur culture générale, je pense que c'est possible d'acquérir un excellent niveau sans un enseignement scolaire, structuré. L'une des meilleures illustrations est André STERN qui n'a pas du tout reçu d'enseignement purement scolaire, structuré, aucun. Même si, lorsqu'il s'engageait seul dans l'apprentissage d'une langue, il devait sans doute le faire avec rigueur et discipline personnelle, cette dernière ne lui était pas imposée ni subie. Il *se l'imposait à lui-même* grâce à son enthousiasme, sa motivation et au plaisir d'apprendre. C'est une différence de taille. Il était l'acteur principal de son apprentissage sans qu'un adulte le contraigne.

Il est plus rassurant pour les parents de commencer avec des cours par correspondance structurés. Pour certains enfants, c'est mieux et plus adapté, en revanche pour d'autres, ils seront hermétiques à toute organisation trop structurée et les apprentissages informels leur conviendront beaucoup mieux. »

Sans doute. Mais l'enfant est-il toujours capable de cette auto-discipline dont a été capable André Stern ? Il est à parier que celui-ci a reçu tout jeune des éléments qui le lui ont permis. De même que j'ai pu apprendre seul l'espagnol parce que les sollicitations que j'avais reçues m'y avaient poussé : ras-le-bol de la vie de province, envie de m'éloigner, connaissance de ce que les langues étrangères pouvaient m'aider...

On voit donc qu'il y a eu des éléments au départ, comme un bon terreau. Même si certains éléments de ce terreau étaient du refus, comme des acidités. Parfois, ce sont des sollicitations négatives telles que des violences qui poussent l'enfant à s'en sortir seul. Comprenons donc qu'il y a toujours à se préoccuper de donner des sollicitations à l'enfant.

Ensuite, pour ce qui concerne le partage entre matières qui sont structurées (comme les maths) et les autres, c'est une question de degré. Il y aura toujours un moment où il faudra structurer. On a l'impression, parce que la matière apparaît comme moins logique ou discursive, que la structure est moins nécessaire. Mais ce n'est qu'apparence. C'est une question de degré. On a appris le français sans structure du tout : c'est l'apprentissage de la langue maternelle, les balbutiements de l'enfant. Plus tard, pour aller plus loin, on apprend la grammaire, de même que le violoniste autodidacte veut savoir lire la partition qu'il a entendu jouer et se met au solfège. Les maths, elles, sont dès le départ structure. Mais l'Histoire-géo le deviendra quand le niveau d'étude ou de recherche sera élevé. En fait, la structuration intervient à des degrés différents. Mais elle arrive toujours. Ceci impose deux choses :

— Il vaut toujours mieux démarrer sans structure, de façon à favoriser la joie et l'émulation.

— Il faudra apporter de la structure, de manière fine et homéopathique, de façon à structurer la cognition et ne pas perdre l'énergie.

Regardez la musique ou la pratique d'un art martial. Vous pratiquez, c'est parfois éprouvant mais vous avez l'énergie. Et puis, à un moment donné, vous voulez progresser et vous êtes content qu'un ancien vous donne un tuyau, ce qui vous permet de faire mieux.

La structure accompagne.

Prenez une graine : elle pousse sans structure verticale. Ensuite, il faut une tige pour que la fleur apparaisse.

Nous n'avons donc aucune prévention ni tabou vis-à-vis de la structure ou de la contrainte. Le tout réside dans l'art de s'en servir.

Notre apprentissage par le plaisir

Nous ne commençons pas par l'apprentissage informel pour une raison simple : le systématiser, c'est le rendre triste. Si on veut qu'un plaisir reste un plaisir, on évite :

— qu'il soit systématique,

— qu'il soit obligatoire,

— qu'il décline.

— qu'il soit impersonnel.

Ces quatre notions sont fondamentales ! Vous raterez les apprentissages dits informels si vous les pratiquez mécaniquement, toujours de la même manière et de la même manière pour tout le monde, ou s'ils déclinent, c'est-à-dire s'ils sont moins attrayants de jour en jour !

En fait, un plaisir est un plaisir parce qu'il est suffisamment unique. On a donc intérêt à mêler des apprentissages dits formels et des apprentissages dits informels. L'enfant fait alors très bien la différence et maintient un haut niveau de plaisir quand on en vient à la méthode qu'il aime. On apprécie mieux un grand vin après un vin modeste.

Ou alors, votre apprentissage informel est suffisamment bien organisé pour qu'il n'ait aucun de ces défauts. Si vous y parvenez, vous êtes dans l'excellence.

Il restera deux points à résoudre :

— D'une part, si vous maintenez l'inscription de l'enfant dans un cursus officiel, vous devrez en passer tout de même par des programmes minimums. Donc, vous aurez une charge de travail plus importante : il faudra unir un programme officiel (certes modulable) à une méthode qui fonctionne sur l'émulation. Donc il faudra soit que les thèmes choisis se rapprochent du programme, ou alors que vous dériviez à partir des sujets choisis vers le programme. C'est une gymnastique qui sera délicate et demandera plus de travail.

— D'autre part, vous devrez faire attention à ne pas créer une atmosphère trop "soft", trop ambiance édulcorée, qui vont diminuer la vitalité et la créativité. Les femmes, qui sont majoritaires, veilleront en particulier à introduire une dynamique masculine, nous l'avons déjà dit.

Une contrainte

L'évacuation complète de la contrainte va être une erreur, la contrainte doit être restaurée, mais d'une nouvelle manière. Il ne s'agit plus d'une opposition mais d'un effort commun tendu vers un même horizon.

Le coach : côte à côte. Il regarde dans la même direction que la personne qu'il accompagne et fait naître une vision

Pour prendre une image, l'enfant et l'enseignant ne sont plus face à face, l'adulte debout et l'enfant assis, mais ils seront paisiblement assis l'un à côté de l'autre, regardant vers la même direction.

L'entraîneur : de profil. L'homme qui regarde l'homme qui regarde l'horizon

L'image de l'entraîneur, qui lui est de profil, est plus judicieuse encore pour l'éducateur car l'enseignant n'a pas forcément à regarder dans la même direction que l'enfant. En fait, l'enseignant regarde l'enfant qui regarde l'horizon. Cela ne l'empêche pas aussi de regarder l'horizon. Cela convient moins avec l'adulte qui a du mal à accepter d'être observé.

Les deux attitudes sont complémentaires, et doivent être proportionnées à la personne accompagnée.

Le sens profond de la contrainte

Une chose qui échappe totalement aux partisans du unschooling, c'est que la contrainte et l'effort sont en réalité des voies en soi. Moins il y a d'effort, moins il y a de capacité. Ce n'est pas pour autant, bien sûr, qu'il faille imposer un effort démesuré. Mais au fur et à mesure que l'être se déploie, il peut affronter davantage. L'exemple de l'alpiniste ou du sportif est frappant. Il n'y a pas de conquête d'un mont (géographique, spirituel, amoureux, poétique, romanesque, artistique, scientifique...) sans une participation et un travail.

Le sens est à saisir dès la Genèse : dès la sortie du Jardin d'Eden, il est donné non pas une condamnation comme le voudrait une tradition biblique hébraïque, mais une bénédiction, en la mise en chemin de l'Homme au travers les vicissitudes. Car c'est en chemin, de combats en victoires, de recherche en patience, de réflexion et effort sur soi, que l'Homme progresse. C'est dans ce travail sur lui-même en particulier que l'homme trouve son accomplissement. Il est dit dans le texte que l'homme est "revêtu de peau de bête". C'est une erreur fréquente, souvent illustrée. En fait, l'homme est revêtu d'une "peau", c'est-à-dire qu'il est incarné, manifesté au vivant naturel. C'est là, dans ce chemin difficile, qu'il trouvera le sens de sa quête, et cette quête aboutira beaucoup plus loin, dans la résurrection à lui-même.

L'apprentissage informel prend son essor dans le projet

Le projet va vous permettre de motiver votre enfant plus qu'ailleurs, il va le décoller de son ordinateur, le motiver et lui donner envie d'avancer, seul s'il le faut. Il va allier une contrainte saine, un challenge motivant, et l'émulation.

Il importera donc de savoir établir un projet. Vous basculerez progressivement de la position de l'entraîneur à celle de coach.

Plutôt que d'observer l'enfant, vous regarderez avec lui dans une direction. Cela peut venir très vite. Et peut commencer même très jeune, pour de petits projets. C'est une habitude que vous pouvez amener rapidement.

Commencez à monter un projet simple : faire une série de dessins qui racontent une histoire, fabriquer un jouet, préparer un pique-nique dans un coin escarpé... vous avez mille possibilités. Demandez à votre enfant s'il a une idée. C'est encore le mieux. En lui présentant plusieurs idées, vous ferez jaillir la sienne. Même si ses premières idées sont un peu légères, réalisez le projet. L'enfant, de lui-même, élargira progressivement son horizon.

On regardera les travaux d'Antonella VERDIANI, qui a écrit « Ces écoles qui rendent nos enfants heureux ».

http ://www.educationalajoie. com/2012/08/ces-ecoles-qui-rendent-nos-enfants.html

L'une des ses interviews : http ://www.youtube.com/watch?v=dAvYhjQSkPl

Elle a crée le Printemps de l'éducation : http ://www. printemps-education.org

Voir le centre pour la communication non violente.

Ainsi que http ://www. disciplinepositive.fr/

ASPECTS PRATIQUES

Parlons concrètement maintenant. Il faut une salle bien adaptée pour l'Ecole à la maison. C'est le plus souvent le salon ou la cuisine, à condition que la place soit bien dégagée. En effet, bien souvent, la maman attaque la préparation du repas alors que le ou les enfants n'ont pas fini leur travail. Ce n'est pas incompatible, pourvu que ce soit bien distinct. La maman a commencé avec l'enfant et puis elle lui confie un travail, pendant qu'elle s'occupe de faire la cuisine, par exemple. Figurez-vous que c'est très bien ! Le fait que la maman soit à faire autre chose peut être salutaire pour l'enfant, car il a besoin d'une part d'apprendre à travailler seul et d'autre part il a besoin d'un espace vital. Cet espace, vous le laissez le créer autour de lui en vous éloignant de quelques mètres. Nous n'allons pas nous étendre sur le sujet mais sachez que chaque être humain à une aire vitale, une aire de rayonnement, et ses sens sont en éveil quand quelqu'un est dedans. Il est donc reposant et plus facile pour la concentration de libérer cet espace.

Quant à la pièce, il faut la souhaiter lumineuse. Elle doit être bien rangée. Il n'y a que les cours sur la table de travail. Dans un endroit précis, tout le matériel est accessible, sauf les livres dont on se sert épisodiquement et qui se trouvent avec les autres ouvrages de la maison, si possible dans une bibliothèque. Ainsi, les enfants qui seront requis d'aller chercher un ouvrage s'habitueront à ce meuble. On y trouve des dictionnaires facilement accessibles, des atlas bien faits, une très bonne encyclopédie et, si on a eu la chance d'en faire la trouvaille sur Internet, le Grand Larousse du XIXème siècle[40]. Il doit y avoir dans la pièce une carte du monde dont on aura souvent besoin et qui ouvre l'esprit. Il faut bien sûr un tableau noir ou blanc (on peut acheter une feuille autocollante de type Velleda qui se colle sur une planche, c'est l'option que nous avons choisie au début par manque de moyens).

On doit obtenir le silence durant les cours, et donc éviter absolument radio ou télé. Aucun bruit parasite. La faculté à travailler s'inscrit dans un apprentissage de la concentration. L'intelligence n'est pas une affaire de rapidité, peu importe le temps nécessaire pour trouver une bonne réponse, en revanche rien n'est possible sans concentration, et nous disons cela spécialement pour les enfants doués qui répondent rapidement et n'ont donc pas tendance naturellement à se concentrer.

Pour notre part, nous avons également un coin prière où nous nous rendons à chaque début de cours pour rendre grâce, lire la parole du jour et sanctifier la journée. Car pour nous, il n'y a pas que la dimension travail qui compte, cela va beaucoup plus loin que ça. Le travail et le niveau d'études ne sont que des bagages, plus importants encore se situe le développement de l'enfant qui est créature aimée de Dieu, appelée à s'établir en elle-même. Ainsi, à nos yeux, l'Ecole à la maison ne consiste pas seulement pour nous à obtenir un élève de bon niveau, mais un être humain debout, sur un roc, accompli au degré de son âge et assoiffé de vie. Par ailleurs, il est certain que la foi aide énormément dans cette entreprise de l'Ecole à la maison. Le Christ est présent. C'est dit, nous n'y reviendrons pas, ce serait plutôt l'objet d'un livre sur les fondements de la pédagogie.

Poursuivons sur le chapitre technique. Chaque enfant doit avoir sa place, qu'il retrouve chaque matin. Cela peut changer parfois dans la mesure où il n'est pas désorienté et où la routine lui pèse. Il faut également conjuguer deux types d'horaires : se tenir à des horaires bien fixés certains jours et d'autres jours être plus libre, improviser. Là encore, on cherche à structurer l'enfant. Pourquoi ? Il faut savoir s'adapter aux événements, briser la routine, partir en promenade en laissant là les leçons, si ça en vaut la peine, ou si la maman en a besoin. C'est très enrichissant et l'enfant apprend à briser la monotonie, plus tard il sera apte à

[40] : dont on saura faire une lecture filtrante : ce Larousse fut un instrument militant, anticlérical pour ne pas dire laïcard et républicain, mais il n'est pas très difficile de faire le tri ; la précision de ses articles, la qualité rédactionnelle et la hauteur de vue dépassent de très loin d'excellentes productions plus récentes. On trouve des versions sur CD pour quelques euros, d'occasion, sur le net.

anticiper ou improviser dans les situations exceptionnelles. D'autre part, il doit apprendre la régularité. Par exemple, vous pouvez avoir deux jours par semaine avec des horaires bien fixés et deux jours plus libres. Régularité et improvisation se complètent.

La chambre de l'enfant est son endroit réservé, nous pensons qu'il faut éviter d'y faire irruption trop souvent et lui laisser organiser cet espace, l'aider avec délicatesse. C'est le premier arpent où il s'établira, il doit y avoir ses repères, arranger son monde, y compris se trouver confronté à ses limites que représente par exemple le désordre, avec une pédagogie subtile on peut l'amener à préférer d'autres modes d'organisation qui le rendent plus heureux. Ne mélangeons pas la chambre et l'espace de travail du jour, il peut y avoir du travail dans la chambre mais pour cela il y a un espace connu, net, délimité. En général, l'enfant distingue bien les espaces par lui-même, mais il arrive qu'il ait besoin d'aide.

A titre indicatif pour nos CM, nos horaires réguliers sont de 9.00 à midi, avec une récréation à 10.30 de 20 minutes. On reprend à 14.00 jusqu'à 16.00 heures.

Pour un CP, trois à quatre heures par jours suffisent.

A partir de deux enfants, ils lèvent la main. Nous avons toujours organisé la prise de parole par l'enfant. Pour autant que nous ayons eu au moins deux enfants en classe, nous leur demandons en principe de lever la main lorsqu'ils ont tous à répondre, sauf exercice particulier où la prise de parole est spontanée. Sinon, la réponse est demandée nominalement.

Si la réponse est demandée spontanément, c'est-à-dire sans lever la main, c'est que l'émulation est parfois nécessaire, il faut de temps à autre une certaine compétition. Mais surtout sans comparaison. Et bien sûr en tenant compte des différences d'âge. Ne réagissez pas à l'enfant qui vous dit qu'il a fait mieux que tel autre, et s'il insiste, expliquez brièvement qu'il n'est pas en compétition avec l'autre.

Il faut éviter de mettre en valeur un enfant par comparaison avec un autre. La catastrophe, c'est par exemple ce qu'un instituteur a dit dans sa classe : » Erwan est le plus motivé dans cette classe, il vous rachète tous. » On ne peut pas dire chose plus stupide et on voit là un manque de formation patent. On peut être sûr qu'Erwan sera la cible de la jalousie et de la rancœur. Et qu'il se fera une idée fausse de lui-même. Ne pas comparer les enfants est fondamental.

Dans un cours intelligent, chaque élève est bon à son tour, car il y a des propositions pour chacun au fur et à mesure du déroulement du programme. Si l'on veut faire revenir un élève qui a décroché, rien de mieux que de faire travailler la classe sur son domaine de prédilection. Si vous observez que c'est toujours le même enfant qui brille, vous devez changer vos exercices pour que l'autre aussi ait son moment de réussite. Arrangez-vous pour que la réussite existe ! Pas tout le temps, mais disons une fois par semaine, mettez en valeur votre enfant. Sans excès, ne le conduisez pas à l'orgueil.

Si un enfant perd pied, il suffit de repartir lentement d'où il en est. Répéter n'est pas un problème, évitons les phrases sur le mode « je te l'ai déjà expliqué », il se trouve que les enfants ont tendance à faire oui de la tête sans parfois rien comprendre. Beaucoup d'enfants font ça, ils savent, puis plus rien quand on leur demande. Parfois, ils piaffent en levant la main : "Je sais, je sais", et ils ne savent pas. Nous avons eu des enfants comme ça, nous leur avons appris à ne pas dire "je sais" quand ils ne savaient pas. Quand les enfants font oui de la tête et qu'on les sent ailleurs, nous leur demandons de répéter ce qui vient d'être dit, ça les ramène au cours. Parfois, ils n'ont pas bien écouté mais réfléchissent à un prolongement du cours, et cela vaut la peine de les interroger.

Pas de comparaison, pas même entre les enfants. Surtout si l'on gère des niveaux différents. C'est notre cas, naturellement, nous n'avons pas de jumeaux. Mais si la prise de parole est bien organisée, les plus jeunes peuvent parfaitement intervenir. Les enfants ont tendance à dire spontanément « j'ai fini avant elle », « je vais plus vite que lui », il faut rectifier paisiblement avec des mots justes.

Un point important est l'attitude des uns envers les autres. Les enfants travaillent ensemble et chacun pour soi en même temps.

Ensemble, parce qu'ils doivent respecter des règles communes et favoriser la progression des autres en ne critiquant pas ni en se moquant, en offrant leur aide au bon moment. Sans vouloir que chaque enfant porte les autres, ce qui n'est pas son rôle, sans jamais l'accabler de la responsabilité des autres, il faut qu'il sache que les autres ont besoin qu'il soit appliqué et participant et qu'il peut être aidé par l'autre Vous expliquerez donc quand l'enfant peut aider l'autre et quand il ne le peut pas. Indiquez au début d'un cours : « Pendant le cours, vous pourrez vous aider ; pendant les exercices, ce ne sera plus permis. » C'est tellement plus agréable de faire quelque chose quand on sait que ce n'est pas toujours permis !

Chacun pour soi parce que le travail de chaque élève ne regarde que lui et l'enseignant, et qu'ultérieurement il devra assumer ses études seul. Sauf en cas d'éloge, on ne doit pas parler du travail d'un élève devant les autres. Même l'éloge doit être subtil, fort mais sans exagération. Rappelez-vous l'économie des vieux maîtres d'arts martiaux : un compliment de valeur est rare. Bien sûr, avec un enfant, ce compliment ne peut être aussi rare qu'avec un adulte ou un adolescent ; nous disons une fois par semaine, c'est un bon rythme (pas tout le temps le même jour, évidemment, évitons de ritualiser la reconnaissance, elle perdrait en sincérité). Au Japon, les anciens maîtres encourageaient leurs disciples avec un seul regard, parfois un mot, très rarement : « Oui. » Encore plus rarement et au bout de plusieurs années : » C'est bien. » Il en va un peu de même avec l'école : les compliments doivent être rares, ils sont d'autant mieux reçus.

Nous faisons ici la différence entre un compliment bref et une louange, plus spéciale et solennelle. Si elles sont rares, les louanges personnelles doivent tout de même être plus longues, nous en reparlerons, cela peut prendre tout une minute. Pas non plus 5 minutes, encore une fois il faut un équilibre, pas d'excès. Ni négligence, ni idolâtrie de son petit chéri. Nous avons rencontré pas mal de mères qui avaient une adoration pour leur enfant, c'est toujours délicat de les réfréner mais qu'elles y songent sérieusement. Il faut que l'enfant puisse voler de ses propres ailes, qu'il découvre sa liberté. Il faut apprendre une distance progressive qui respecte l'intégrité de l'enfant. Je me souviens d'une dame qui pratiquait ce qu'elle appelait le "co-dodo", c'est-à-dire que son fils dormait avec elle à 7 ans révolus. Je repense aussitôt à cet homme coupé du monde et mal dégrossi à 28 ans, toujours à la maison, réglant tous ses actes sur l'avis de sa mère. Non. N'étouffez pas vos enfants, donnez-leur une autonomie.

La grande mode est à l'embrassade, à la communication, au sentiment partagé, c'est très américain. C'est l'avènement d'une certaine manière de la grégarité sentimentale, c'est rassurant, ça fait plaisir. Nous lisons partout qu'il faut communiquer, qu'il faut s'embrasser, se toucher, être au maximum dans l'intimité, dans le sentiment partagé. "Co-mmu-ni-quer". Eh ! bien non, pas toujours. Il faut parfois du silence, accepter que l'autre ait son intégrité, sa réflexion. Tout ne se communique pas. Il y a des choses en vous que personne ne comprendra jamais, des choses sacrées.

S'il y a une frustration des non-dits, il y a aussi un étouffement des trop-dits. Les êtres humains ne sont pas dans la fusion, ils sont dans la communion. Il semblerait que lorsque la pomme est mûre, elle secrète une substance chimique qui assèche la queue qui la retient à l'arbre ; elle tombe alors. L'arbre n'est pas en fusion avec son fruit, il l'aide à se bâtir puis "accepte" qu'il se détache. Quelle leçon, n'est-ce pas ? L'adolescent aussi fera cela, en repoussant ses parents. C'est nécessaire, c'est utile pour lui. Laissons le temps faire, il aura le temps de revenir, plus tard, après avoir acquis l'expérience nécessaire.

Ne laissez jamais entendre que tout est joué ni gagné. On marque une étape décisive, une maturité, en soulignant qu'une capacité est acquise pour aller vers un prochain but.

Les enfants doivent être habillés et propres. Ça n'a l'air de rien, mais pour en arriver là au début de la journée, il y a toute une série de gestes quotidiens qui extirpent l'enfant du chaos pour le porter vers un autre lui-même.

Y a-t-il une récréation chez nous ? Oui, bien sûr. Elle se déroule à l'extérieur, qu'il pleuve ou qu'il neige, à moins d'un climat vraiment impossible. Les mamans ont trop souvent peur des courants d'air, elles ne savent pas que les enfants ont un thermomètre interne plus perfectionné que le leur, et que la bonne santé des enfants vient aussi d'une habitude à se confronter aux intempéries. Mamans, laissez respirer vos enfants, pensez comme si vous en aviez dix. Vous verrez, vous ne vous en porterez que mieux ! Bon, évidemment, s'il n'y a pas un auvent ou un arbre sous lequel s'abriter, on ne va pas les laisser sous un déluge, mais quelques gouttes ne tuent personne.

Pas d'ordinateur, pas de télé ni aucun écran dans la journée, nous essayons de maintenir ces principes, pour que les esprits soient disponibles et aérés. Mais les combats sont rudes, il y a toujours un MP4 à recharger, un message à échanger, il faut dire oui parfois. Ni l'interdit ni l'autorisation systématique ne marchent parfaitement. Pour ceux qui n'ont rien de tout ça, pas de problème. Mais les autres savent ce dont il s'agit. Une chose tout de même : évitez la télé autant que possible, et prohibez formellement le poste dans la chambre de l'enfant ! ou ne vous plaignez pas des conséquences. La télé déconstruira tout ce que vous aurez bâti. Et ce n'est pas une question de programmes cette fois, c'est tout simplement que la télé met le cerveau en veilleuse et détruit la concentration. On l'a dit et répété, l'intelligence est une affaire d'exercice, de pratique de la réflexion. Sans activité, le cerveau perd de ses facultés, c'est très simple à comprendre. On a l'habitude de penser que les gens naissent bêtes ou intelligents. Rien n'est plus faux. On ne naît pas intelligent, on le devient. On a vu des enfants brillants s'éteindre, et au contraire des enfants passables devenir brillants. Certes, il y a des qualités données dès la naissance. N'empêche. Tout le monde peut devenir intelligent. Si ce n'est pas le cas, c'est tout simplement parce qu'il n'y a pas une pratique intellectuelle. De même, tout le monde peut être aimable, c'est aussi une question de pratique. On ne naît pas aimable ou désagréable. Je dis souvent aux chrétiens que la foi ou la sainteté ne dépendent pas de facultés innées mais de pratique. Tout le monde peut y arriver.

Et faites lire ! La lecture sauvera toujours. Chez Emmaüs ou sur Internet, vous trouverez de très bons livres pour quelques centimes, pourquoi vous priver ? Les livres à 0.90€ sont en nombre incalculable sur E-bay ou Priceminister. Vous avez Kindle aussi, qui propose des classiques gratuits en version électronique, mais d'après nous le livre papier est incontournable pour un enfant. Sans compter la bibliothèque municipale, quoique… il n'est pas sûr que vous y trouviez ce qu'il y a de mieux : les nettoyages politiquement corrects par les municipalités ont été faits en ratissant très large, et vous trouverez rarement les classiques qui ont édifié les générations précédentes. Maintenant, si vous récupérez suffisamment d'exemplaires de la Bibliothèque Rose, la Bibliothèque Verte, les Contes et Légendes, les Rouge et Or, la série des 15 Histoires, vous aurez déjà donné à vos enfants une langue française de qualité incluant une orthographe impeccable, pas mal d'éléments culturels et une charpente intellectuelle consistante. Vous n'imaginez pas le nombre de grands esprits qui ont été des lecteurs de ces collections.

Sur cette page, nous donnons pas mal d'éléments.

APPRENTISSAGE

La grande question. N'assommez pas vos enfants avec des quantités de choses à apprendre. Nous sommes effarés par la masse de devoirs que doivent faire nos plus grands enfants qui ont rejoint l'école classique, c'est vraiment affolant. S'ils suivaient à la lettre les consignes, ils ne seraient pas couchés avant 4 heures du matin. Qui plus est, c'est du savoir brut, il n'y a aucun fond, c'est sans intérêt pour le mûrissement. On est dans la quantité, pas la qualité. On leur met dans le crâne la communauté de communes, une couche supplémentaire d'administration ! On a vraiment l'impression qu'on cherche à les faire entrer dans la pensée technocratique.

Chaque prof exige que l'élève ingurgite son lot. Mais il est clair qu'aucun d'entre eux ne serait capable d'ingérer tout ce que l'élève doit apprendre.

Bref, soyons sérieux, l'enfant n'a pas besoin de la moitié de ces calembredaines. Avec l'Ecole à la maison, vous pourrez mettre de côté des parties du programme, nous ne nous sommes pas gênés pour le faire, et leur donner autre chose de plus intéressant et utile dans leur vie. Le programme scolaire français peut être utilement nettoyé et débarrassé de ses scories, vous y gagnerez du temps et votre enfant aussi. Tournez la page ! (ne vous éloignez pas trop non plus du programme si vous voulez que l'enfant ait son Bac, naturellement).

Donnez à vos enfants de fréquenter les savoirs avec **régularité**, ça rentre beaucoup dans leur esprit que le bourrage de crâne. Revoyez au cours suivant, faire relire le soir et la semaine suivante ce qui doit être retenu impérativement. La fréquence cours + relecture le soir + relecture le lendemain + relecture la semaine suivante assure que le savoir soi su, et si vous voulez que ça soit su à vie, alors vous refaites une lecture le mois suivant.

LE PAR-CŒUR

Cela n'empêche pas de faire faire du **par-cœur**. En bas âge, le par-cœur aide énormément l'enfant, maîtriser un petit texte lui donne beaucoup d'assurance, c'est sa première maîtrise si on y songe. Et maîtriser quelque chose est très valorisant.

Dans le cas d'un texte à apprendre par cœur, voici comment nous nous y prenions quand j'apprenais le théâtre : apprendre, revoir le soir, revoir le lendemain, revoir la semaine d'après, revoir le mois d'après. Ces étapes étant respectées, le texte est acquis à vie, il suffit de relire pour le retrouver instantanément. Vous me direz : une poésie doit juste être sue pour la semaine suivante. D'accord, dans ce cas : apprendre, revoir le soir, le lendemain matin, le lendemain soir, le surlendemain.

Le par-cœur s'impose pour des poèmes qui resteront gravés à jamais dans le cœur, mais aussi les résumés d'Histoire, de sciences naturelles, les théorèmes de maths ou le vocabulaire d'anglais, de latin, ou d'espagnol.

On croit souvent que le cerveau de l'enfant ne doit pas être surchargé de par-cœur, cela le fatiguerait. La fatigue apparaît d'autant plus qu'il n'y a pas d'entraînement. Comme on le sait, un athlète se fatigue moins vite qu'un sportif moyen. Ce qui est vrai pour le corps l'est pour le cerveau. Plus on apprend par cœur, plus on est capable d'apprendre par cœur. C'est l'entraînement et l'habitude qui développent des facultés, qu'il s'agisse du corps ou de l'esprit. Les petits Japonais apprennent officiellement 1945 kanjis, les caractères d'origine chinoise, et chaque caractère a au moins deux lectures courantes différentes, et même d'autres prononciations dans les noms propres, c'est à dire qu'au bas mot ils engrangent 4 à 6000 cas particuliers. On a voulu faire des réformes de la langue française pour beaucoup moins que ça.

Le cerveau de l'enfant peut emmagasiner beaucoup, encore faut-il deux choses : que ces savoirs soient effectivement bons, c'est à dire reliés à une connaissance structurante — et non seulement de l'information hétéroclite, du *savoir* — et qu'ils soient délivrés avec ordre et méthode, de manière construite. On délivre beaucoup trop d'informations dans le système scolaire dans le but de faire des petits citoyens voire des petits consommateurs, mais ces informations ont rarement une utilité véritable pour l'enfant. Parfois, un enseignant qui a un hobby particulier peut enseigner d'avantage, en enseignant ce qui précède le savoir, ou son utilité, ses applications. Mais c'est finalement très rare. A notre sens, nous le redisons, on fait beaucoup trop travailler les enfants, leurs devoirs sont trop lourds et en même temps inconsistants, on leur demande d'apprendre des tas de choses inutiles, c'est plus ridicule et superficiel qu'au temps du

Bourgeois Gentilhomme du grand Molière. Nous nous souvenons d'un texte énorme dont on demandait l'analyse de tous les mots ; c'est plus qu'exagéré. Par ailleurs au contraire, ils ne fichent pas grand chose en classe au regard de ce qu'ils devraient savoir et pratiquer : peu de calculs, presque pas de géométrie, pratiquement pas d'Histoire, peu de lecture, pratiquement pas de rédaction etc. Des instituteurs vous diront qu'ils font tout cela, il est probable que nous ne parlons pas de la même chose.

Juste un mot : l'enfant aura un beaucoup plus grand intérêt à être avec son père ou sa mère, à observer et écouter ce qu'ils ont à lui dire sur leur métier ou leur observation des événements qui entourent la vie familiale, que de bûcher le fonctionnement de la Commission européenne. Les métiers ont des choses directes, vraies, à enseigner aux enfants. Le dialogue entre enfant et parent est plus précieux qu'une révision. Voilà qui est dit.

*

* *

Nous verrons plus tard de quelle manière nous procédons pour chaque matière, mais nous voudrions vous dire un mot sur quelques autres méthodes que nous employons.

DEVOIRS DU SOIR

Il y a peu de devoirs "du soir". A part quelques apprentissages par cœur et de temps en temps un travail inachevé en cours ou alors un devoir exceptionnel, l'essentiel se fait durant les trois à quatre heures de cours quotidiennes. Apparemment, c'est largement suffisant. Nous pensons que l'intensité du cours exploite toute la disponibilité des enfants durant ce laps de temps. Cela dit, nous faisons faire quelques heures l'après-midi, de temps à autre, étant obligés d'improviser notre emploi du temps quotidien. Mais les leçons ont lieu en principe le matin, l'après-midi étant consacré à l'application de ces leçons par des exercices.

Donc, il n'y a pas beaucoup de devoirs ou d'exercices du soir, il y en aura davantage durant la période qui précède le retour à l'école si l'enfant y retourne (voir chapitre Travail en solitaire). Nous livrons ici quelques ficelles qui ont de l'importance. C'est un autre avantage de l'Ecole à la maison : il y a un temps pour le travail, et le reste du temps. Pas ou peu de devoirs, ça fait la différence. L'enfant a le temps de lire, de parler avec ses parents, d'organiser sa vie, ses occupations.

Ce n'est parce qu'il y a peu de devoirs qu'il n'y en a pas du tout. Le travail en solitaire, comme on le verra plus loin, est très important.

LES EXERCICES *SONT* LA PRATIQUE

Ils sont plus importants encore que la théorie. On oublie la théorie, on n'oublie pas la pratique. D'abord, les exercices sont l'application, la pratique. La pratique est pour nous ce qui est de loin le plus important. Si vous observez la manière dont les choses se passent en Occident et en Orient, vous trouverez une différence nette, elle concerne la manière dont la théorie et la pratique sont envisagées. L'Occident s'est engouffré il y a longtemps sur une erreur qui est à l'origine de la quasi-totalité de ses problèmes. Je l'ai développé dans un autre ouvrage.

Mais nous vous expliquons la chose comme nous la voyons, cela va permettre de distinguer l'importance vitale de l'exercice pratique. Si vous vous mettez à apprendre le chinois en commençant par l'analyse grammaticale, vous pataugerez, vous n'y comprendrez rien. C'est ce qu'on fait aux Langues Orientales. Pour commencer, ce qu'il faut, c'est parler et écouter. C'est comme ça que les petits Chinois apprennent, c'est comme ça que nous avons tous appris notre langue maternelle. C'est préparer le cerveau, l'acclimater, lui rendre familières les notions. Nous avons abordé la grammaire bien plus tard, et cela nous a permis deux choses : comprendre mieux ce que nous disions et découvrir que la langue recèle des modes d'expressions plus pratiques, plus simples, ou plus subtils, ou plus riches, ou plus directs que nous ne le pensions.

Mais tout cela nous l'avons compris parce que déjà nous maîtrisions des notions du langage.

Lorsque nous avons appris à conduire, nous n'avons pas commencé par lire un livre sur la théorie de la conduite mais nous nous sommes assis devant un volant. Lorsque j'ai commencé à apprendre le karaté, mon maître ne m'a pas parlé de respect des traditions, de la voix du zen ou de la maîtrise de l'espace autour de moi, il m'a appris à me tenir debout, à saluer, à m'asseoir, puis à faire un premier pas. J'ai répété mon premier pas 300 fois le premier soir. Un simple pas. C'est plus tard que j'ai compris théoriquement quelle science il fallait développer pour accomplir un bon pas au karaté. Les premières notions de théorie n'ont été abordées que des mois plus tard, et de manière bien parcimonieuse, à l'appui d'une bonne dose de pratique. L'Orient, qui commence sur les berges de la Méditerranée, explique beaucoup par paraboles, c'est-à-dire que l'idée ne fait que suivre un récit, elle l'explique, révèle son sens. C'est dans ce sens qu'il faut enseigner, et non dans l'autre.

Mettons nous à la place de l'enfant en nous inscrivant, tenez, dans un club où se pratique un sport qui nous est inconnu.

Imaginez un instant qu'on calque la méthodologie la plus fréquemment employée dans les universités françaises et dans les écoles de France à ce club de sport. On commencera par parler d'anticipation, de souffle, de timing, et de toutes sortes de choses pendant une heure et quart. Ensuite, on se laisse un quart d'heure pour mettre en pratique. Après ça, emmenez vos élèves en compétition. Que croyez-vous qu'il se passera ? Ils seront complètement handicapés.

Il est probable que les instituteurs qui se font un plaisir de développer des choses savantes et compliquées à l'école alors que la base n'est même pas sue, se retrouveraient critiques au dernier degré dans un tel club de sport.

Vous pensez que nous exagérons ? Mais calculez le temps consacré à la théorie dans le système éducatif français. Aux Langues Orientales, on avait une heure par semaine de pratique. Une heure de pratique et une quinzaine d'heures de théorie. Qui croit sérieusement qu'un étudiant de Langues Orientales parlera couramment la langue étudiée après trois ans d'étude ? Vous vous demandez pourquoi les Français sont considérés comme passables en langues étrangères ? Ce n'est pas à cause de leurs facultés mentales, c'est uniquement en rapport de la méthode employée. Il y a des Français qui vont dans des écoles qui savent quelle est la bonne méthode et qui sont excellents.

Eh bien, de tels clubs de sport n'existent pas. Dans le domaine physique, on sait très bien comment fonctionne l'être humain. Mais dans le domaine intellectuel, notre système éducatif ne veut pratiquement rien savoir. Il serait temps de consulter les neurologues. Dans les grandes lignes, le cerveau fonctionne comme le corps. Ce n'est pas pour rien qu'on commence traditionnellement par raconter des histoires simples, des légendes et des contes aux enfants, c'est parce qu'ils ne comprennent pas spontanément ce que veulent dire les mots honnêteté, courage, don de soi, ruse, que tous ces mots ont besoin d'être illustrés.

Il m'arrive de visiter de nos jours des clubs de karaté où le professeur fait faire des katas difficiles à des débutants. Le résultat est bien sûr pitoyable, mais il y a plus grave : on rebute les pratiquants, on les gêne, on les fait se sentir mal. C'est pourtant facile à comprendre. Que le prof montre des katas difficiles, c'est excellent, cela donne envie de vouloir les faire soi-même, mais de grâce ne demandons pas aux néophytes de s'attaquer à de telles difficultés, c'est totalement contre-productifs. La progressivité, maître-mot.

Eh bien, ça ne dérange apparemment pas tous les instituteurs qui proposent de la poésie humoristique pour adultes à des enfants de cinq ans. Comment voulez-vous qu'ils apprécient ? C'est impossible. Je me souviens d'une poésie de ce genre à cette petite école communale où nous avions mis quelques temps nos enfants, l'institutrice était très fière, il s'agissait d'un texte de Bobby Lapointe. Lapointe écrivait pour les adultes, il fallait évidemment lire entre les lignes, son texte renvoyait à des idées reçues, à des associations d'idées qu'aucun enfant de moins de 18 ans ne pouvait avoir. Cette manière de faire est tout simplement snob : les instituteurs veulent montrer leur savoir d'une part, ils veulent se faire plaisir d'autre part, pendant ce temps ils ne se préoccupent pas de savoir si l'enfant comprend tous ces sous-entendus, l'ironie, l'humour et ces évidences cachées d'adultes. À cette institutrice, je fis une blague en anglais que les parents anglais présents ce jour-là apprécièrent. Mais mon institutrice, si elle comprit la lettre, ne comprit pas du tout l'esprit de la blague. Devant son désarroi, mi-figue mi-raisin, je lui dis : « Cette blague a sur vous le même effet que votre poème sur les enfants. » Je n'étais qu'un parent d'élève, pour elle je n'y entendais rien.

Si, pour les enseignants, il faut vouloir élever des enfants à leur hauteur, il faut d'abord avoir l'humilité de descendre à leur niveau. Aller les chercher là où ils sont. Les enfants ne peuvent atteindre le sommet dès le départ. Ni les adultes. On atteint le sommet de la montagne en commençant par le petit chemin qui court en bas au milieu des arbres. Comment se fait-il qu'on soit obligé de proférer de telles évidences ?

Le cardinal Radcliffe fait cette remarque très juste que lorsque quelqu'un nous demande sa direction dans la rue, on ne commence pas par lui dire qu'il part du mauvais endroit : on lui explique son chemin *en partant d'où il se trouve*. C'est l'évidence. Une évidence que le système scolaire n'a pas encore saisie.

Plus personne n'ignore ce que le système éducatif français reconnaît officiellement : il tient à détruire les "présupposés", les "a priori" pour bâtir une "société nouvelle". Cette vieille envie de faire table rase date de la Révolution d'Octobre 1917, reprenant elle-même les principes de la Révolution française, on voit que l'on n'est pas très en avance dans le domaine de l'éducation...

Pour en arriver à comprendre l'humour des adultes, quand bien même ce serait nécessaire (ce dont on peut douter pour des enfants), il faut comprendre le vocabulaire, le sens caché des mots et des phrases et enfin maîtriser les associations d'idées induites. Cela demande des années, de la lecture, des conversations nombreuses etc.

C'est le moment de conseiller aux parents de cesser d'utiliser l'ironie avec les enfants. Soyez "premier degré", soyez simples, innocents, ayez un humour innocent.

Arrêtons de mettre la charrue devant les bœufs. Arrêtons les réformes stériles inspirées par un génial technocrate préoccupé de nouveautés, et donc de complexité, alors qu'il faut de la simplicité, une progression aisée, de la facilité.

Tout le problème de l'Occident est là : il théorise avant de pratiquer. L'homme occidental se prend pour un dieu, il pense qu'il peut refaire un ordre naturel. Depuis l'aube des temps, le paysan sait que s'il plante mal et au mauvais moment, ou s'il taille mal et au mauvais moment, ou s'il récolte mal à et au mauvais moment, il sera ruiné, il n'y aura pas de récolte. C'est simple, "carré" comme on dit maintenant.

L'enseignant lui, ne voit pas nécessairement le résultat de ses méthodes. Il peut ainsi demeurer dans l'erreur pendant des années. Et si certains de ses élèves se retrouvent en difficulté, il pourra toujours se laisser convaincre que c'est la faute de la société, des politiques ou de la famille.

La pédagogie moderne entend changer les choses depuis 40 ans. On voit le résultat. En éducation comme ailleurs, c'est aux fruits qu'il faut juger.

Jadis, en Occident, comme en Orient, les ordres ou castes dans lesquels se transmettait le savoir commençaient toujours pas enseigner le travail des métiers aux disciples. Au bout de plusieurs années bien longues, parfois après 20 ans, le disciple ou le moine était autorisé à lire le livre sacré, Torah ou Evangile ou Livre des morts, qu'on ne pouvait approcher avant longtemps. Les Indiens d'Amérique enseignaient de la même façon. Les Africains de même. Toutes les sociétés traditionnelles qui ont eu une sagesse à enseigner l'ont fait de manière lente, *au fur et à mesure du développement de la personne*.

C'est également ainsi que cela se passait au Tibet avant l'invasion chinoise et c'est ainsi que cela se passait en Égypte antique. Je n'ai pas entendu dire que les brahmanes hindous aient non plus jamais commencé par former leurs disciples pas des cours théoriques.

Mais regardez notre enseignement, qui fait modèle pour le monde entier : de la théorie, encore de la théorie. Des idées, de l'abstraction, mais détaché du réel. On s'étonne que des énarques soient détachés des réalités, ce n'est pas tout à fait leur faute, on ne les y a jamais confrontés. Rome envoyait ses jeunes proconsuls commander dans les provinces lointaines, ils en revenaient avec une connaissance forte, ils y trouvaient une formation très dure, les vétérans les aguerrissaient.

On s'étonne aussi que des traders ruinent quelques millions de foyers. Mais ces traders ne sont pas plus à blâmer que les universitaires qui délivrent de la théorie toute leur existence sans avoir pris soin un jour de vérifier qu'elle était fondée. Le trader a une idée : se faire de l'argent. Il n'est pas habité, il n'a pas cette substance qui lui permettrait d'inhiber ce désir monophasé, cette obsession matérialiste. Il y a en lui une déconnexion entre l'idée et la réalité. Cela ne se produit que dans une société matérialiste où la vie naturelle n'existe plus qu'en marge de l'existence.

Le matérialisme, comme les idéologies, provient d'une déconnexion. La déconnexion entre l'idée et la réalité, qui est à l'origine de la plupart de nos maux. Les universitaires et les enseignants sont souvent de bons exemples de cette déconnexion, le modèle qu'ils proposent est dominant dans notre société depuis des centaines d'années. Nos politiques, nos médias suivent ce modèle.

Mais la sanction du réel est toujours là.

Ce sont les villes qui ont généré ces idéologies depuis des siècles, pour une raison toute simple : elles sont coupées des réalités premières, et de ce fait la théorie domine notre monde. Les idéologies ne sont jamais que des théories érigées en système.

Par conséquent, on comprend bien que si nous voulons changer, il va falloir réincarner l'humain, le mettre face à son environnement et à lui-même, arrêter de le surprotéger, de le laisser se lamenter sans s'éprouver face au réel. Et cela commence par l'éducation. Etre responsable, c'est ne plus subir. Ne plus subir, sortir de la passivité, c'est porter en soit tout ce qui permet d'affronter les défis.

On nous pardonnera cette digression. Nous ne les avons lues nulle part encore, pourtant c'est jusque là qu'il faut remonter, pour comprendre l'origine première de l'impasse éducative contemporaine.

*

*   *

Je reviens à nos cours. Nous faisons le contraire de l'école : aussi souvent que possible, nous commençons l'heure par la pratique, qui prend l'essentiel de l'heure de cours, et nous exposons ensuite la théorie qui vient illustrer et expliquer la pratique, ce qui a été fait en exercice. C'est alors que les enfants s'émerveillent : ils comprennent ce qu'ils viennent de faire. *Ils comprennent ce qu'ils savent faire.* Nous pouvons vous assurer que le résultat est extraordinaire. L'enfant est émerveillé et son émulation est multipliée.

PRATIQUEZ, PRATIQUEZ, PRATIQUEZ

L'élève, l'homme ou la femme en pratique sera toujours le plus éloigné de l'idéologie et de la vanité, son corollaire. Les sociétés les plus pacifiques et les plus fortes sont des sociétés de gens en pratique. Les peuplades qui font encore notre admiration par leurs capacité à vivre au sein du monde réel sont dans cette pratique de la vie au quotidien. Les gens de maîtrise, les gens qui ont une autorité sont des gens qui pratiquent.

Pratiquons, sans cesse confrontons-nous à l'échec, cela rend humble ; mais cela enseigne aussi la logique secrète contenu en chaque matière. Seule la pratique permet de trouver le chemin juste dans la spéculation intellectuelle. Le langage en paraboles du Christ, ou des taoïstes, ou des contes et légendes ancestraux, révèle des vérités profondes : tous les mystères se trouvent tapis autour de nous, dans le réel. Les secrets de l'invisible que poursuivent les scientifiques sont autour de nous.

J'ai appris le japonais au Japon et en France. J'ai retenu 90 % de ce que j'ai appris au Japon et 10 % de ce que j'ai appris en France. Au Japon, on pratiquait : oral, écrit, oral, écrit. Une fois que c'était assimilé, on recommençait la leçon. Oral, écrit. Des dizaines de fois. En France, de la théorie, beaucoup d'heures de théorie, des semaines très chargées. Avec des tas de choses qu'on trouve en 5 minutes dans un livre ou sur Internet. La structure de ceci ou la grammaire de cela. En deux ans de toute cette théorie, pas un seul étudiant n'est capable de parler le japonais. C'est le système français. Je ne supportais pas très bien cela. Les autres étudiants non plus, du coup ils avaient beaucoup plus d'activités dans les associations ou à la buvette. C'est comme ça qu'ils trouvaient parfois du boulot : par des combines, le copinage, pas grâce à leurs connaissances universitaires. Vous sortez de l'université française et vous voilà au chômage : qui veut d'un jeune plein de théorie ? L'essentiel était d'avoir un diplôme, pas des connaissances. Jamais probablement, on n'irait vérifier qu'ils ont réellement ces connaissances. Certains étudiants, qui n'ont réussi leur examen qu'en trichant, ne sont jamais découverts. J'en connais qui ont de beaux postes, jusque dans les ministères. Seulement, le jour où l'on a réellement besoin de leurs connaissances, il n'y a plus personne. Du coup, le système qui se repose sur eux est en panne. Et se met à faire appel au privé, où il y a des gens qui possèdent un métier, une compétence réelle. Si nous constatons autant d'incapacité et d'irresponsabilité dans notre société, c'est aussi à cause de cette imposture généralisée. On a tous les jours des tas d'exemples de gens qui sont incapables de faire ce pour quoi ils sont payés, et jusqu'ici presque personne ne remet le système en cause sur le fond. On a là une grande part de l'explication de l'effondrement de l'Occident face à l'Extrême-Orient.

Voilà où se trouve le fond de la question : dans la sur-valorisation de l'abstraction par rapport à la pratique et au savoir-faire qui en découle ; les métiers dont la ressource est l'intellect sont beaucoup mieux vus que les métiers manuels. Un jour, dans un litige qui m'opposait à une administration, à Toulouse, un juge me demande : « A part être artisan, qu'est-ce que vous faites dans la vie ? » Je lui réponds : « Je suis aussi écrivain. » « Ah ! s'exclame-t-il, c'est déjà plus intéressant. » J'en ai été stupéfait. J'ai failli écoper de 1500 € d'amende parce qu'après un moment, je lui ai répondu : « C'est l'artisan qui vous paye, et qui permet à ce pays d'avoir une justice, pas l'écrivain. » Si on y songe, cette réflexion spontanée du juge est très parlante : il y a un mépris pour les métiers et une sur-valorisation des professions intellectuelles. Premier résultat ridicule, il y a des milliers d'étudiants en sociologie à Toulouse alors qu'on en a peut-être besoin de trois ou quatre de plus chaque année. Et le budget de l'Etat fond parce qu'il n'y a plus de production nationale. Mais surtout, il y a une omniprésence totalisante de la "pensée" au détriment des métiers, bref : du *savoir* au détriment de la *connaissance.*

On sait, on sait, et plein de choses ; mais on ne sait rien du tout, comme le chantait Jean Gabin.

Je finis en disant ceci, qui a un rapport direct avec l'école : les métiers ont l'avantage absolu qu'ils permettent à l'intelligence de saisir les principes intrinsèques, non seulement des choses et de la matière, mais de ce qui parcourt la chose créée et lui donne vie, s'agirait-il de matière dite inerte. On peut, en cultivant les champs ou en bâtissant un pont, saisir des vérités, découvrir des concepts, développer une philosophie ou une politique, de manière beaucoup plus sûre et surtout beaucoup plus viable (dans viable, il y a vie) que par de pures spéculations. En observant un plant de pomme de terre comme le fit Molière avant d'écrire son Tartuffe[41], ou un plant de courgette[42], on peut découvrir des principes politiques extraordinaires.

Je le dis avec d'autant plus d'humilité que je suis plutôt un intellectuel et que j'ai grandi dans une société qui a la religion du mépris relatif des choses et des métiers, dans une exaltation des métiers intellectuels. Regardez vos journaux, vos médias.

Il n'est pas question de dévaloriser l'intellect, mais seul il ne fonctionne pas. J'ai été artisan et la fréquentation des savoir-faire m'a énormément appris. J'étais un crâne d'œuf, les réalités m'ont enseigné la réalité et même une part de la vérité. Une génération qui a connu la guerre, partiellement privée d'études, m'a montré qu'elle pouvait être infiniment plus admirable par sa science de la relation à l'autre, par son imprégnation philosophique issue d'existences très dures, par sa

[41] *: Tartuffe vient de* tartifle, *la pomme de terre, dans l'Est. La particularité de la pomme de terre, c'est de déployer l'essentiel de son activité en sous-sol. Voilà pourquoi Molière a appelé ainsi son personnage.*

[42] *: vous souriez peut-être, mais lorsque nous cultivions des courgettes en Provence, nous observions que la feuille de cette plante a une politique de l'eau très élaborée.*

faculté à régner souverainement face aux adversités, par une connaissance des choses, par un esprit de générosité, de grandeur, d'économie, d'abnégation et de solidité, de finesse et de ténacité. Il faut avoir connu ces seigneurs. Cela, je crois que ce sont les métiers, et par excellence la terre, qui le procurent lorsqu'ils fatiguent le corps humain et le conduisent vers la pensée et les livres. Une culture livresque en tant que telle ne vaut rien, il faut qu'elle habite une charpente éprouvée, vaste, vivante, solide.

Lorsque nous enseignons, nous devons réellement habiter le cours. Et nous faisons beaucoup répéter. L'enfant commence à oublier quant il croit savoir. Fréquemment, je demande aux enfants : « qu'est-ce que je viens de dire ? » L'exercice qui consiste à répéter ce qui vient d'être dit fait entrer la notion dans l'esprit. Ou même : « répète ce que tu viens de dire, s'il te plaît » qui est encore une proposition toute différente.

Quant à l'apprentissage par cœur, il y a une méthode que j'ai apprise au temps où j'étais comédien : lire quatre fois la phrase, puis la dire quatre fois à voix haute sans regarder le texte. Recommencer le procédé avec la seconde phrase. Puis, réciter la première et la deuxième phrases une fois. Et ainsi de suite. Le texte est alors ingéré, provisoirement. Il est très important de revoir le lendemain, car la nuit les choses sont assimilées. Aussi l'enseignant doit-il veiller à ne pas interroger le jour-même. Il faut toujours laisser passer au moins une nuit. Et bien sûr, enseigner une méthode d'apprentissage. Apprendre à apprendre est tout aussi important qu'apprendre.

J'ai eu ce soir le plaisir d'aller écouter un pédagogue qui a proposé une petite conférence (sans lire de notes, chapeau) sur l'autorité. Tout ce qu'il dit est très juste. Je n'ai juste eu à réagir qu'après la conférence sur un mot, lorsqu'il a dit que le projet pédagogique de l'école catholique établissait nettement l'absence de rapports entre l'être et l'acte. Il est possible que j'aie mal entendu. Son propos était de ne pas juger un enfant qui a commis des actes délictueux, de ne pas le juger, de lui dire qu'il est un délinquant. C'est très juste. Cependant, j'ai réagi sur l'idée selon laquelle l'acte serait indépendant de l'être.

Je veux dire clairement : l'acte émane de l'être d'une part, d'autre part il le construit.

Si j'apprends l'anglais, je me crée une liberté, celle de dialoguer en Angleterre.

Séparer l'acte de l'être, c'est le déresponsabiliser. En fait, j'ai dû mal entendre le conférencier parce qu'il s'est déclaré tout à fait d'accord.

Il explique aussi que nous avions à inventer des codes, des signes pouvant pallier à la disparition des signes extérieurs d'autorité. Cela à la suite d'une question d'un ami : le pouvoir de sanction a disparu, la blouse de l'élève, l'estrade aussi, on tutoie l'instituteur et on l'appelle par son prénom, du coup, comment peut-on s'en sortir ?

J'ai trouvé la question intéressante et je vous dirai pourquoi. Mais avant cela, je vous livre la réponse du conférencier, fort adroite : si en tutoyant vous pensez vouvoyer, la tonalité de votre propos correspondra à votre intention. Il ajoute de même : si en vouvoyant vous pensez tutoyer, la tonalité de votre propos correspondra à votre intention. Là, je me dis qu'il fait cet ajout pour équilibrer sa proposition, pour ne pas qu'on l'accuse de privilégier le vouvoiement. Certes, si je pense tutoyer signifie avoir plus de cordialité pour l'enfant qu'un vouvoiement glacial, la proposition fonctionne.

Mais l'un dans l'autre, le tutoiement d'un enseignant le ramène à une égalité que le conférencier par ailleurs considère comme dangereuse et inepte, à raison selon moi. Je pense que beaucoup d'enseignants sont obligés de gérer un tutoiement qu'ils ne considèrent pas très heureux.

On veut copiner, et dans les faits on détruit un lien. Lorsque je vais en haute montagne avec un guide, j'ai surtout besoin qu'il me conduise sans encombre au sommet. Je redouterais même le copinage parce qu'il pourrait priver le guide de me dire mes quatre vérités si je fais une erreur, et en montagne je n'ai pas le droit à l'erreur. Je n'ai aucun besoin d'une ambiance "peace and love" et cool, j'ai besoin d'un vrai professionnel, d'un maître en sa matière.

En cela, notre culture du consensus et de la bonne ambiance nous conduit parfois à des catastrophes. Un peu de distance et d'autorité seraient les bienvenues, lorsque la responsabilité est grande.

Il y a un écueil que le conférencier à évité, c'était de dire : peu importe le langage, seule compte l'intention. Car très clairement, l'enfant, comme l'adulte d'ailleurs, se situe aussi beaucoup par rapport aux signes, au langage, aux vêtements, à l'estrade, au titre etc. Lafontaine dit : « Du magistrat, c'est la robe qu'on salue. » On a eu tendance à supprimer les signes extérieurs de verticalité, de hiérarchie, pour privilégier un rapprochement, une proximité dans laquelle l'autorité a disparu. Il fallait peut-être essayer. Mais on s'est rendu compte que ces signes sont indispensables. Le signe extérieur permet de se reconnaître, de se situer, de s'orienter. Le plus difficile dans la vie, c'est de se situer. On n'a pas encore essayé de faire jouer des équipes de rugby sans maillots distinctifs, on n'a pas encore retiré leurs uniformes aux gendarmes ni aux karatékas. On n'a pas non plus supprimé les panneaux sur la route. Dans une époque aussi peu préoccupée de principe, on me répond "quel rapport ?" Le rapport est un rapport de principe, on maintient pour les adultes, sur la route, les signes qui leur permettent de distinguer où se trouve l'interdit et l'obligation, tandis qu'on les enlève aux enfants à l'école. On maintient l'uniforme du gendarme sans lequel il serait délicat d'obtenir spontanément le respect de la fonction, alors qu'on l'a enlevé à l'enseignant. Essayez pour voir de retirer leur uniforme aux gendarmes, et vous verrez comment ça se passera, sur le bord des routes...

Il faut réinventer des signes d'autorité, d'une bonne autorité, et là vous avez le champ libre. On a retiré les signes aux enseignants et aux élèves, on a retiré l'estrade et du coup on est tous au même niveau, ne reste plus que l'âge et encore, dans certaines classes, les élèves sont plus âgés que l'enseignant.

Les enfants ont un énorme besoin de recevoir pour s'élever. Il faut accepter la distance qui permet le Don, qui lui-même permet d'élever. Si le rapprochement est excessif, il y a une perte de mobilité et de liberté. Cela semble paradoxal, c'est pourtant vraiment pédagogique. L'omniprésence, la proximité excessive ou le rêve idéologique de fusion avec l'élève lui ôtent sa liberté.

Il y a des pédagogies bonzaï, et ce sont souvent les pédagogies inspirées par le plus d'envie de bien faire. Je pense en particulier à ces mamans qui font les devoirs avec leurs enfants et qui se collent sur leur dos, la tête au dessus de l'épaule, pour leur faire écrire les bonnes réponses. Il n'y a pas beaucoup de moyens plus sûrs pour étouffer l'enfant et taire sa fécondité naturelle. Donnons de l'espace, reprenons distance, respect et souvent silence.

APRÈS LA SOLITUDE, LE REGROUPEMENT

Un beau jour que nous étions avec des familles à pique-niquer, quelqu'un vient nous trouver pour nous dire qu'une famille fait aussi l'Ecole à la maison. Nous nous rencontrons, ils ont 5 enfants adoptés. Pendant qu'ils se mettent à jouer avec les nôtres, nous découvrons que nous employons le même cours par correspondance et... partageons beaucoup de convictions communes. La maman nous raconte : elle a prié durant des jours saint Joseph pour qu'ils puissent rencontrer une famille qui fait l'Ecole à la maison. Saint Joseph l'a apparemment entendue puisque non seulement elle a rencontré une famille qui fait l'Ecole à la maison, mais une famille du même nombre d'enfants (nous en avions alors 5), du même âge et donc des mêmes classes (nos deux aînés avaient également tous deux un an d'avance), et utilisant le même cours !

Non content de cela, c'est l'amitié immédiate. Nous nous revoyons une fois, deux fois, et nous voilà inséparables. Plus rien ne peut se passer chez les uns ou les autres sans que ce soit partagé, joie ou douleur.

Deux des quatre parents en arrivent même à écrire ensemble et donner leurs premières conférences. Malgré cette hostilité générale contre l'Ecole à la maison et dans la tourmente que nous vivions seuls face aux préjugés et aux institutions, nous retrouvions le sens initial de l'enseignement, la question première que personne ne pose, favorisant un regard complètement renouvelé sur la personne humaine, au centre des préoccupations. Que nous en ayons une responsabilité ou que ce fut dans l'air du temps, très bientôt on reprendrait cette idée sur les ondes et même dans les partis politiques. Mais nous posions les termes fondateurs d'une approche anthropologique renouvelée, avec une recherche métaphysique et philosophique puisant aux diverses sources de la tradition et de la recherche. La question « pourquoi enseigner ses enfants » n'a pas que la réponse « parce qu'il doivent trouver du travail plus tard » ou « pour être socialisés », mais parce qu'il y a une exigence beaucoup plus grave, plus éternelle, une exigence immatérielle, anthropologique. Cela inclut, pour l'être, de donner et de recevoir ; de donner à l'être afin qu'il se déploie et qu'il advienne pour lui-même et pour les autres, dans une rencontre avec lui-même et avec les autres ; de recevoir, car rien n'advient si rien n'est reçu au sens plein du terme.

Nous recevions Anne Coffinier qui s'intéressait à nos expériences, à qui j'avais écrit et avec qui les échanges épistolaires avaient une belle dimension.

Alors, nous décidions de nous regrouper.

Et ce furent les trois années les plus extraordinaires du point de vue de l'enseignement à la maison.

La maman de l'autre famille possédait des qualités indépassables pour enseigner le français et les Lettres classiques, comme ancienne professeur de collège et de lycée. Cécile était insurpassable pour les maths et les sciences et je m'essayais à enseigner les langues, ainsi que l'Histoire-géographie. Mais on bougeait, parfois je faisais faire des exos de maths, les mamans faisaient de l'Histoire, il n'y avait pas de règle fixe. L'improvisation, la spontanéité étaient des clés qui plaisaient aux enfants. Avec toujours bien sûr des règles intangibles. Et même des rituels en début et en fin de cours, la prière très précieuse pour promettre qu'on va donner tout ce qu'on peut dans la journée et pour s'investir de conviction, de sérieux. Et bien sûr pour remercier Dieu qui nous donnait cette immense joie d'enseigner à nos enfants. On commençait la journée en commun par la louange devant le coin prière, avec un chant accompagné par l'un des instruments de nos amis, qui sont tous musiciens.

La première année, on s'échangeait nos deux aînés deux jours par semaine. Il y avait pas mal de route à faire, habitant à 45 km de distance. L'année suivante, on allait les uns chez les autres. On avait là tous les niveaux qu'on se répartissait. L'emploi du temps était très strict, les journées étaient chargées : 3 heures le matin et 3 heures l'après-midi.

C'est là que nous avons réalisé qu'il est plus facile d'enseigner les enfants des autres : vos propres enfants connaissent vos failles parfaitement, ils savent les exploiter et vous mettre les nerfs en pelote, alors qu'ils sont tentés naturellement d'obéir à un autre parent.

Les cours en commun, de français ou de maths, étaient des moments extrêmement forts, où l'on s'amusait énormément tout en avançant à grands pas. Les enfants progressaient à vue d'œil. Durant les repas, on pouvait faire des bilans personnalisés. La charité chrétienne et l'amitié faisait l'essentiel de ce trésor partagé.

A noter que le 5 mars 2007 était votée la loi n° 2007-293 réformant la protection de l'enfance publiée au Journal Officiel du 6 mars 2007, et qui en principe limitait la possibilité de regroupement scolaire. Nous en profitions pour faire un peu de militantisme sur Internet. La question politique se posait de plus en plus pour moi.

LE TRAVAIL EN SOLITAIRE

Il est fondamental que l'enfant apprenne à travailler seul. Il en aura besoin aussi bien durant ses études que dans sa vie professionnelle.

Qu'est-ce qui aide le mieux un enfant à travailler seul ? La lecture ! Ayez le courage de supprimer progressivement la télé, le téléphone portable et l'ordinateur de votre enfant, pour les remplacer par le livre.

Certes, comme nous l'avons dit, il y a peu de devoirs. Mais nous recommandons tout de même de préparer l'enfant aux études longues, s'il en fait un jour, en lui faisant faire de temps à autre un travail personnel, avec ou sans aide.

Nous faisons faire leurs devoirs aux enfants l'après-midi. Qu'il s'agisse d'apprentissage par cœur, d'exercices ou d'un exposé, il est indispensable d'y aller progressivement. Au début, on est présent, quoique laissant l'enfant avec un minimum d'instructions. Puis, on s'absente par périodes, et finalement l'enfant se retrouve complètement seul. Bientôt, il fera son travail dans sa chambre, ce sera minuté, et pour finir il présentera ce qu'il a fait au correcteur.

Les exposés sont l'objet d'un apprentissage très constructif. Le père (ou le parent absent) peut trouver là l'occasion de s'impliquer dans la recherche des documents et, avant ça, dans la définition du sujet et le choix des thèmes. C'est un préambule du travail en équipe qui est une faculté décisive à l'université ou dans le monde du travail.

ATTITUDES EN COURS

Il y a un an, nous répondions à une demande de renseignement par mail : « Ce qu'il y a à faire du côté pédagogique est énorme. »

Une chose pose fréquemment problème, c'est l'angoisse maternelle. Il n'est pas facile d'envisager de faire cours, on n'est pas sûre d'y arriver, et quand on le fait on doute, on a peur de l'échec et chaque difficulté semble la preuve qu'on n'y connaît rien etc. Il faut complètement mettre de côté cette vision. Car elle ramène à la maman au lieu que les choses soient centrées sur l'enfant. Il est important que la maman relativise. Bien sûr que les choses se passeront mal parfois, bien sûr qu'il y a des écueils et des nasses, mais c'est surtout vrai à cause d'une angoisse permanente qui vous colle à la peau. Relativisez, dites-vous :

— la situation est de toute façon meilleure qu'à l'école et

— à chaque jour suffit sa peine.

Dans la difficulté, rappelez-vous ceci :

— Quand ai-je réussi, la dernière fois ?

Repensez à cette réussite, imprégnez-vous du sentiment que vous ressentiez, retrouvez l'attitude que vous aviez, cette attitude intérieure de confiance. Rappelez-vous que des livres peuvent vous aider.

Le progrès n'est pas rectiligne. Je me souviens d'une période où nous avions l'impression que notre fille cadette avait régressé d'un an. Cela fait partie des choses normales, l'être humain n'est pas un monolithe, il n'y a jamais de happy-end, tout est à entretenir chaque jour. Les joies et les peines ne sont jamais définitives, mais elles sont des moments sur lesquels on s'appuie, ce sont des signaux sur le chemin.

Il nous est arrivé de nous trouver dans des impasses, de vouloir tout arrêter, de nous sentir très en-dessous de ce que nous pouvions voir ailleurs, dans d'autres familles. De leur côté, les mamans nous disaient « non mais vous plaisantez, nous vous regardons comme des modèles, nous sommes nuls. » Nous des modèles ! ça nous amusait à demi. Nous avons souvent eu l'impression d'être nuls, de ne pas donner assez. Tous, nous sentons l'imperfection de nos méthodes, mais… c'est bon signe. Lorsqu'un jour je descendais de scène, après une représentation de théâtre, et expliquai à mon vieux professeur que je n'étais pas content de moi, il me dit : « Eh bien, tant mieux, le pire serait de croire que tu es arrivé au bout du chemin. » Il est bon d'avoir des doutes, de réfléchir sur « comment mieux faire ».

Il arrive souvent que l'on réussisse une chose un jour puis qu'on échoue en retentant l'expérience. Qu'un truc fonctionne une fois mais pas deux. Peu à peu, on se rôde, on apprend, on s'affermit. On finit par ne plus guère y penser et les choses deviennent naturelles, exactement comme lorsque le tireur à l'arc exécute son art sans penser à son arc, comme vous faites de la bicyclette sans y penser. C'est encore et toujours une question de pratique. *Il n'y a pas d'enseignant bon en théorie, il n'y a que des enseignants bons en pratique.* Par conséquent, relativisez et avancez, la solution est toujours devant vous !

Créativité

La Créativité est une clé. Elle se travaille. Combien de mamans nous ont dit « je n'ai aucune imagination » ! Quelle importance, demain sera un autre jour. D'abord, comprenez bien que si l'enfant commence à se lasser, c'est qu'il n'est plus dans l'émerveillement et que bien souvent, l'émerveiller vous sera utile. Préparez des bottes secrètes : histoires, anecdotes sur d'autres enfants, sur d'autres familles, notez ce que vous trouvez sur Internet, glanez plein de petites choses que vous pourriez lui dire le jour où vous remarquerez une lassitude. Votre méthode : faites-la varier. Faites cours dehors s'il fait beau, une fois ou l'autre. Allez au bord d'une rivière, profitez-en pour faire leçon de choses ; ou dans les bois. Faites cours dans un parc public, invitez votre enfant à observer, faites des paris : « Je te parie qu'aujourd'hui, durant le cours, nous allons voir *telle chose* ». Rompez la monotonie. Invitez un autre enfant, ou un adulte. Amusez-vous. Changez, renouvelez, variez. Il y a mille trucs à faire, il n'y a pas de limite ! Vous avez vu, plus haut dans le texte, quel texte vous pouvez lire sur le sujet de la créativité.

Humilité

Toutes les vertus sont bonnes à cultiver. L'humilité au premier chef. Il faut que vous sachiez reconnaître une erreur, s'il est juste de le faire. Ne signalez pas une erreur d'orientation pédagogique ou de manière de faire cours, ça ne ferait que déstabiliser votre enfant, mais n'hésitez à reconnaître que vous vous êtes trompée dans la résolution d'un exercice, et montrez à votre enfant quelle a été l'erreur. Faites-le simplement, sans gêne, car il faut que votre enfant soit capable lui aussi de dire avec simplicité et sans orgueil qu'il s'est trompé. Savoir reconnaître ses erreurs est un puissant moyen d'avancer.

Discernement

Il faut sans cesse discerner, il est rare que la règle s'applique, sachez agir en conscience. Même si nous vous proposons ici quelques astuces, c'est vous qui verrez si elles en valent la peine ou non. Discerner aide à manifester la vérité et la justice. Toutes les vérités ne sont pas bonnes à dire, toutes les règles ne sont pas applicables tout le temps, adaptez, sans baisser le niveau de vos exigences mais en élevant votre niveau d'amour. L'amour est exigeant, donc si vous aimez, vous saurez donner ce qu'il faut.

Etre en forme

Nous l'avons dit et nous insistons. Il faut être en forme. Couchez-vous tôt. Faites du sport. Vous êtes fatiguée parce que votre corps subit des contraintes répétitives et se vide ; en outre, vous vous "démusclez", ce qui fait que vous êtes fatiguée plus vite. Enfin, votre cerveau n'est pas bien irrigué. Le sport est obligatoire pour les mamans ! Pas seulement la marche jusqu'au bout de l'allée, deux heures au moins d'efforts intensifs. Et ne nous dites pas que vous n'en avez pas les moyens, ça ne tient pas. Inscrivez-vous dans un sport, négociez le prix, ça vous rapportera tout ce que vous n'aurez pas à dépenser en temps et en argent chez le médecin.

Changez d'hygiène de vie, méfiez-vous des médicaments. Sur internent, vous avez des tas de blogs qui vous conseillent des moyens naturels.

Comment parler à son enfant

Attention aux paroles prononcées à la légère.

« Je te l'ai expliqué un million de fois. » C'est inexact, vous l'avez peut-être dit cinquante fois. « Si ce n'est pas fait dans cinq minutes, tu seras privé d'ordinateur pendant un mois. » C'est probablement dit à la va-vite, il sera privé deux heures et après cela, n'abdiquerez-vous pas ?

« Tu es... », la phrase qui commence mal, quand elle est critique. Autant vous pouvez dire aussi souvent que vous voulez « Tu es drôle », « tu es merveilleux quand tu veux », autant « tu es idiot, maladroit, bouché ou quoi ? lent, paresseux » etc. est à proscrire totalement, irrévocablement, définitivement. Vous ne pouvez pas juger votre enfant. Vous pouvez ses actes : « Tu as commis un acte maladroit », « tu t'es levé ce matin avec trop de lenteur, trop tard », vous pouvez le dire.

Surveillons très attentivement nos paroles. Ce n'est pas facile, elles nous échappent, mais essayons.

Surveiller ses paroles, surveiller son attitude aussi. Il ne faut plus être maman, mais une enseignante, pas forcément tolérante pour tout, pas forcément accessible.

Renoncer aux cris. Ne jamais crier. Le papa peut être là pour élever le ton, d'un seul cran, ça doit suffire ou alors il faut travailler son autorité naturelle.

Il n'y a aucune raison de discuter à propos du travail, seulement obtenir. L'enfant reçoit le cours, il ne l'invente pas et il ne l'organise pas. Il ne le discute pas sur le fond, il participe, c'est-à-dire qu'il s'exprime et l'enrichit parfois, jamais il ne doit le remettre en cause profondément. Très peu de mamans sont capables de couper court aux discussions qui n'ont pas lieu d'être, mais celles qui y arrivent s'en sortent mieux, sont moins fatiguées, moins déstabilisées, moins fragilisées, elles tiennent mieux dans la durée et les choses ne leur filent pas entre les doigts. Et l'enfant s'y retrouve mieux, il y a un chef d'orchestre et un instrumentiste (lui), tout est bien. C'est un travail que la maman doit conduire peu à peu, on n'y arrive pas du jour au lendemain.

Ce qui construit, c'est l'amour au sens plein, et non l'excès de tolérance, l'amour qui sollicite et qui libère, l'amour qui exige et pardonne, qui déploie et rassure, qui donne confiance. Ce qui construit, c'est aussi le langage, il faut donc pousser l'enfant à l'expression sûre, précise, au récit (à table par exemple, il est excellent de faire raconter un livre à son papa) ; l'écriture développe une expression orale plus construite, une pensée mieux étayée et méthodique, plus imaginative.

La même pédagogie ne convient pas à tous les enfants. A chacun sa méthode et ses applications, avec créativité et discernement comme nous l'avons dit. A chaque maman son rythme, ses trucs, sa tonalité. Il y a une quantité de manières de bien faire, on ne les a pas toutes explorées, il y en a autant que de tempéraments différents.

Dans le champ pédagogique, n'ayons que peu d'opinions définitives. Tout mérite d'être repensé, conforté, amélioré, car l'enfant évolue et il faut donc adapter.

Et puis, comprendre le cerveau. Quand vous faites cours, comprenez bien que le cerveau a des impératifs. Regardez un film de bonne qualité. Prenons Toy Story par exemple, observez les étapes : vous aurez des clés pour comprendre comment conduire votre cours. Ces films sont très bien construits parce qu'à Hollywood, on sait très bien comment est fait le cerveau. D'abord du plaisir, puis de l'émulation, ensuite des sentiments profonds et une forte adhésion, avec à la fin une célébration qui retrace le chemin parcouru. C'est le même processus en cours, sauf que l'on sollicite la participation de l'élève. Quand vous faites cours, appliquez ce schéma : plaisir, émulation, concentration, réussite + joie, célébration. Le plaisir vous l'obtenez par le jeu, la légèreté, l'émulation par la promesse d'une victoire (« Quand le cours sera fini, tu sauras comment… tu seras capable de… »), le travail proprement dit en sachant que le cerveau ne peut donner en moyenne que 30 à 40mn consécutives de concentration très forte (faire des pauses avant la reprise du cours), et à la fin célébrer, c'est-à-dire bien exprimer quelles aptitudes on a acquises d'une part, et d'autre part les réussites.

Il sera essentiel de faire des exercices parce que, vous le savez maintenant, l'acquisition définitive demande d'y revenir.

Vous me direz peut-être que l'apprentissage par cœur n'est pas à la mode. Faites apprendre plusieurs textes par cœur, c'est excellent pour le cerveau. La recherche sur le cerveau devrait être votre conseiller. Prenez l'habitude de regarder ce qu'il y a sur Internet, abonnez-vous aux publications.

L'émulation est au centre du travail à la maison. Le bâton et la carotte, ça ne marche pas souvent ; ça marche parfois, attention, dans certains cas précis. On lira avec intérêt « La vérité sur ce qui nous motive », de Daniel Pink, qui vaut aussi pour les adultes. On recense, dans tous les Etats-Unis, des enfants qui aiment dessiner et dessinent pendant que les autres vont en récréation. Ils sont divisés en trois groupes. Au premier groupe d'enfants, on dit : » Formidable vos dessins, continuez, vous aurez 5 dollars pour chaque dessin réussi plus un diplôme. » Au second groupe, on ne dit rien mais on remet 5 dollars et le diplôme pour chaque dessin réussi. On ne dit ni ne fait rien pour le 3ème groupe d'enfants, qui dessinent dans leur coin sans qu'on s'occupe d'eux. Quel est le groupe qui a continué à se passionner pour le dessin ? Le 3ème, qui n'a eu aucune récompense. Ce qui était auparavant un plaisir est devenu rapidement un devoir, quelque chose demandée par un adulte. Les chefs d'entreprise devraient savoir ça, c'est la même chose avec les salariés. Dans le monde de demain, l'enjeu sera désormais l'émulation. Et donc le développement personnel. C'est pour cette raison que les métiers des ressources humaines, spécialement les coachs, seront ceux qui connaîtront le plus fort développement.

La récompense motive sur le coup mais sur le long terme, elle assimile l'occupation aimée à du travail, donc elle détruit la passion. C'est pour la même raison que Wikipédia a écrasé Microsoft Encarta, le bénévolat a plus de ressources que le travail récompensé. Ceci n'est pas un principe que vous pourrez appliquer dans tous les cas, mais pour l'enfant, c'est bon à savoir.

Rappelons-nous que Bach père interdisait à son fils de toucher au clavecin et qu'il ne disait rien, la nuit, lorsqu'il entendait Jean-Sébastien se lever discrètement et aller jouer à l'instrument. C'était le plus sûr moyen de passionner cet esprit volontaire qu'était Jean-Sébastien.

Il faut un peu de ruse, quand l'attitude "officielle" du parent-enseignant devient l'attitude à contrarier pour l'enfant, lorsqu'il a tendance à vouloir le contraire.

Enfin, il est indispensable d'accepter que l'enfant nous dépasse bientôt sur tel ou tel point, il fera de meilleures rédactions que vous, il faut l'accepter sans bien sûr lui dire, il faut vouloir être dépassé.

Il y a des ouvrages qui sont consacrés à l'éducation, nous ne les reprendrons pas ici. On sait qu'il ne faut pas sauter à pieds joints sur une erreur de l'enfant, mais le conduire à comprendre sa faute sans brusquerie. Pour toutes ces techniques de l'éducation, nous recommandons spécialement « Comment aimer un enfant » de Janus Korczack, qui est vraiment très surprenant, intelligent et nous remet tous en cause, même les meilleurs. Cela raconte des tas de petites anecdotes le plus souvent du point de vue de l'enfant, et comment l'adulte s'en est tiré ou comment il aurait pu réagir.

Nous avons suggéré l'ouvrage de Janus Korczack, qui est une somme de réponses à bien des situations. Il reste pourtant quelques petites observations que nous avons faites et que nous n'avons trouvées nulle part. Les voici.

Regard et voix

On s'aperçoit très vite que les enfants ne fonctionnent pas exactement comme les adultes. Les adultes fonctionnent beaucoup plus aux mots, au discours. Les enfants fonctionnent à l'attitude et spécialement au regard et à la voix. Ils attendent beaucoup du regard, ils y puisent une confiance, un encouragement, une solidité, ou pas. Dans la voix, ils entendent le sérieux, la sincérité, l'énergie.

Vous allez nous dire que nous nous répétons. C'est volontaire, c'est le meilleur moyen d'intégrer une notion (et notre livre n'est pas pour autant vendu un centime plus cher !).

Le regard doit être vrai, fort et confiant. Ce qui ne veut pas dire qu'il faille harceler l'enfant de son regard. Il m'arrive de faire tout autre chose en faisant cours, par exemple un peu de rangement, lorsque je vois mon enfant dans le flou, je le laisse réfléchir, puis je retrouve un regard direct lorsque l'enfant revient dans la course. C'est une manière de ne pas faire trop pression sur l'enfant, il faut savoir ne pas le regarder, lui laisser du champ, le laisser respirer au lieu de le mettre constamment sur la sellette. On peut même s'absenter quelques instants lors des exercices, il est même nécessaire parfois de s'absenter, car la plupart des enfants sont incapables de se concentrer s'ils sentent la pression de votre regard. De loin, je demande : « Alors, ça progresse, tu as écrit la solution ? » La réponse, c'est « non, mais... », sous-entendu « non, mais je réfléchis, je vais trouver, quand tu reviendras je l'aurai ». L'enfant a plus facilement envie de trouver la solution lorsqu'il a le champ libre, parce qu'il a le sentiment que ce n'est pas sous la contrainte. On voit bien là que le fait de se pencher sur l'épaule de l'enfant doit être rare, ce n'est utile que dans le cas d'un enfant qui veut du conflit, c'est dissuasif.

Soyons subtils, adaptons notre attitude, soyons souples.

Il s'agit là d'orchestrer le cours, de jouer avec subtilité avec votre manière d'être présente, et avec votre regard, tantôt pour obtenir un résultat, tantôt pour favoriser une confiance en soi. Le fait de relâcher la pression ou même de vous absenter en attendant que l'enfant trouve la solution est aussi un moyen de lui dire « Tu vois, je te fais confiance, je sais qu'en mon absence tu travailleras, seul et comme un grand. » C'est l'un des moyens de favoriser l'autonomie.

Le regard "yeux dans les yeux", c'est-à-dire appuyé, est l'arme dont il ne faut pas abuser. En général, nous marquons un silence quand l'enfant pose une question inutile ou dit une bêtise. Ce silence est surprenant pour l'enfant, qui se réveille intérieurement et se reprend tous seul. Si je ne le regarde pas du tout, que je commente avec humour mais sans moquerie sa réponse ou sa question en dépoussiérant un ouvrage de la bibliothèque, tel un vieux professeur chafouin qui cache des secrets, c'est qu'il n'a pas résolu le problème. Il est en recherche, il veut trouver ce que je lui cache, il voit que je ne lui accorde pas plus d'importance qu'un vieux maître n'en accorde au jeune disciple écervelé, bref : c'est un jeu. S'il n'y arrive pas du tout, un simple mot bref ou une énigme le met sur la piste. Dans 95% des cas, le problème se règle à ce moment-là. Quand la réponse est trouvée, je reviens vers l'enfant, je suis un autre personnage, celui qui reconnaît, qui couronne la réponse d'un regard de félicitations.

Le silence

Peu de prêcheurs ou d'orateurs savent utiliser le silence. Il est très efficace. Il est efficace pour votre autorité, et pour faire entendre... ce qui ne doit pas être expliqué. L'autorité ne discoure pas. Et la variation dans le ton de voix est aussi très important. Sans exagération, évidemment, mais cela met en valeur certaines parties du discours et retient l'attention de l'élève.

Lorsque nous disons « Prenez vos cahiers », nous nous attendons à ce que ce soit fait. En début d'année, ça traîne ; nous mettons les pendules à l'heure tout de suite, calmement, il n'y a pas une minute pour prendre son cahier, tout au plus quelques secondes. Le problème ne se présente plus. L'enfant prend son cahier dans l'instant.

L'autre grand secret, c'est la confiance en soi, et la confiance en soi s'acquière dans le rythme. Or, le secret du rythme, c'est le souffle. Quelqu'un qui est inquiet, mal assuré, angoissé, a le souffle court, ça se voit. Un mauvais souffle abîme progressivement votre cœur (rappelez-vous la section qui vous propose des livres). Quelqu'un qui est assuré a un souffle profond, il est dans un rythme régulier, sûr, solide. Il y a un travail à faire pour de très nombreuses mamans, dont le souffle se situe "dans les épaules", c'est-à-dire dans la poitrine, en haut du buste, ce qui dénote une inquiétude, une nervosité que les enfants, mystérieusement, sentent très vite. Certaines finissent par avoir une faiblesse chronique dans les poumons. Le problème du "souffle en haut du buste" est plus présent chez les femmes pour des raisons que nous ne développerons pas ici. Nous ne saurions trop recommander aux mamans de faire du sport au moins une fois par semaine, deux seraient mieux, et de travailler ce souffle. Le yoga est excellent pour ça. Le sport est indispensable si l'on enseigne à la maison. Il faut arriver à faire descendre le souffle dans le ventre. On dit, dans le monde du karaté, que les Japonais ont le souffle plus bas dans le ventre, et que les Occidentaux ont le souffle plus haut, dans la cage thoracique. On comprend ce que ça veut dire. De ce fait, le pas des Occidentaux est plus en déséquilibre, celui des Japonais plus ancré dans le sol[43]. Qu'il s'agisse de prendre la parole en public ou d'exercice d'autorité, il vaut mieux avoir un souffle profond en bas du buste. Les experts comprendront très bien ce que nous disons là. Ce n'est évident pour personne. Les grands chanteurs connaissent généralement ce problème. Ceci s'acquière par la pratique. Au bout de quelques semaines, votre débit de parole est mieux posé parce que votre souffle a trouvé son rythme. Il y a des exercices que vous pouvez faire facilement.

Nous nous sommes répartis les cours Cécile et moi mais, dès le départ, mon travail professionnel m'a empêché d'assumer ma part. J'étais artisan, c'est-à-dire confronté sans cesse à l'imprévu. C'était à grand peine que je ferais cinq heures par semaine. Puis, cela fut de plus en plus difficile, ce furent deux heures en moyenne. Mais ces deux heures étaient et demeurent importantes. Elles sont pour nos enfants des moments différents, ni plus disciplinées ni plus relâchées ; simplement différentes. Et cette alternance plaît aux enfants. La maman en est aussi contente. C'est pourquoi nous ne saurions trop recommander aux pères de s'impliquer un tant soit peu. La mère en a besoin, les enfants aussi.

---

[43] *: l'explication est double : les Japonais étaient encore à pratiquer des métiers en 1850, alors que nous avions déjà une civilisation urbaine. En outre, les Japonais valorisent la pratique alors que les Occidentaux valorisent la cogitation, la spéculation abstraite.*

Le père est absent dans la presque totalité des cours à la maison. Ils font confiance à la maman. Mais la maman ne peut pas tout faire. Il y a une manière de penser chez l'homme qui apporte beaucoup aux enfant et en plus, sa présence affermit la cohésion du cours, et de la famille. Vous me direz qu'il y a beaucoup de mamans seules. Peut-être qu'un frère, un oncle, un ami peut venir faire une fois de temps en temps un cours ? L'Histoire demande simplement de savoir raconter, beaucoup d'hommes font ça très bien.

Dans l'un des cours par correspondance que nous avons suivis avec nos enfants, les sujets de rédaction étaient rédigés par des mamans. C'était mignon comme tout… et indigeste à la longue. Exemple : « C'est le printemps. Les fleurs poussent et il fait un beau soleil. Vous allez vous promener et décidez de ramasser des plantes pour faire un herbier. Racontez. » Rédaction suivante : « C'est dimanche. Votre papa et votre maman vous emmènent en promenade à la campagne. Les oiseaux chantent et les arbres sont en fleurs. Racontez. » Un peu plus tard, autre rédaction, encore une promenade avec des fleurs. Cécile ne comprenait pas pourquoi les garçons en avaient assez des rédactions et qu'ils commençaient sérieusement à détester ça. Le papa que je suis vit immédiatement où était le problème, ses fils n'accrochaient pas et s'ennuyaient. Pas étonnant. Je prends alors l'initiative unilatérale de changer le sujet : « Vous êtes dans un immeuble. Soudain, un incendie se déclare deux étages sous le vôtre. Les ascenseurs et les escaliers sont bloqués, les gens paniquent. Au mur, il y a une hache de pompier, vous la prenez. Racontez. » Là, croyez-moi, de grands sourires et même des rires accueillent ce "travail", une vraie récréation en réalité, et même mieux qu'une récré : « Est-ce qu'on peut dire ce qu'on veut ? » « C'est totalement libre, vous racontez ce que vous voulez. » « Est-ce que je peux être un pompier ? » « Tu peux être un pompier, un policier, ou même un chat qui sait tout ce qu'il s'est passé. C'est ta rédaction, tu racontes ce que tu veux. Peut-être même que c'est toi qui as déclenché l'incendie sans le faire exprès. Tu racontes absolument ce que tu veux. La seule chose, c'est que vous avez une heure, pas plus. »

« Au milieu d'une forêt canadienne, à cent kilomètres de la première bourgade, vous abattez des arbres avec une équipe de bûcherons sous vos ordres. Soudain, une pluie torrentielle se déclenche. »

« Après trois semaines en mer, le long d'une côte de l'Afrique, le moteur de votre bateau tombe en panne. Une nuit passe rythmée par le bruit des câbles frappant le mât. Au petit matin, un canot s'approche, avec à bord de gens dont vous ne savez pas s'ils sont amicaux ou hostiles. »

« Au Xème siècle, vous approchez Jérusalem par la route du pèlerinage, et croisez des voyageurs étonnants. »

Bref, on peut composer des quantités de sujets, pourvu que tous les registres de l'écriture puissent servir. Sur ce blog littéraire, vous avez un tas de nouvelles qui peuvent vous inspirer des sujets de rédaction. Le cours par correspondance a très bien réagi et a accepté de corriger ces rédactions dont le sujet était différent.

Cours d'Histoire : j'ai très rarement entendu de cours passionnant. Le père a un rôle à jouer, s'il sait raconter. Mais c'est parfois en maths qu'il est nécessaire. En fait, il est nécessaire là où la maman a des difficultés. On n'est pas bon partout, en revanche il est très fréquent que les couples soient complémentaires. Il faut s'en servir.

Certes, le papa est souvent au travail. Mais s'il peut, un week-end, s'occuper d'un cours, c'est excellent. Si ce n'est pas non plus dans ses cordes, alors qu'il demande à son enfant de lui raconter le livre qu'il lit en ce moment, pourquoi il l'aime ou le déteste, quel personnage l'intéresse ou non. Ces séances où l'enfant s'exprime de manière un peu organisée sont très importantes, l'enfant se hisse au niveau d'un narrateur. Le père doit veiller à le laisser parler. Voilà qui valorise le jeune élève.

La recommandation d'impliquer le père vaut aussi pour les familles qui mettent leur enfant à l'école. Trop souvent, la mère est la seule à suivre les enfants de bout en bout, d'où il découle un regard partiel. Souvent, la mère est influencée par le corps enseignant, voire par le médecin scolaire. Nous l'avons dit, il existe une idéologie prégnante à l'école qui tente de mettre les parents de côté. Il n'est donc pas rare qu'on leur donne des informations partielles. Bien des fois, un père pourrait dire "stop !" là où les mères acquiescent par respect ou par politesse aux avis feutrés mais catégoriques de médecins scolaires, de conseillers pédagogiques ou de psychologues plus ou moins inspirés. Les pères n'aiment pas beaucoup apprendre que leur écolier d'enfant est devenu un patient, quand la mère s'est habituée lentement à l'idée.

Et par ailleurs, ce qui découle de cette observation : il est important qu'il y ait quelqu'un qui ait du recul. Qui puisse relativiser ou rappeler les fondamentaux.

Combien de fois un enfant parfaitement normal a-t-il été envoyé vers le médecin scolaire parce qu'il n'arrivait pas à s'adapter à la méthode globale ou parce que l'instituteur n'a aucune envie d'enseigner sérieusement la lecture au motif que la lecture est un apprentissage "rétrograde" ? Nous nous rappelons une directrice d'école qui nous expliquait que jusque dans les années 60, « les enfants ânonnaient les syllabes ». Curieux, ce discours, nous l'avions déjà entendu plusieurs fois, exactement les mêmes mots. Un leitmotiv qui devait avoir été enseigné à l'IUFM. Curieux et inquiétant. Anonner, cela fait penser à des ânes. Je me suis retenu de lui dire que c'est ainsi qu'ânonnèrent Victor Hugo, Baudelaire, Verlaine, Zola ou Châteaubriant. Et qu'il suffit de comparer la prose de nos écrivains, éventuellement académiciens, aux lettres de nos arrière-grands-parents, qui avaient pour seul diplôme leur certificat d'étude, pour se rendre compte que l'art de l'écriture s'est liquéfié. Il y a aujourd'hui des Goncourt qui font des textes beaucoup moins intéressants et bien moins construits que d'anciennes rédactions d'enfants...[44]

Bref, le père est indispensable, il a un rôle à jouer, à multiples facettes. Et surtout pour soutenir la maman qui le plus souvent supporte l'essentiel de la charge et se trouve plongée dans le programme en manquant de recul. Le cas inverse est vrai aussi, évidemment, en ce cas c'est la mère qui vient relativiser et rassurer le père.

Quand on fait l'école, on est assailli de doutes comme n'importe quel enseignant et même bien plus. Il est alors souhaitable d'avoir un proche, des amis, une association pour juger des choses avec recul, se réjouir des réussites, remonter le moral. Enseigner à la maison est tout aussi difficile qu'une traversée en solitaire : on a les orages, les lames de fond, l'absence de vent et la mer d'huile, le chavirage. C'est le Vendée Globe dans son salon. Il n'y aura jamais noyade si quelqu'un est là pour vous accompagner, que ce soit les personnes du cours par correspondance que vous pouvez appeler, une famille amie ou un coach "Ecole à la maison".

Pour en finir avec l'autorité, lorsque le désordre menace de recommencer, on peut revenir à la méthode de la colère décalée, recadrer. Mais on peut aussi recourir à une autre technique : l'insistance. A user avec modération et avec discernement, ne demandons pas une chose que nous ne sommes pas certains d'obtenir !

Nous avons aussi découvert un principe fondamental, très important. D'habitude, lorsqu'on a un problème avec un enfant, on s'étale, et plus ça dure, plus on se sent mal et plus on s'explique. Et plus on s'explique, plus on est vain. La conclusion est la suivante : les colères doivent être brèves, la louange doit être longue (voir blâmes brefs, louanges longues).

Questions ouvertes

S'il y a une insistance déplacée, plutôt que de dire non, on peut poser la question : « Pourquoi est-ce important pour toi ? » Prenons l'habitude de

[44] *: voir à ce sujet les deux documents de fin d'ouvrage.*

questions ouvertes, c'est-à-dire qui n'entraînent pas, comme réponse, oui ou non, ou limitée. Demandons « Comment pourrais-tu... ?» « Quelle serait la bonne méthode pour... » au lieu de « est-ce que tu as compris l'exercice ? » ou « est-ce que tu sais la réponse ? » La réponse à « est-ce que » est systématiquement fermée. La question ouverte ouvre l'esprit, la question fermée le ferme et conduit à la rétraction, le refus, le blocage. Quand vous avez des blocages, c'est que vous n'avez pas employé les bonnes questions et attitudes, travaillez là-dessus, c'est très efficace. C'est du coaching pur, puisque le coaching consiste justement à ouvrir l'esprit. Nous sommes à votre disposition pour vous former si le besoin s'en fait sentir.

L'autorité pour ne pas blesser

Nous revenons ici sur cette question mais nous devons éviter le conflit profond parce que le conflit blesse. Il n'y aura pas de conflit si l'enfant éprouve un grand respect, non seulement pour vous, mais aussi pour ce que vous faites. Faites respecter ce que vous faites.

Supposons que l'enfant ne veuille vraiment pas travailler.

S'il ne s'agit que d'un caprice, juste pour tester vos limites, ne craignez pas votre colère, elle est en l'espèce normale. Tous les enfants cherchent en permanence les limites de leurs parents, et souvent celles des autres adultes. C'est normal. Il faut qu'ils les trouvent. Le plus tôt est le mieux, et il est plus simple d'obtenir d'un mot l'obéissance que de l'obtenir au terme d'un long combat. Dès que l'attitude de l'enfant ou son raisonnement dérape, intervenez. Les mauvaises herbes s'arrachent au plus tôt. Si vous prenez l'habitude d'intervenir dès le départ, peu à peu le temps nécessaire à obtenir l'obéissance se réduira.

Mon oncle, à qui je demandais quand il fallait nettoyer la vigne, me répondit : « Il faut nettoyer la vigne quand elle est propre. »

Employez l'autorité à bon escient, le reste du temps employez les techniques des questions ouvertes et garder toujours à l'esprit que l'émulation est centrale. Renouvelez vos propositions, renouvelez et changez, imaginez. Mais parfois, recourrez à l'autorité nette, et rapide, calme, ferme.

Sans quoi l'enfant va plus loin, il cherche, il cherche encore, sans rien trouver, il en rajoute, il est perdu.

Parfois, lorsque j'emmène des enfants en voiture, je leur dis : « Allez, prêt ? Tout le monde doit être sorti dans 10 secondes. Un ! deux !... C'est un jeu, cela les dispose à se tenir prêts et à agir rapidement, sans précipitation, avec acuité. Ou alors, je nous donne deux minutes pour débarrasser la table, essayez, vous verrez que les enfants aiment beaucoup, il y a parfois un couvert qui tombe par terre, mais ils y gagnent de l'adresse, de la rapidité, un sens du groupe, de la précision, l'acuité qui leur permettra plus tard de jauger d'un coup d'œil les situations et en bonus l'esprit de corps !

Colère décalée

Au contraire d'un conflit superficiel, dans le cas d'un conflit profond, l'enfant exprime un absolu, ce n'est pas en surface, c'est profond. Et alors là, nous recommandons instamment de ne pas lui river son clou. Une colère de votre part lui restera en mémoire longtemps car il aura eu le sentiment qu'il avait raison et que vous aviez tort. Il aura appris à vous affronter, voire à vous vaincre, la complicité entre vous en aura souffert. Il se pourrait même qu'une hostilité naisse à ce moment précis. Sachons donc éviter ces extrémités. La vraie autorité ne hurle pas. Il faut déplacer le problème à plus tard. Mais dans la même journée. Au-delà, cela paraîtrait de la rancune et la rancune est à proscrire. On efface tout et on oublie !

Si vous n'avez jamais un conflit profond avec votre enfant, alors le lien demeurera.

Supposons donc que l'enfant refuse de faire une dictée, malgré les explications et demandes que vous avez faites. Allez-vous vous battre jusqu'à obtenir gain de cause ? Ce sera long, fastidieux, et il est probable que le refus de l'enfant soit motivé par un non-dit. Il est possible qu'il y ait un autre problème. Du reste, si l'enfant refuse après une conversation sérieuse, c'est qu'il y a un problème sérieux. Dans ce cas-là, un peu de stratégie est utile. Ne rien dire sur le coup, passer à autre chose. Mais dès qu'un incident se présente, par exemple l'élève se tient mal, affalé sur sa table, vous le sermonnez. Il n'y aura pas d'enjeu pour lui, il cèdera facilement. Mais sans le savoir, il vous rendra votre statut. Vous retrouverez à ses yeux le rang indispensable à son écoute, à son respect.

Certes, vous vous êtes hérissé pour une broutille, mais ça n'a aucune importance, l'enfant ne retiendra qu'une chose : vous avez repris le dessus et réaffirmé votre place. Votre colère magistrale passera comme une lettre à la poste, l'enfant ne vous en voudra pas et lâchera prise. Il ne va pas vous dire dans les yeux : « J'ai bien fait de mal me tenir ». Il laissera tomber. Ce faisant, il vous rendra votre autorité. Si ultérieurement, en cours, vous avez à hausser le ton, il se rappellera très bien ce dont vous êtes capable et évitera le choc. Dans l'opération, chacun aura conservé sa place, il n'y aura pas eu d'atteinte profonde. L'enfant s'est dit « Tiens, papa (ou maman) n'est pas content(e), ça va mal, sa colère est plus grosse que je m'y attendais », il réalise que la colère est disproportionnée, anormale, et que donc quelque chose de sérieux s'est produit. Mais cette colère ne l'affronte pas lui directement, elle se reporte sur une chose mineure. A l'avenir, et de lui-même, l'enfant réfrénera ses caprices.

Ce genre de colère, l'expérience montre qu'elle revient régulièrement, ce n'est pas grave, c'est juste un recadrage, mais attention : elle doit rester la plus rare possible.

Cela s'apprend, tout adulte doit pouvoir y parvenir, il faut que cela existe quelque part dans l'esprit de l'enfant : « il y a un être que je n'ai pas envie de réveiller ». Si ce personnage n'existe pas, soyez certain que l'enfant le saura très vite et alors, votre vie d'enseignant sera un cauchemar. Il faut absolument ne pas avoir à recourir à autre chose que son autorité propre : des coups, des menaces, des propos dévalorisants ou autre chose de cet acabit. Les enseignants à l'école savent bien que menacer de recourir à l'autorité du directeur ne les garantit absolument pas du respect des élèves, au contraire cela détruit leur prestige. Les enfants respectent l'autorité véritable, ne l'oublions jamais. Les adultes aussi d'ailleurs, quoi qu'ils en disent. Je pourrais raconter comment, alors que j'avais 22 ans, j'ai fait descendre tout un wagon de métro. Un type avait fait quelque chose de dangereux. Là-dedans, je suis certain qu'il y avait des adeptes du « ni Dieu ni maître », mais croyez-moi, personne n'a attendu pour descendre. C'est en grande partie une question d'intention et l'intention se voit dans les yeux et s'entend dans la voix.

Naturellement, mais faut-il le préciser, lorsque plus tard votre enfant devenu jeune homme ou jeune fille aura des convictions profondes, il ne sera plus temps ni de vous mettre en colère, ni d'user de stratagème, ce sera l'heure de l'écoute, de l'acceptation.

Si l'autorité ne vous est pas naturelle, songez qu'il existe quelqu'un qui peut faire du mal à votre enfant : celui qu'il rencontrera sur la route s'il s'éloigne trop de vous, ou quelqu'un qui se trouve en lui-même, car il y a dans l'enfant quelqu'un qui peut être tenté de le détruire. Ne laissez donc jamais votre enfant penser que vous pourriez avoir le dessous.

Une fois ce cap franchi, les difficultés peuvent revenir, mais au moins vous êtes sûr(e) qu'elles ne seront plus aussi radicales. L'enfant ne s'aventurera pas sur ce terrain. En revanche, il peut faire des tentatives d'approche, relancer un processus de recherche des limites. Ce n'est plus grave, c'est superficiel. Et là, vous savez qu'il faut ne pas céder un pouce de terrain pour ne pas retomber dans une situation conflictuelle. On ne gagne pas quarante fois un conflit grave avec un enfant, on le gagne une fois pour toutes, ou au moins pour longtemps.

Chère maman, si vous ne vous sentez pas douée pour l'autorité, voudrions-nous ajouter, raison de plus pour être capable d'une apparence très sérieuse de colère, fatale, immédiate, car plus vos colères seront longues, plus elles seront faibles, et plus certainement vos combats dureront jusqu'à votre épuisement. Sur le long terme, c'est vous qui serez battue, car c'est lui qui mènera l'assaut, il aura le dessus. Vous serez entre ses mains et à ce moment-là, vous n'aurez plus qu'à prier le Ciel ou compter sur sa bonne volonté. Ou vous serez contrainte de faire appel à un intervenant extérieur qui remettra peut-être les choses en place, mais sans certitude et avec beaucoup de temps. Ayez donc une colère brève.

Si vous sentez que vous repartez vers un conflit "dur", il existe à ce moment-là une autre technique à toute épreuve employée parait-il par un éducateur. Je l'ai moi-même employée en douceur, et je dois dire qu'elle est drôlement efficace : la technique dite de l'insistance ; je dis drôlement parce qu'elle procède d'un jeu. Les agents de sécurité connaissent bien ce truc, ils sont près de vous, vous demandent de sortir d'une salle, avec une insistance tranquille irrésistible. Sans violence, sans cris, la présence continuelle et les demandes incessantes lassent très vite l'enfant, qui cède inéluctablement. C'est "être sur le dos" de l'enfant, un exercice fatigant pour l'adulte mais insoutenable pour l'enfant. Non-violent, un peu "chinois" sans doute, mais enfin efficace.

Blâmes brefs, louanges longues

Le blâme aussi doit être bref d'abord pour les raisons que nous venons de dire : une sentence qui se perd en longueurs perd de sa crédibilité et nourrit la révolte. Je me souviens très bien qu'en tant qu'enfant, je n'avais aucune considération pour les ordres expliqués. Pour moi, inconsciemment, s'il y avait explication, c'est que les choses n'étaient pas sûres. Si les choses sont sûres, on doit les croire sur-le-champ. Je ne veux pas extrapoler sur mon cas personnel, mais il me semble que cet élément peut éclairer bien des mamans. Il faut souvent se mettre à la place de l'enfant.

En outre, s'il faut être bref lorsqu'on blâme, c'est tout simplement parce que le blâme est pénible pour tout le monde. Autant raccourcir cet instant.

Au contraire, nous en avons parlé, la louange doit être longue. Nous avons fait plus haut une distinction avec le compliment qui lui doit être bref : on ne va pas faire une louange appuyée pour un simple exercice réussi, mais en revanche si une étape a été franchie, par exemple quand l'enfant se met lui-même au travail, s'intéresse à une matière bref, quand quelque chose d'important s'est produit en lui, alors là non seulement ça vaut la peine de marquer le coup par une vraie louange mais elle est indispensable. Valorisez votre enfant avec une phrase claire, bien dite, à haute voix, parfois accompagnée d'un geste comme de prendre les mains de l'enfant, sorte de rituel qui marque une avancée, un progrès qui restera gravé dans le cœur de l'élève et l'aidera à renouveler ses efforts.

Soyez solennel(le) dans les deux cas, ne négligez ni votre colère ni votre louange. Un blâme ou une louange approximatifs ne toucheront pas leur cible. L'enfant reproduit les exemples qu'on lui donne. Evitons les attitudes ou les paroles approximatives.

CAPACITÉS À DÉVELOPPER CHEZ L'ENFANT

La concentration

On croit que l'enfant est distrait. C'est faux. L'enfant est *toujours* concentré.

Votre enfant est concentré sur ses pensées, il est concentré sur la mouche qui vole ou sur la veine de sa main !

L'enfant est parfaitement capable de concentration, il suffit de constater celle dont il est capable devant un ordinateur.

Il est extrêmement rare que l'enfant passe d'une pensée à l'autre toutes les deux secondes. En réalité, il est certes ailleurs, mais *quelque part*. Sa concentration ne pointe pas sur le bon élément, mais elle existe et cela doit vous rassurer.

Ce que nous devons donc faire, c'est le ramener sur l'objet de l'étude. C'est ce qu'on appelle la focalisation.

1. Débarrasser l'horizon des sujets d'inattention

La première chose, naturellement, est de ne pas laisser d'éléments perturber la focalisation (focus en anglais). Vous supprimez donc télé, radio, vous éteignez le téléphone, vous fermez la fenêtre si on fait les foins dehors (à moins que vous alliez étudier cette activité). Le petit dernier jouera dehors ou dans sa chambre, ou en silence. On ne se mettra pas devant la fenêtre mais plutôt face à une partie close de la pièce.

1bis. Débarrasser l'enfant du zapping

Il n'y a pas que la zapette de la télé, il y a aussi la zapette intellectuelle ! Soyez plus spécifique avec votre enfant, conduisez les conversations à leur terme, respectez des silences qui lui permettent de réfléchir à ce que vous lui dites. Ne zappez pas. Sans insister lourdement, laissez-lui quand même l'habitude de conclure une discussion. Faites-lui des conversations qui favorisent une attention et une réflexion et qui ait une fin. Ou alors, cette conversation se déroule sur plusieurs jours.

2. Pratiquer des activités propices

Pratiquer des activités qui forcent à la concentration est excellent : coloriages, échecs, golf, point de croix, jeux de cartes ou de société, mots croisés, sudoku etc. Les compétitions sportives sont bonnes. Tout ce qui fait réfléchir sur un sujet spécifique. La concentration intellectuelle associée à une posture spécifique du corps est l'idéal : il y a association, ce qui accroît nettement l'efficacité. Et comme d'habitude, donnez l'exemple.

3. Changer d'activité

Ne restez pas tous les jours sur la même activité, par exemple les échecs, ce serait très dommageable pour votre cerveau. Celui-ci a besoin d'irradier dans toute sa dimension et non dans un seul lobe. La concentration a besoin d'une bonne santé universelle du cerveau.

Les jeux intellectuels qui demandent de l'adresse sont très bons, le ping-pong également, le badminton, le squash. Et puis la danse quand elle demande de la précision : tango argentin par exemple, c'est un très bon vecteur de santé mentale. Mais le tout, c'est de varier.

4. L'organe à solutions

Le cerveau est appelé par les Anglo-saxons « l'organe à solutions ». Pour dire autrement les choses : il n'est pas fait pour résoudre des problèmes. Le cerveau n'aime pas les problèmes, mais il aime chercher des solutions. Donc vous n'allez jamais parler des problèmes en tant qu'objet d'études mais vous les évoquez en tant que point de départ. Vous ne poserez pas la question « c'est quoi le problème ? » qui n'apporte pas grand chose si ce n'est de la tension. Vous allez concentrer l'effort vers la recherche de solutions.

Pour ce faire, vous allez visualiser la finalité et la situation finale. Puis, vous partirez de là pour vous demander « comment ai-je fait pour en arriver à cette situation parfaite ? »

5. Célébration

Vous allez célébrer à chaque fois les découvertes de solutions, vous allez vous mettre en tête ou dans la tête de l'enfant qu'il a déjà résolu des problèmes. Vous ne lui proposerez pas des problèmes trop ardus, mais uniquement des problèmes qu'il est en mesure de régler, ainsi sa concentration ne sera pas douloureuse. La concentration deviendra un automatisme si elle est un exercice agréable. Célébrer ces réussites va lui rendre agréable le travail qui a été effectué. cela va ancrer l'idée que l'enfant est un découvreur de solutions, pourvu qu'il se creuse la tête.

PS : merci de penser à noter cet article en cliquant sur le G+ tout en haut ainsi que ci-dessous.

La motivation des enfants : elle dépend de vous !

Dans un article du Figaro repris par plusieurs blogs consacrés à l'éducation, on s'intéresse à nouveau à la motivation des enfants.

La motivation des enfants n'est pas intrinsèquement différente de celle des adultes.

Comme je le disais ce matin sur un blog, ces recherches reprennent des travaux très anciens aux USA. Daniel Pink a écrit il y a quelques années un best-seller qui connaît encore un grand succès : « La vérité sur ce qui nous motive », livre que nous vous recommandons. L'un des premiers chapitres est justement consacré à la politique du bâton et de la carotte. L'avantage du livre du célèbre auteur américain, c'est non seulement qu'il a une longueur d'avance, mais encore qu'il présente les choses de manière intelligible et sérieuse.

Bâton et carotte ne fonctionnent pas vraiment, enfin pas toujours, dit Pink. Et il explique pourquoi.

D'abord, la récompense en fait remplace la motivation intérieure liée au cœur, par une motivation purement intellectuelle. C'est très curieux mais on comprend tout de suite : l'idée se déplace du cœur au cerveau et dans l'opération, l'élan est tué.

Première leçon : si vous voulez tuer l'élan, rationalisez ! C'est ce que fait souvent l'école et encore plus l'Université.

La motivation intellectuelle est moins puissante que la motivation du cœur. Chacun sait qu'on fait mieux ce qu'on aime et nous avons envie de dire... il n'y a pas besoin de faire des recherches pour ça, c'est vieux comme le monde. Il n'y a qu'un amiral japonais comme Yamamoto pour dire : « Je suis contre l'idée d'attaquer les Américains mais si on me l'ordonne, je le ferai parfaitement » ! Non, en fait c'est incontournable et il est important de l'intérioriser complètement : en premier ressort, la motivation de l'enfant est essentielle et mieux vaut qu'il aime ce qu'il fait. Cependant, comme on va le voir, la contrainte est aussi parfois nécessaire, pour autant qu'elle soit intelligente.

Restons-en pour l'instant à la motivation avant de parler de contrainte, mot qui fait peur.

Alignement cœur-cerveau

On sait que c'est l'alignement cœur-cerveau qui est garant de la motivation de l'enfant. Toute dissociation entre « ce que je veux » et « ce que je dois faire » est source de déséquilibre intérieur. C'est cette dissociation qui est au centre de vos troubles, de vos malaises, de nombre de vos maladies, de votre stress. Nous aurons l'occasion d'y revenir.

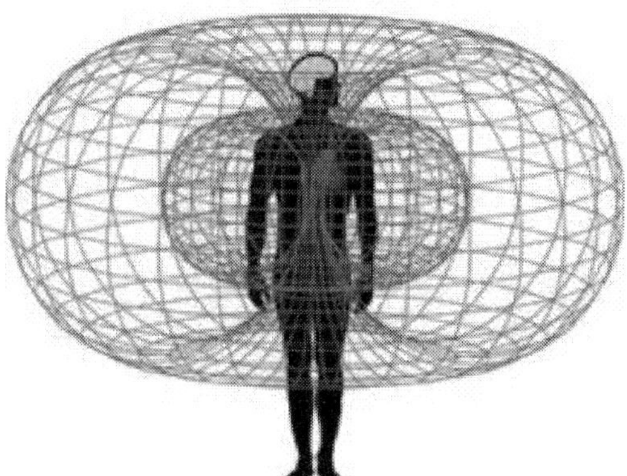

Pink raconte qu'on a fait une expérience avec trois groupes d'enfants qui aimaient le dessin au point d'en faire durant les récréations. Au premier groupe on a dit : « Faites des dessins, on vous récompensera avec un beau diplôme et 5 dollars ». Au second groupe, on ne dit rien mais on donna diplôme et récompense après qu'ils aient effectué leurs dessins. Au troisième groupe, on ne dit rien, on ne donna rien; en fait on l'abandonna à son sort, personne ne s'occupait de ces enfants-là. Quel groupe a continué à faire des dessins le plus longtemps ? Le troisième.

Si vous donnez une récompense (1€, un bonbon, un scooter...), la récompense déplace l'objectif, par exemple celui d'un enfant (qui aime le dessin pour le dessin) vers une récompense matérielle, une pièce de 1€ par exemple, le cerveau se concentre sur autre chose, le cœur se met en veille et commence un effort. Or, tout effort a une durée limitée. La récompense brise donc, dans ce cas, l'élan initial. Parfois elle est excellente, on y reviendra, mais pas de ce type de cas.

La motivation des enfants doit rester pure

Et puis pensez-y : la petite flamme pure qui consistait en un amour du dessin devient une pensée rationnelle intéressée : c'est ce qu'on appelle ni plus ni moins la corruption du cœur (au sens antique du terme bien sûr). Vous voyez comment on peut transformer une pensée pleine de pureté en une idée vénale. C'est tellement facile de corrompre un cœur d'enfant ! Bénis soient les parents qui évitent à leur enfant cette descente. Il y a des milieux où l'on se moque de l'innocence de l'enfant et où on ramène tout à l'intéressement. C'est tout simplement affreux.

On a également mesuré que l'effet d'une augmentation salariale sur la productivité d'un salarié était au mieux de trois mois, après tout l'intérêt est perdu, donc vous allez payer un salarié avec un salaire plus élevé alors que sa productivité n'aura pas changé. La récompense salariale ou l'augmentation en vue d'obtenir de meilleurs résultats est donc un leurre. Je tempèrerais en disant que l'effet est réel lorsque le salaire est en-dessous d'un seuil minimal, il y a un vrai gain de productivité pour les salariés qui se retrouvent à pouvoir vivre normalement alors qu'ils étaient auparavant en situation financière difficile.

Enfin, troisième point pour lequel la récompense aux enfants, dans notre exemple, n'a pas marché : il y a eu une instruction donnée (diplôme et argent), qui est extérieure. Or, l'individu a une tendance naturelle à prendre une distance avec toute instruction extérieure. Pas forcément une cassure, car l'individu a aussi besoin de suivre certaines instructions, mais une distance qui lui semble juste, qui correspond à son tempérament.

Quoi qu'il en soit, il y a toujours une distance, même minimale. De ce fait, l'injonction ou l'instruction donnée par l'extérieur n'est jamais aussi forte que l'injonction ou l'instruction intérieure.

Cela dit, la récompense peut être tout à fait valable, non pas pour obtenir quelque chose, mais pour célébrer une réussite. La récompense en ce cas peut être annoncée dans la dernière ligne droite. Par exemple, vous avez réussi à faire en sorte que votre jeune bachelier s'y mette sérieusement, il bosse dur. Son père va le voir, constate, se réjouit et lui glisse à l'oreille : « Maman et moi avons décidé que si tu décroches une mention, on t'offre un...(ce que vous voudrez) »

L'effet est de lier enfant et parents dans un chalenge, une cerise sur le gâteau. L'enfant ne travaillera pas pour cette récompense, il travaillera plus pour cette récompense, ce qui est une nuance capitale.

Quant à la punition, elle n'a pas beaucoup d'intérêt. Elle ne fait que renforcer l'immunité de l'enfant, renforcer sa carapace, quand elle ne le blesse pas.

Elle peut être utile, certes, de manière magistrale, dans le début de l'enfance, pour que l'enfant sache qu'il y a des frontières à ne pas franchir, comme un référent. Mais ce n'est pas un outil pédagogique. On s'en sert une fois et on oublie, on ne revient pas dessus éternellement, on n'en reparle pas. La punition, si vous y recourrez, purge l'affaire, elle permet au minimum à l'enfant de payer sa dette; rien n'est pire que la punition qui ne résout rien, c'est de l'humiliation. Au moins, si vous l'employez, la punition doit être valorisante et rétablir l'enfant dans toute sa place. Vous le privez d'ordinateur pour une raison ou une autre, il doit savoir exactement pourquoi et votre système doit être cohérent.

Il peut arriver qu'on soit contraint d'y avoir recours, spécialement si l'on a menacé : « Si tu ne fais pas ce que je te dis… » Dès lors que ce genre de phrase maladroite est prononcée, il faut tenir parole. Il y a un échappatoire : enrobez la punition d'une dimension de défi, d'émulation, voire de jeu. Mais pas au détriment de l'enfant, attention, soyons bien d'accord, il ne s'agit pas de s'amuser d'une punition que l'enfant exécute à ses dépens. Non, vous pouvez lui « infliger » un défi, comme de faire le tour du jardin à cloche-pied, même pour un grand, c'est à mi-chemin entre le ridicule et l'amusement, ce n'est pas tant l'effort physique qui va le gêner mais le fait d'être vu par le voisinage. En ce cas, la punition n'en est pas vraiment une, c'est plutôt un défi. Mais ce n'est là qu'un exemple qui vaudra peut-être pour l'un et pas pour l'autre.

De toute façon, vous ne pouvez pas fonctionner sur le mode des punitions sur le long terme. Les parents qui font ce choix se retrouvent avec une bête fauve à la maison.

Ces conclusions devraient pencher pour moins de « prise en charge », comme le font les sociétés politiques, et favoriser l'autonomie et la créativité. Un enfant qu'on ne récompense pas mais dont on reconnaît l'activité est beaucoup plus productif, autonome et créatif.

La cohésion entre enfants

Bénis sont les parents qui peuvent se flatter de cohésion entre leurs enfants !

La question de la cohésion entre nos enfants s'est posée bien souvent. Il arrive qu'ils se disputent, qu'ils ne partagent rien. A bien des égards, ç'a parfois même été une souffrance pour nous car nous n'avons pas toujours su y faire. Il nous a fallu beaucoup d'échecs et de remises en question pour commencer à voir le bout du tunnel. Oh ! ça n'a jamais été plus loin que des disputes avec quelques échauffourées sans gravité, mais parfois il y avait un vrai ressentiment.

Avec les années, nous nous sommes aperçus que c'était notre innocence et notre bonne foi qui nous avaient induits en erreur. En faisant le mieux possible, on se trompe. Il faut arrêter de vouloir bien faire et s'intéresser aux résultats réels ! Je voudrais faire une mise en garde : nous ne prétendons pas avoir « réussi », les choses ne sont pas « parfaites » chez nous et nous apprenons tous les jours. Si vous venez nous voir, vous ne trouverez pas la famille Bibliothèque Rose et Verte, bien coiffée sur le côté et bardée de diplômes de meilleurs citoyens de l'année ! La seule chose, c'est que nous re-gar-dons, nous observons, et nous tirons des enseignements. Il nous arrive fréquemment de conclure que nous avons fait un mauvais choix il y a quelques années. Il nous arrive de nous dire « bon sang ! mais c'est bien sûr, il fallait faire autrement ! »

En principe, le but est d'éviter les disputes et d'entretenir la paix, apprendre le quant-à-soi, l'humilité suffisante pour ne pas se hérisser pour un rien et accueillir son frère ou sa sœur avec amour. En principe. Mais quand on applique les mesures qui en découlent directement, on obtient souvent l'inverse.

Absence d'adversité = conflit

Les jeunes couples sont persuadés que les enfants vont naturellement s'aimer, parce qu'ils seront de bons parents, comme dans un magnifique épisode de la Petite Maison dans la Prairie. Si on est de bons parents qui font tout ce qu'ils peuvent pour donner amour et paix et leurs enfants, ceux-ci vont… se « déchirer grave » (comme disent nos « moyens ») ! Si les personnages de la Petite Maison dans la prairie jouent plus juste qu'on le pense, c'est parce qu'ils sont en permanence dans **l'adversité**. Regardez chaque épisode, outre la dimension philosophique et symbolique de ce chef-d'œuvre télévisé incompris et faussement naïf, chaque épisode engage l'être humain au plus profond. C'est cette adversité qui lie les êtres humains entre eux.

On observe parfois une très forte cohésion entre enfants battus, ou entre enfants de parents très sévères, façon Enfants du capitaine Grant (chef d'œuvre de Jules Verne à acquérir pour transmettre aux enfants une image de la dignité) et on se demande pourquoi. Dans le même temps, on se dispute dans les bonnes familles. Pourquoi ?

Sachons-le, des individus, quels qu'ils soient, seront toujours enclins à se disputer et se diviser s'ils sont confinés dans un même lieu sans qu'aucune menace extérieure ne les solidarise, s'il n'y a pas d'adversité.

La notion de territoire

L'être humain a besoin de deux choses importantes : maintenir sa capacité combattante à un niveau suffisamment élevé d'une part et d'autre part protéger son autonomie et sa particularité.

Les parents se scandalisent quand ils apprennent que leurs bambins se sont bagarrés. Mettez-les à 30 adultes dans une salle de classe pendant un an, huit heures par jour, vous serez surpris par le nombre de bagarres qui se produiront. En prison ou sur les cargos, les bagarres sont fréquentes certes à cause des prédateurs naturels dans la société mais aussi à cause du confinement. Les Russes qui étaient obligés de partager un appartement à plusieurs à cause de la suppression de la propriété privée par les communistes, vivaient des querelles et des agressions perpétuelles, l'un d'eux racontait que les gens de l'autre famille retiraient toutes les ampoules électriques à chaque fois qu'ils quittaient une pièce.

Les bagarres entre gangs sont permanentes, les bons sentiments n'y pourront rien, c'est une question de confinement sur un territoire donné. Vous remarquerez que si vous grattez sur les questions de violence urbaine, vous retrouvez très vite la notion de territoire, c'est le premier échelon du vivant, ça existe chez les rats ou les papillons.

Exercer ses facultés combatives pour maintenir une vitalité

Un couple est en dispute. C'est naturel : ils sont sur un même territoire et sont privés d'adversité. Pourquoi se disputent-ils ? Pas tellement parce qu'ils ont besoin d'évacuer l'agressivité naturelle comme on l'entend souvent : des congrégations vivent dans un calme parfait, les moines ou les moniales ne se bagarrent pas. L'être humain n'est pas une bête brutale. En revanche, il a besoin d'exercer ses facultés mentales de combativité, l'exercice de son agressivité est indispensable à sa survie et à celle de sa progéniture, il faut qu'il soit, mâle ou femelle, en permanence capable de se battre et cette faculté commence de l'intérieur, c'est une prédisposition à réagir, une prédisposition à traverser la rue pour empêcher qu'un enfant soit renversé ou à lui coller une gifle le jour où il menacera de se droguer à l'héroïne. S'il perd cette faculté, il devient légume. Les tribunaux jugent en permanence sur des histoires de violences domestiques sans avoir la moindre notion éthologique ou ethnologique des nécessités du vivant.

Les adultes se disputent parce que la société leur interdit de se battre, ils exercent leur faculté combative là où c'est possible : à la maison, à l'abri des regards. Je dis souvent qu'on devrait envoyer les jeunes voyous combattre le feu dans les maquis en été, plutôt qu'en prison. L'exercice de la violence naturelle est le meilleur antidote contre la violence. Se « battre contre la violence » est la plus grande ineptie castratrice productrice de violence, obliger un homme à refouler sa violence ne peut que le détruire ou détruire son entourage (les sociétés héroïques savaient tout de même ça mieux que nous), et la vraie non-violence ne peut qu'admettre et reconnaître la violence naturelle (heureusement que les pompiers se battent violemment contre le feu !), en la canalisant.

Bref, les couples qui se disputent entretiennent la plupart du temps leurs réflexes d'autodéfense naturelle. Vous pensiez que les monastères étaient les temples du calme et de la sérénité ? Ils sont en fait emplis de combats, des combats spirituels. Exerçant ces combats, l'être humain peut donner de lui-même et maintenir son niveau de combativité. Combat d'amour, combat mystique, certes, mais combat quand même !

L'agression extérieure

Les réflexes agressifs baissent dans deux cas majeurs : lorsqu'on pratique une activité exténuante ou physiquement satisfaisante, et lorsqu'une agression extérieure se produit. Vous avez l'image typique de la femme qui vient d'insulter son mari et qui se précipite dans ses bras parce que le voisin vient de jeter une brique à travers la vitre du salon.

Si rien ne perturbe la « bonne ambiance », la dispute va s'installer. Donc, vous pouvez remercier le Ciel de vous envoyer des épreuves, elles sont nécessaires pour la paix sociale et votre santé mentale. Faites attention à la bonne ambiance, ne laissez pas les choses au niveau du calme plat et de la bonne humeur gentille et polie : c'est une bombe à retardement ! Faites bouger les lignes de la bonne ambiance. Les taquineries sont parfois excellentes, voire davantage.

Si beaucoup d'enfants battus sont solidaires, c'est parce qu'ils affrontent un ennemi commun. Il ne s'agit évidemment pas de vous mettre à agresser vos enfants, mais en revanche abandonnez les postures « bon copain » ou « bonne copine » qui ne vont faire qu'exacerber les tensions entre vos enfants. Une distance juste, une certaine rigidité de votre part peut, si elle est intelligente, ressouder les liens entre vos enfants. Vous les laisserez naturellement organiser leurs « résistance » à votre « ordre dictatorial » (rassurez-vous, nos adolescents nous disent que nous aussi, nous sommes des dictateurs). Surtout si vous avez un grave problème. Pour éviter de leur « refiler » le bébé, faites une ligne de démarcation afin qu'ils établissent un no-man's land protecteur pour eux et favorisant leur cohésion. Si vous êtes sur le point de divorcer, n'essayez surtout pas de vous rapprocher de l'enfant au détriment de l'autre parent, vous feriez beaucoup de mal. Mettez-vous plutôt d'accord avec l'autre parent pour être à une juste distance de vos enfants, juste c'est-à-dire sans les impliquer, de façon à ce qu'ils recomposent, ensemble, un nouveau monde mental. Plus tard, quand ils seront adultes, vous retrouverez avec eux des liens d'une grande affection.

Indifférenciation

L'indifférenciation résulte de la promiscuité sur un territoire donné et sans que l'individu puisse affirmer ce qu'il est et ce qu'il peut donner.

Je me permets de vous demander de relire cette phrase.

Elle est l'une des premières raisons d'agressivité entre enfants. Nous sommes dans une société de masse, de l'indifférenciation, ce qui est « identité » est mal vu. Ça explique en grande partie l'agressivité de tous les jours.

Pour empêcher de sombrer dans l'indifférenciation, l'être va développer sa combativité, son agressivité. C'est normal et c'est aussi bon, contrairement à une ambiance du type que celle imposée par les « gentilles paroissiennes » de notre société, qui a tendance à refuser tout antagonisme et toute dispute. Regardons Marius, Fanny ou la Femme du Boulanger, vous verrez qu'il y a 60 ans, on avait plus d'énergie et plus de voix. Nous nous sommes dévitalisés. Nous nous sommes domestiqués. Quand on parle, on est très vite mal vu.

Mais les jeunes ne peuvent pas supporter cette chape de plomb !

La dispute est un réflexe de survie. Elle entretient un niveau d'autodéfense suffisant pour que l'individu ne soit pas sans ressources lorsque l'agression arrivera ou quand il aura besoin d'agir. L'agressivité est maintenue à un niveau suffisamment élevé par l'individu lui-même, afin qu'il ne perde pas sa capacité à se défendre.

L'observation a été faite dans le monde animal. Un couple se dispute tant qu'il n'y a aucune agression extérieure, par exemple territoriale. En période de paix, le couple voit diminuer fortement ses capacités belliqueuses ainsi que sa vitalité. Il faut donc qu'il réagisse et c'est naturellement que l'on se tourne vers le conjoint pour exercer sa vitalité.

Un conte taoïste raconte : des bateliers s'en prennent violemment à un homme dont la barque a heurté leur navire, mais le lendemain la même barque, vide, heurtant leur navire, ne leur inspire aucune colère. C'est le fait qu'il y ait un homme dans la barque qui permet d'exercer l'agression. C'est tout à fait explicable éthologiquement, comme on l'a vu, et c'est vrai aussi dans la société des hommes. Je suis prêt à parier gros que si le gouvernement disparaissait d'un bloc en laissant la place vide, la tension publique s'affaisserait d'un coup.

Par ailleurs, la notion de don est vitale, un enfant qui ne peut pas donner de lui-même dépérit. Il s'agit donc, non pas d'apprendre à l'enfant à donner, mais c'est nous en tant qu'adultes qui devons apprendre à recevoir de la part des enfants, ainsi l'enfant donnera sans avoir appris, sa générosité naturelle se développera normalement.

Tout le monde sait que ce sont les enfants de familles nombreuses qui ont le plus de résistance et de sociabilité, et ce, parce qu'ils sont dans un jeu de tensions, de négociation, de concurrence qui attisent leur émancipation et leur autonomie.

Quelle méthodes tirer de tout cela ?

Pour la cohésion : particularités

La première chose à faire est de traiter les enfants chacun en reconnaissant concrètement leur particularité, et cela signifiera des sorties seul à seul avec lui, des activités qu'il sera seul à faire, des raisons pour lesquelles il sera valorisé. Avec une bonne image de lui-même, l'enfant acceptera beaucoup mieux les autres.

Le problème, c'est que nous voulons traiter les enfants dans un esprit d'égalité. C'est très bien mais lorsqu'on les traite tous de la même manière, on tombe exactement dans le piège de l'indifférenciation.

Pour la cohésion : organiser les combats

Il est normal que l'enfant ait envie d'exercer sa capacité à se battre et même s'il est souhaitable que les enfants ne se battent pas, vous ne pourrez toujours l'éviter. Pas de panique. Changez le ton, dédramatisez ! J'entre dans la chambre où baffes et coups commencent à s'échanger. « Chouette ! une bagarre, m'écriai-je. Mais attendez, on organise les choses. Par terre, on met des coussins, si vous sortez de la limite vous perdez *une manche* (notez bien ce « une manche », ça veut dire qu'on est dans un jeu et qu'il n'y aura pas un combat définitif). « Attention, le combat va commencer » (ici on dit subrepticement qu'il y a des règles, ni vu ni connu), « d'abord saluez-vous ! » (et vous montrez comment on se salue). Ça n'a l'air de rien, pas vrai ? mais en trois phrases vous avez transformé la bagarre méchante en une compétition honorable dont ils ressortiront l'un et l'autre tout à fait dignement et sans avoir perdu la face. Par la suite, j'ai observé que les enfants avaient besoin de reproduire l'intégralité du rituel et les bagarres restaient dans les limites saines d'un défoulement sanitaire...

Pour la cohésion : pas d'égalité, de l'équité !

Il faut une justice, une équité. Mais il ne faut pas une égalité. C'est toute la différence. L'égalité de traitement nivelle chacun, le rend semblable aux autres, et produit un besoin vital de différenciation. Plus vous ferez entrer dans le moule un être humain, plus vous aurez des chances de le voir se rebeller et se comporter d'une manière spécifique et même exagérée par rapport à ce qu'il voudrait réellement.

La reconnaissance et la pratique de la reconnaissance sont donc fondamentales. Sortez avec lui, avec elle, et rien qu'avec lui et elle. Un parent peut très bien dire : « Aujourd'hui je sors avec Louise et rien qu'avec elle ! » Ou « Ah ! je vais faire ma partie d'échec avec Théo ! » Les autres ne vont pas lui en vouloir, ils vont mimer la jalousie, mais ils vont surtout aussitôt penser : « Mon tour viendra. » En traitant chacun avec une attention spéciale, vous reconnaissez leur spécificité.

Pour la cohésion : responsabiliser

De même, vous confierez des responsabilités précises et pas forcément les mêmes à tour de rôle. Pour certaines tâches, comme faire à manger ou débarrasser la table, tout le monde doit y passer, ce sont des savoirs indispensables. Mais l'un des enfants sera peut-être plus doué pour tailler les rosiers, ce sera sa tâche et celle de personne d'autre. Un autre est bon pour nettoyer les ordinateurs, une autre pour aller à la mairie, etc. Trouvez ce que chacun peut faire, parlez-en lui.

Pour la cohésion : espace naturel

Vous permettrez un espace d'expression personnelle, et ce sera aussi bien moral que physique. Il faut un endroit où l'enfant est seul et pratique quelque chose qu'il aime. Ne mettez pas deux garçons qui ont tendance à être en compétition dans le même club de foot !

Vous pouvez très bien interdire à deux enfants de s'approcher durant une période de temps s'ils ne se supportent plus. Mettez-les à dormir dans des lieux très éloignés. Comprenez qu'ils ont besoin de respirer, de ne plus voir l'autre. Donnez-leur à faire des choses différentes. Différenciez.

Pour la cohésion : pas de comparaison

Veillez à détruire les velléités de comparaison. Si vous faites l'école à la maison à plusieurs enfants, vous verrez très vite qu'un enfant a tendance à vouloir se valoriser aux yeux de ses parents en disant qu'il fait mieux, plus vite, que son frère ou sa sœur. Même à l'école, l'enfant veut briller plus que les autres frères ou sœurs. C'est une tentation normale. Vous ne l'encouragerez pas. « Comparaison = punition », disait cette maman qui en avait 5. Chacun a son rythme, nous avons vu que la rapidité n'était pas une qualité en soi, qu'elle pouvait être un atout ou un inconvénient. Et puis on expliquera que chacun fait son possible à son niveau. Les plus grands ont tendance à dire « pft ! c'est facile ce qu'il fait », vous les arrêterez en leur apprenant à aider leur petit frère ou petite sœur, en l'accompagnant, sans se substituer à elle ou lui, en apprenant les plus grands à encourager les plus petits. Organisez les choses, prenez le plus grand avec vous avant un cours et dites-lui entre 4 yeux : « aujourd'hui, j'ai besoin de ton concours, je voudrais que tu… » et vous donnez une mission à votre aîné ou aux aînés.

Pour la cohésion : projets communs

Il y a enfin une arme fatale pour bien faire : l'esprit d'équipe. Faites des projets ensemble. Préparez des spectacles de fin d'année ou de Noël, ou de Pâques. Que faire ? Ce qu'on voudra : de la danse ou une scène d'un livre, d'une pièce de théâtre. Réaliser une toile devant le public, jongler etc. Mieux vaudrait, dans l'idéal, un très beau texte qu'ils interpréteront car s'il y a quelque chose qu'ils vont mémoriser mieux qu'autre chose cette année, c'est ce qu'ils auront fait durant le spectacle. C'est normal : le cerveau ancre mieux les choses apprises qui ont procuré une émotion. Corneille, Racine, Shakespeare, Daudet, un grand texte dépasse de très loin le reste.

Les enfants qui se disputeront pendant les répétitions, seront solidaires devant le public que vous ferez venir, ils seront liés ensemble dans cette mission et ils garderont un souvenir fraternel. Croyez-nous, ils ne se souviendront que du spectacle.

Si vous voulez que les enfants soient solidaires plus tard, faites-leur faire des choses ensemble : spectacles, marche en montagne, camping.

Vous voyez : équilibre entre la différenciation et le traitement spécial (je sors avec ma fille et rien qu'elle) et ouvrage en commun (spectacle de théâtre).

Pour la cohésion : Exploitez l'adversité

Et puis n'oubliez pas : l'adversité rend puissamment solidaire. Toute la famille oublie les disputes quand les huissiers sont là, quand le voisin menace ou quand un enfant a un accident. En cela, toutes les sociétés vivantes se ressemblent. Chez les poissons mêmes, les liens sont resserrés quand un ennemi attaque le domicile conjugal ou qu'une menace pèse, alors que le reste du temps le couple se déchire. C'est tellement vrai que les couples de cyclides isolés peuvent se disputer *à mort*. Mais si vous introduisez un étranger dans les parages, le couple cessera aussitôt ses disputes et fera front ensemble. Chez les corbeaux, les querelles cessent lorsqu'un congénère est blessé.

Parfois, la vie vous donnera des occasions d'élever l'attention de vos enfants à des préoccupations, des choses graves. Vous éviterez évidemment de leur faire peur, de les charger d'un poids trop lourd pour eux, n'allez pas leur dire que vous craignez d'avoir un cancer. Un parent sait qu'il y a des choses à ne pas dire.

Mais la vie vous offrira tout de même des événements pas drôles du tout et qui serviront à faire grandir vos enfants en les rendant plus proches les uns des autres. Vous aurez un propos solennel. Vous parlerez de la grand tante qui est malade. Vous demanderez ce que l'on pourrait faire pour elle. L'un proposera d'écrire, l'autre de dessiner. Les disputes seront oubliées et les enfants seront ensemble, unis. Les choses graves qui arrivent dans la vie peuvent être dites, avec bien sûr beaucoup de discernement. Faire l'école à la maison peut très bien vous inspirer de temps en temps une conversation grave. Cela renforce des liens.

Les sanctions peuvent être collégiales : tout le monde puni pour la faute d'un seul, oui, mais à condition que ce soit un système durable, si ça n'arrive qu'une fois, vous aurez créé une brebis galeuse ! Rien de pire que de punir un seul enfant pendant que toute la famille est à table et fait la fête. Si nous distinguons chacun dans les bons moments (sorties avec un seul par exemple), nous pouvons décider que tout le monde sera puni de film un soir de vacances parce que, dans l'ensemble, l'ambiance des enfants était exécrable. Et même si l'un d'eux s'est très bien tenu. Voilà qui va peut-être choquer, mais si un seul enfant échappe à la punition, il se retrouve en situation de privilégié et il va concentrer le ressentiment contre lui. En outre, il peut être bon qu'il soit solidarisé par rapport au groupe, car il sera conduit à se dire que s'il a été parfait pour lui-même, il n'a pas su s'assurer qu'il en allait de même pour les autres. Il a failli par omission.

C'est un peu compliqué mais nous disons cela pour que vous ne culpabilisiez pas si un jour vous avez puni à tort.

Nous pouvons même ajouter qu'il n'est pas catastrophique de punir à tort un enfant, une fois ou deux, car il va progresser. Comment ? Mais tout simplement en apprenant qu'il peut y avoir des injustices ! Lorsqu'il sera victime d'une injustice plus tard, il ne tombera pas des nues. Ressentir une injustice va faire grandir son sens de la justice, et de même il va apprendre que ses parents peuvent se tromper, ce qui est un apprentissage indispensable ! C'est ainsi qu'il va développer son autonomie et une juste distance à ses parents.

La motivation qui s'écroule

L'enfant peut vous manifester au bout d'un moment qu'il ne veut faire que certaines matières. Ou qu'il veut moins travailler. Nous vous montrons dans l'accompagnement les recettes pour résoudre ce problème.

LES DIFFÉRENTES SECTIONS

Le primaire n'est pas seulement important, il est **capital**, c'est la base sur laquelle vont ensuite s'empiler des notions. Si cette base n'est pas solide, tout s'écroulera. Songez à ce que vous avez retenu à l'école : écrire, compter, travailler seul, quelques notions d'histoire et... autre chose ? Oui, peut-être, mais si vous deviez repasser votre Bac, vous ne l'auriez probablement pas. Il vous reste surtout : écrire, lire, compter et un peu de tout dans chaque matière, Histoire, Géographie, sciences etc. C'est en petites classes que vous avez appris l'essentiel ! Je serais incapable de refaire des équations compliquées ou de faire une dissertation en économie fidèle au programme, mais en revanche je possède bien tout ce que j'ai appris jusqu'au CM2. Vous voyez donc combien importantes sont les premières classes : c'est ce qui restera toute la vie.

Au CP, nous faisons jusqu'à 3h00 de cours, quatre-cinq jours de la semaine. En CE1 et CE2, 3-4h00 de cours, cinq jours de la semaine. En CM1 et CM2, 5h00 de cours, cinq jours par semaine. Idem au-delà.

Comme on le voit, c'est un programme plutôt léger. N'empêche, à la fin de l'année, les enfants ont sur leurs coreligionnaires de l'école une avance énorme. Ce n'est pas étonnant : il n'y a pas 1 minute de perdue. À l'école, quelle perte de temps ! Beaucoup de choses sont faites pour meubler la journée et petit à petit, tout un fatras d'activités et de notions prennent la place des matières importantes car c'est évidemment plus ludique pour les enfants et pour les maîtres !

*

*   *

Tentés par ce fameux "regroupement" dont nous avons déjà parlé, un nouveau cours par correspondance s'imposait car le cours par correspondance s'arrêtait à l'époque à la 6ème, or notre fille aînée entrait en 5ème après une expérience d'un an, pour sa 6ème, dans le système scolaire.

Et nous voilà face au problème du choix du cours.

Après réflexion et étude de différents échantillons, notre choix pour le collège s'est porté sur un cours[45] portant de la maternelle à la terminale. Le cours dispose aussi d'une structure pour enfants précoces à Paris. Même si l'esprit général du cours est assez différent de ce que nous avions connu avec le Sainte-Anne, le programme est bien ficelé, très complet et le français a été un régal. En-dehors du français qui est exceptionnel, et il faut en féliciter les responsables, d'autres matières sont moins brillantes.

Il présente en effet quelques lacunes, à notre avis. Les corrigés de math comportent des erreurs, la pédagogie est un peu rigide et IIIème République, on sent l'époque Jules Ferry, plus certaine de sa valeur que de son humilité, et enfin c'est très "laïque" pour ne pas dire "laïcard", de parti pris, on corrigera donc avec le recul nécessaire les cours d'Histoire. En-dehors de ces difficultés, c'est un bon cours à notre avis, qui rappelle les institutions anglaises du début du XXème. Il n'y aura pas moyen d'avoir avec ce genre de cours de relation particulière.

A l'époque où nous avons fait ce choix, nous avons hésité avec un autre, dont les échantillons nous ont plu, mais ils nous ont parus également un peu austères. Le fond est de grande qualité. Une amie qui l'a pratiqué quelques temps nous disait lui trouver un avantage dans le fait qu'un enfant (relativement autonome quand même) peut se débrouiller seul car le programme est organisé de manière quotidienne et c'est vrai que les cours que nous avons pu voir étaient admirablement organisés, clairs et d'un très bon niveau. Nous l'aurions pris volontiers.

---

[45]: *Voir les cours par correspondance sur le site, menu info/les cours par correspondance et autres adresses utiles.*

Il est à noter que dans certains cours par correspondance aussi, l'aspect militance, peut-être respectable en soi, devient un problème dans certaines matières, spécialement en Histoire. Tantôt on veut justifier la modernité à coup de darwinisme péremptoire, tantôt on se veut traditionnel au risque de produire des leçons d'Histoire vieilles de quarante ans. Il serait bon que les uns et les autres s'intéressent aux travaux récents, tout simplement.

Nous avons regardé ce que fait le CNED, établissement du Ministère, et honnêtement nous ne le conseillons pas. A l'image de l'instruction publique, quoique de meilleure qualité, il est le modèle du cours difficile à suivre, à moins d'une volonté de fer. Sur le site Internet[46], les textes référents sont... des articles de loi. On s'attendait à des échantillons de cours.

Nous avons donc constaté qu'il n'était pas facile de choisir un cours. C'est pourquoi nous fait le travail suivant. D'abord, nous avons écarté les cours médiocres. Ensuite, nous avons établi un sondage public (auquel vous serez invité à participer le moment venu) et enfin, nous avons sollicité vos avis.

De cette manière, nous avons une liste fiable, la liste des cours que nous recommandons.

Et le pompon, c'est que nous avons demandé des réductions à ces cours sélectionnés, si bien que vous économisez encore, en vous abonnant chez nous.

Pour résumer un peu notre pensée sur notre choix en matière de cours par correspondance, nous dirions que pour la maternelle, on n'a pas besoin de cours, on peut éventuellement se procurer quelques ouvrages ludiques dans n'importe quel magasin pour un coût modique. Pour ce qui concerne le primaire jusqu'au CM1, nous recommandons un cours par correspondance précis. Pour le CM2, ce dernier est de grande exigence. D'ailleurs, chaque année plusieurs élèves de ce cours, si l'enfant est assez mature, passent directement du CM1 à la 6ème. Enfin, en l'état actuel des choses, si vous voulez continuer l'Ecole à la maison au-delà du primaire, nous recommandons deux cours de qualité. Mais il y a à partir de la sixième diverses propositions acceptables.

Nous espérons qu'il existera rapidement d'autres alternatives de qualité. C'est à espérer, car l'enseignement à la maison devient à la fois des plus nécessaires pour de nombreuses familles qui ne disposent plus d'une école proche de chez elles, qui n'ont plus forcément les moyens de se déplacer (on pense aux montagnards), tandis qu'il y a trop peu de bons cours par correspondance.

De toute façon, quel que soit le cours par correspondance que vous choisissez, si c'est cette voie qui vous semble la bonne, alors suivez scrupuleusement ce que nous disons à nos abonnés sur les déclarations et les formalités administratives

[46] : *http://www.cned.fr/scolaire ; http://eduscol.education.fr*

obligatoires. Même avec un cours, vous devez impérativement vous abonner pour éviter tout ennui qui vous coûterait un avocat et des mois de stress, avec le risque de voir l'enfant enlevé et remis à l'école de force. Aucun de nos abonnés n'a connu cette déconvenue. A chacun de voir mais il nous semble que 19€ par mois valent la peine.

Nous apprécions un site où vous trouverez pratiquement tous les renseignements nécessaires pour la création d'un établissement (ce que vous ne ferez pas en principe) : http ://www.creer-son-ecole.com/

GÉRER DIFFÉRENTS NIVEAUX

Vous libérer

Lorsqu'on a des enfants de plusieurs niveaux, on a intérêt à gagner du temps pour mieux s'occuper de chacun d'eux.

A priori, plus il y a d'enfants, plus c'est difficile.

Nous allons vous dire une chose : nous avons 7 enfants et ce n'est pas plus difficile que lorsque nous n'en avions qu'un seul, notre première fille. On va donc obtenir le contraire : plus il y en aura, plus ce sera... *facile* !

Et avoir plus de temps pour soi. Nous allons vous le proposer. Et cela va vous permettre de mieux vivre et vous consacrer aussi à vous-même, spécialement à ce que vous considérez être votre réussite. L'un des buts de l'éducation est de vous donner de la liberté. On acquière de la liberté en développant des capacités, et non pas seulement en faisant des choix entre des choses existantes (sujet de philo magnifique !).

Or, quand on a plusieurs enfants, et a fortiori plusieurs niveaux scolaires à « gérer », on est débordé. Sur-engagé, coincé, kidnappé. Certes, on développe des capacités, mais ce n'est pas pour autant qu'on a plus de temps à soi ! Alors quand vous lisez des conseils vous invitant à prendre du temps pour vous, vous fulminez[47].

Plus il y a d'enfants, plus c'est facile !

Vous verrez que plus vous avez d'enfants, plus il vous sera facile de les élever. Quand nous n'avions que Victoire, c'était terrible. Nous (enfin surtout sa maman)

---

[47] : Le blog présente une quantité énorme d'articles qui creusent certains sujets abordés par le présent ouvrage. Il peut être intéressant pour vous, après avoir essayé ce guide et de vous imprégner de l'idée de l'école à la maison, de vous y abonner pour passer de l'idée à l'acte !

la surveillions tout le temps, nous nous inquiétons d'un rien, dès qu'elle toussait, ou rendait, ou ne mangeait plus, ou ne s'endormait pas. Elle occupait 18 heures sur 24 de la maman. Que s'est-il passé à l'arrivée de Gauvain ? Ils ont occupé 18 heures sur 24. A deux. C'est-à-dire que chacun d'entre eux prenait deux fois moins de temps que la première toute seule. Au troisième, nous étions nettement plus relax, les 3 ne dévoraient qu'une douzaine d'heures par jour. A ce moment-là, nous avions créé notre entreprise d'export, qui nous mangeait toute la journée, donc nous avons dû apprendre à nous occuper plus vite et mieux des enfants. Nous n'avions plus le temps de nous poser des questions autour du landau.

Lorsque le 4ème est arrivé, nous avions en plus pris une activité de chambres d'hôtes avec restauration sur place de produits frais. Vous voyez le tableau ? Il pouvait y avoir une fuite dans une chambre d'hôtes, à l'export un client américain furibard à cause d'un transporteur bloqué, le comptable qui se demandait si on allait finir l'année, un ou deux procès familiaux, le banquier qui nous envoyait des lettres de menace, un enfant malade, un client de chambre d'hôte qui partait sans payer et un client japonais qui exigeait une nouvelle gamme de cosmétiques à laquelle nous réfléchissions en préparant les repas de nos convives. Et toujours nos quatre bambins dans les pattes, qui se faisaient mal, tombaient, se blessaient, se disputaient, disparaissaient 4 heures durant tandis que nous cherchions partout où, sur quelle route, l'enfant avait pu partir sans se retourner, ou dans quel trou il avait pu tomber. Dont l'une tombait dans un bassin, ce que venait nous dire son frère de 3 ans en trottinant et en articulant mal, que nous ne comprenions qu'au bout de 2 minutes "Victoiye é tomée dan yeau" "Hm ?" "Victoiye é tomée dans yeau !" "Attends, je suis au téléphone mon chéri et ça vient de sonner à la porte, dis à Victoire que j'arrive tout de suite", et lui, hésitant, puis "Mais non Victoiye est tomée dans yeau!" et c'est à ce moment-là que je comprends, Victoire est tombée dans l'eau, "Où, où est-elle ?", "ya-bas", et me voilà à soulever de terre le bonhomme et à courir, avec lui dans les bras, à courir comme un dératé, sautant l'escalier du parc d'un bond, affolé, les yeux en larmes, pour trouver finalement ma Victoire bien vivante, ses petits doigts accrochés au bord du bassin en pierre, la tête hors d'eau et pleurant en silence, effrayée. Et si ce n'était cela, c'était autre chose, et tout je crois, mon Dieu oui, tout nous est arrivé. Sauf le pire. Merci, mon Dieu.

Eh ! bien, ça se passe, on le vit et on le surmonte. On y arrive. On vit des choses et on apprend, on se nourrit. Nous avons 7 enfants aujourd'hui et c'est beaucoup plus facile qu'avec un seul. Nous voyons de jeunes couples débordés avec un seul enfant : ils n'ont tout simplement pas l'habitude, ils sont débutants, aussi préoccupés (au sens plein du mot, préoccupés, c'est-à-dire occupés par avance, déjà pris !) qu'un jeune serveur débutant dans un grand restaurant. Il y a autant de différence entre une jeune couple avec un enfant et un couple avec 5 enfants qu'entre la passagère d'un cargo terrorisée par la tempête et le vieux loup de mer qui fume tranquillement sa pipe en contemplant le grain. Tout est question d'habitude, et donc de pratique. Nous y revoilà. La seule chose, c'est... ? de s'y mettre, bravo ! Vous allez vous y mettre et ça se fera, et vous apprendrez très bien.

C'est pour ça que nous sommes là. Vous ne pouvez pas savoir comment éteindre un feu de casserole d'huile si vous n'avez pas appris, vous paniquez. Quelqu'un qui sait attrape un linge mouillé, le prend aux coins rabattus sur ses mains, s'approche tranquillement et pose le linge sur la casserole; la flamme s'éteint. De même, vous ne savez pas comment gérer un feu d'artifice d'enfants qui partent dans tous les sens. Quelqu'un qui sait entre dans la pièce, fait deux gestes, tous les enfants le regardent, s'arrêtent, se font attentifs, et la classe peut commencer.

Pourquoi vous raconter notre histoire ? Ce n'est pas pour nous mettre en valeur. C'est juste pour vous rassurer. Pour que vous sachiez qu'il y a toujours des parents qui y arrivent avec 10 fois plus de charges que nous-mêmes, nous en avons rencontré à côté desquels on se sentait en vacances, des parents avec des enfants hospitalisés qui eux-mêmes étaient malades. La croix et la bannière. Nous préférions notre sort.

En fait, on s'habitue, on apprend, on est plus rapide, plus efficace, plus attentif au fur et à mesure. L'éducation des enfants fait de nous tous des gens très spéciaux.

Voilà pourquoi vous verrez qu'avec 3, 5, 7 ou douze enfants, et différents niveaux, vous y arriverez aussi bien, et peut-être mieux qu'avec un seul.

Ne pas mettre nos inquiétudes d'adultes sur la tête de nos enfants

Passons du coq à l'âne. Vous avez vécu le problème de l'appétit : les parents s'inquiètent d'un manque d'appétit du petit dernier. Il mange moins qu'avant. Heureusement, parce que si un enfant de 5 ans devait manger autant qu'un nouveau-né, il devrait ingérer des centaines de kilos chaque jour. La croyance selon laquelle l'enfant doit manger davantage que ce qu'il mange par lui-même est à oublier. Sachez que l'enfant mange à sa faim. S'il mange moins, c'est que son organisme a moins de besoin. Un enfant, c'est très bien réglé; ça porte les vêtements dont il a besoin et oui, mesdames, un enfant sort en culotte courte et en chemisette sous la neige, il rentrera quand il aura froid (c'est un sujet sur lequel nous reviendrons parce que là, nous nous attaquons à une montagne).

Eh bien, ce sera la même chose avec le travail. Tout ce que vous avez à faire est de ne pas écœurer l'enfant, ni de le forcer sans cesse. Vous l'encouragerez, et ça se fera tout seul. Vous le bloquez en vous inquiétant, vous le propulsez en vous décontractant.

Si vous créez une ambiance favorable au travail sans une exigence excessive, **l'enfant travaillera à sa faim**.

Dès lors que l'enfant travaillera volontiers, gérer les niveaux sera beaucoup plus facile. C'est la première étape, la première victoire. Vous donnez à l'un, avec quelques explications, et il décolle ! Et pendant ce temps-là, vous pouvez vous occupez de l'autre ou des autres.

L'adversaire n°1 : la fatigue

Si vous n'êtes pas au point sur ce chapitre : http ://l-ecole-a-la-maison.com/heures-de-sommeil-horaires-de-l-enfant. C'est fon-da-men-tal : on ne gère pas bien un enfant quand on est fatigué (enfant ou parent), et c'est épouvantable avec plusieurs enfants ! Donc : retour sur cet article, et assurez-vous que vous avez des enfants bien reposés, et que vous vous arrêtez à temps, que vous n'allez pas jusqu'à la fatigue.

Deux adversaires quand on a différents niveaux : la jalousie et la déconcentration

Les deux autres redoutables adversaires du cours à plusieurs niveaux sont par ailleurs la jalousie et la déconcentration. Vous savez ce qu'on a dit de la déconcentration. C'est plutôt une interruption de la concentration dont il faudrait parler. Elle dépend beaucoup de la quantité de sommeil, évidemment.

Pour ce qui est de la jalousie, vous ne laisserez pas un enfant s'intéresser à ce que fait l'autre. Ce que fait un enfant, même son travail, c'est son intimité. Chacun fait ce qu'il a à faire. De même, on ne laisse pas un enfant se comparer à un autre. On coupe court à toute comparaison.

Vous serez juste, c'est-à-dire que jamais un enfant n'est plus mal loti qu'un autre.

Vous aurez tendance à créer une loi collective : on commence ensemble, on finit ensemble (sauf séance de rattrapage). Si vous avez plusieurs enfants sur le même niveau et que l'un d'eux est en retard, tout le monde attend (ça implique que les jours suivants, vous lui donnerez un peu moins exprès; il s'agit que ce ne soit pas toujours le même qui soit en retard). Si un enfant réussit très bien, on en félicite tout le monde après l'avoir félicité, lui. On prépare la salle de classe tous ensemble, ou en tous cas tout le monde a une tâche à accomplir.

Un minimum d'approximation

Ayons le moins possible d'hésitation, d'erreur d'emploi du temps, d'approximation. Nous ne développons pas plus, cela signifie que vous savez ce que vous allez faire, vous avez un mémo sous la main, vous dites ce que l'enfant va faire et vous ne vous trompez pas, ni de semaine, ni de devoir. Le moins possible en tous cas. L'enfant, les enfants, ont besoin de sécurité, d'un socle.

Changer la discipline, l'ambiance

Vous ferez varier la discipline en fonction des activités. Le silence du travail individuel fera place à l'autorisation de chuchoter pour un travail à plusieurs.

Mettre en place des routines

Lorsqu'on a plusieurs enfants, on met en place un peu plus de routines. Les cours se répètent dans un certain ordre. Ce qui ne vous empêchera pas, on l'a dit, d'improviser parfois ou d'organiser une sortie. Mais ce sera, dans le cas de plusieurs niveaux, pensé et cadré à l'avance, en cohésion, et pas dans tous les sens. En ce cas, vous rechercherez un thème commun à tous les niveaux.

Pour l'essentiel du temps scolaire, on a un programme lisible au mur. On n'a pas besoin de répéter. Si un enfant ne sait plus quel cours il y aura en début d'après-midi, un geste : vers le mur où se trouve l'emploi du temps. Il doit prendre l'habitude d'y aller seul.

Préparer l'emploi du temps

C'est indispensable si vous avez plusieurs enfants. Lorsqu'on a plusieurs enfants, il est prudent de bien préparer son emploi du temps et on prévoira une ou deux journées complètes en début d'année pour l'établir (vous vous rappelez celui que nous indiquons pour vous donner une idée).

Vous tiendrez compte des capacités de chaque enfant au départ, ensuite vous anticiperez.

C'est-à-dire qu'un enfant qui ne peut rester en place plus de 10 minutes aura d'abord des cours brefs, des petites séances de 10 minutes – un quart d'heure, vous prévoirez dans l'emploi du temps plusieurs matières qui s'enchaîneront plutôt qu'une seule qui dure. Une matière où il sera assis, une autre où il sera debout ou en mouvement etc. En général ça concerne les petits, donc faites faire de la peinture, des activités où on se lève, en alternance avec des moments assis. C'est ainsi que l'habitude de s'asseoir pour travailler vient.

Vous insérerez une pause entre chaque période, les cours faisant de 15 minutes pour les 5 ans à 40 minutes pour les 7 ans, 50-55 minutes pour les plus grands. On voit qu'il y a une grande différence entre 5 et 7 ans, et tout votre enseignement en tiendra compte.

Répartition des rôles

Il sera important d'expliquer à chaque enfant que vous lui assignez un rôle pour une période donnée. La plupart des débordements viennent du fait que les choses ne sont pas bien expliquées dès le début du cours. Alors au début ce sera chaotique apparemment mais peu à peu ça prendra forme. Ne vous formalisez pas du désordre au début. Chacun ira à sa tâche peu à peu, les parents qui ont fait une formation Montessori le savent.

Les plus grands feront des exercices pendant que les petits travailleront. Inversement, les plus petits joueront, seront en pause à l'extérieur ou dans leur chambre, ou feront des exercices accessibles pour eux pendant les cours des grands.

Variante : Cependant, s'ils s'intéressent au cours des plus grands, vous pouvez les inviter solennellement à participer silencieusement à un cours des grands. Nous disons bien silencieusement et c'est exprès : le cours des grands va être l'apprentissage du calme et de l'attention des plus petits. Bien sûr qu'ils seront invités à s'exprimer tôt ou tard. Cependant, vous contrôlez ces prises de parole en les réduisant suffisamment pour ne pas lasser les plus grands.

Si les plus grands refusent catégoriquement la présence des plus petits — ça peut arriver —, respectez leur souhait. Vous y reviendrez plus tard, après avoir préparé les grands à l'idée qu'ils pourraient aider les plus jeunes. En leur expliquant que les plus jeunes souhaitent aussi grandir, vous aurez déjà fait un pas. Mais vous ferez mieux encore en leur confiant une responsabilité. Par exemple qu'un grand corrige le « devoir » d'un petit. De cette manière, le grand se sent valorisé.

Pas de mauvaise humeur, d'état d'âme

Nous le savons bien, c'est facile à dire : le parent doit être en forme, radieux, positif. Si vous êtes mal, ce sera beaucoup plus difficile pour l'enfant de travailler. Nous ramenons donc votre attention sur l'importance pour vous de

1/ vous coucher tôt,

2/ avoir un plan de réussite de vos initiatives dans la vie,

3/ faire de l'exercice physique régulièrement.

Ce sont vos trois impératifs de base. Ensuite vous veillerez à respecter les différents conseils que nous vous donnons sur cette page et sur celle-ci. Prenez le temps d'y retourner.

Montessori vous aide

On va encore s'aider de la méthode Montessori. Les objets sont la source de bien des apprentissages pour les plus petits et même si vous ne disposez pas de matériels Montessori, vous pouvez fabriquer des choses. Des lettres-pierres, des bouteilles de nuages colorés, des tours de magie, et toutes sortes de choses que vous pouvez trouver sur Internet, ou dans votre boîte à outils (soyez évidemment prudents). Il y a toujours des bricolages à faire avec un petit : graver une pomme de terre, faire des tampons encreurs, coller des pinces à linge pour apprendre à compter, vous avez 10.000 choses possibles. Remplir des verres d'eau pour les faire tinter occupe une bonne matinée par exemple et retrouver la gamme est déjà un apprentissage pour un petit.

Le petit boulier, appelé aussi abaque, que vous devez avoir à la maison va lui permettre de faire des exercices très vite (vous pouvez en acquérir un en cliquant sur l'image).

Conditions de travail

Il est important que chacun ait sa maman ou son papa bien concentré pour lui faire cours. Il est important également qu'il y ait suffisamment de silence. Les petits doivent avoir une occupation quand les grands sont au travail, c'est toujours préférable.

Cela dit, ce n'est pas si difficile une fois que vous avez bien expliqué les règles du travail en commun.

Et ce sera plus facile encore quand vous aurez mis en place le travail collectif. La tâche en commun crée beaucoup de respect mutuel. Partagez donc les tâches quotidiennes selon une distribution proportionnée et juste.

Responsabiliser pour sa tranquillité

Vous pouvez échanger les charges : les grands changent les draps des petits et les petits font le rangement du salon, en expliquant que chacun fait le travail d'un autre. Quelle utilité ? Cela crée du lien, de la proximité.

Le travail en équipe de deux est très efficace : deux préparent la salle de classe pendant que deux autres rangent le salon.

Il arrivera que vous confierez une tâche spéciale, à l'extérieur par exemple. A ce moment-là, vous gagnerez à recommander expressément l'un des enfants pour une qualité particulière qu'il a. Ceci à chacun son tour bien sûr. Un enfant dont on dit qu'il est particulièrement agile et qui le prouve en allant débarrasser une gouttière de feuilles mortes est motivé.

Les activités doivent avoir du sens aux yeux des enfants pour qu'il y ait apprentissage. Fixez donc des tâches en fonction d'objectifs plutôt que pour elles-mêmes. On ne fait pas la vaisselle pour la vaisselle mais parce que la cuisine doit être propre au moment des cours, par exemple.

Ces échanges de charges, de responsabilité, vont vous permettre de ne pas avoir sans cesse à dicter les ordres, les attitudes.

On gagne toujours à considérer et prendre l'enfant pour un grand, quand il s'agit de travail. Lui confier un travail responsabilisant, avec des enjeux progressifs, va l'amener à l'autonomie. Même s'il casse quelque chose et fait mal au début, dites un mot pour reconnaître ce travail, pas forcément des félicitations exagérées, mais un simple mot de reconnaissance. Ce qui vaudra mieux, c'est de signaler à l'autre parent, à haute voix et en la présence de l'enfant, qu'il a bien mené à terme sa tâche. Encore une fois, il ne s'agit pas de dresser un panégyrique qui l'enorgueillirait, mais de le mettre en valeur. Un petit mot ne coûte rien et vous rapportera beaucoup de calme durant les cours.

Vous vous désengagerez progressivement et les choses, lentement, se feront par elles-mêmes.

SORTIR POUR FAIRE COURS

Voici un aspect dont nous avons parlé mais aujourd'hui creusons, sans être long. On peut et on doit sortir pour faire cours, aller dehors quand on fait l'école à la maison fait du bien et aide énormément à fixer les choses dans l'esprit.

Nous allons sortir pour faire cours. Pourquoi ? Parce que l'enfant n'est pas fait pour rester enfermé, sans air ni activité saine, avec 25 autres enfants de son âge qui n'ont pas grand chose à lui apprendre...

La grande question c'est sortir où ? et qu'y faire ?

D'abord, partout où il y a un fait naturel remarquable: cours d'eau, digue, grève (mer), lac, montagne, ravin, champs cultivés, champs en friche, bois, etc. Ensuite, les lieux où l'homme a fait quelque chose sur lequel on peut faire des observations: place de village, carrière, canal, abbaye, église, fabrique ou usine etc.

Image : La place du village. Vous avez cent mille questions possibles à poser à l'enfant. Que font les gens ? Pourquoi ? Pourquoi la porte du café est aussi large, avec des vitres ? Pourquoi les murs sont colorés (la chaux colorée chasse les mouches) ? D'où vient l'eau de la fontaine ? Est-elle potable ? Combien de litres par jour environ ? Pourquoi le restaurant met-il des chaises en plastic ? Pourquoi ce garçon se cache-t-il derrière l'arbre et regarde-t-il vers le café ? Est-il amoureux ? Si oui, la belle se sent comment d'être ainsi observée ?...

Le cours que vous y ferez sera soit un cours classique de matière, après une période d'observation, soit un cours hors-programme, uniquement porté sur l'endroit.

Vous pouvez mixer: un cours de science naturelle dans un endroit naturel, un cours d'Histoire dans un lieu d'Histoire, un cours de maths dans un lieu où l'on peut illustrer (calcul d'angles, de hauteur), un cours de français où la langue sera employée d'une manière ou d'une autre.

Le moment que l'enfant va le plus mémoriser, ce sera le moment de l'observation. Tout dépend de vous, comme toujours: sachez poser des questions.

"Quelle est la hauteur du sommet du clocher de l'église", "à ton avis, comment la calculer ?": maths.

"Observe ces gens qui parlent dans la rue, comment ils sont placés l'un face à l'autre, et pourquoi ils ne sont pas directement l'un face à l'autre ?", "à ton avis, quel est le métier de ce monsieur qui marche là-bas, à quoi tu le vois ?", "cette dame a l'air d'avoir un souci, qu'est-ce que ça peut être à ton avis?" : sociologie, très intéressant pour un enfant.

"Regarde le processus qui suit ce flacon, il est rempli automatiquement et ensuite il est fermé puis mis dans un carton, note combien de temps prend chaque étape."

"Pourquoi la rivière tourne vers la gauche ?" "Pourquoi le village est près de la rivière ?" "Pourquoi il y a un bois ici et des champs là ?" Pourquoi la vigne est-elle plantée en travers de la pente / dans le sens de la pente" (les 2 possibilités existent selon les régions: régions très pluvieuses: en travers selon la tradition pour éviter la descente de terre; régions moins pluvieuses ou replantations modernes: dans le sens de la pente pour éviter que le tracteur ne verse, on a planté de l'herbe pour empêcher la descente de terre etc.)

Dans certains cas, ça vaudra la peine de passer avec l'enfant au syndicat d'initiative pour récupérer un ou deux documents sur le fait remarquable à voir, avec l'explication, s'il y en a (pas sûr, on trouve de moins en moins de choses). Sinon, on prépare la sortie avec une petite recherche sur le net. Enfin, si vous n'avez pas eu le temps, vous posez les questions et vous finissez d'y répondre en faisant des recherches ou en faisant faire des recherches sur le net à l'enfant.

Le sujet de la sortie est infini, nous abrégeons mais votre témoignage est attendu !

A noter que si la sortie est également un bon moyen de rencontrer d'autres personnes et de s'enrichir d'une rencontre (chose dont nous parlons par ailleurs), elle peut aussi augmenter l'acuité et la concentration. Vous pourriez poser des questions à l'enfant avant de le laisser avec des camarades ou même les poser aux enfants réunis : "Tu devras me dire combien de fois les enfants autour de toi vont poser une question", "Tu devras me dire un exemple d'une phrase bien construite qu'aura dit un enfant", "Tu me diras combien il y a d'enfants dans cette famille, tous les âges et tous les prénoms." En plus du bon moment d'amitié et de rencontre, ces petites choses peuvent aider une concentration défaillante, un esprit un peu vagabond.

Que pourriez-vous faire d'autre ?

AVEC LES COURS TROP EXIGEANTS : COMMENT FAIRE ?

Je crois que je me mets une pression folle ainsi qu'à ma fille (CE1). Je me force à tenir les délais conseillés par Ste Anne pour rendre les devoirs en correction et donc finir chaque module entre 6 et 9 jours.

L. n'aime pas apprendre par cœur... les calculs et tables de multiplication ne sont pas assimilés correctement voire pas du tout.... J. travaille bien et ne manifeste que rarement son mécontentement.

Cette question apparaît fréquemment et nous arrivons parfois à un stade où il faut se poser des questions.

Il est vrai, Ste-Anne fait partie de ces cours de très haute qualité, qui peuvent paraître parfois un peu trop durs à suivre.

Nous disons très simplement qu'il ne faut pas se mettre la pression si celle-ci nuit à votre plaisir de faire l'école à la maison et si l'enfant ne suit pas.

Tant pis pour les échéances.

Ce type de cours peut devenir difficile sur le moyen terme, si l'on ne change pas le mode d'enseignement au profit de quelque chose de plus léger et de plus motivant.

Alors avant toute chose, il importe de bien suivre tout ce que nous vous envoyons dans l'accompagnement car les clés sont là: vous avez énormément de réponses à ces questions, notamment lorsque nous parlons d'enseignement par la joie.

Aujourd'hui, nous en ajoutons une: **il peut être souhaitable de faire moins d'écrit et davantage d'oral**. En effet, l'oral rend les choses plus faciles tout en permettant une pratique intensive.

Les cours trop exigeants peuvent démolir la motivation

On peut donc aisément faire du calcul mental ou des exercices de français par oral. On écrira au cours que les exercices ont été faits à l'oral.

Vous n'êtes pas obligée à 100% de faire tous les devoirs.

Maintenant, il est certain que l'émulation doit demeurer. Travaillez-vous votre côté entraîneur ? Et votre personnage magicien ? Vous vous souvenez qu'on en parle ?

Les enfants manifestent qu'ils souhaitent d'autres personnages que ceux qu'on leur joue chaque jour.

On peut également ralentir. Mieux vaut prendre du retard sur le calendrier que de laisser des notions dans l'ombre. Cela demande d'informer le cours par correspondance.

Enfin, vous pouvez aussi leur confier l'initiative de la découverte du cours et de vous le faire partager.

Nous parlons de ces divers points dans l'accompagnement, il importe donc de bien suivre tout ce que nous vous envoyons.

PS: attention, il ne s'agit pas non plus d'alléger à l'excès. Cet article montre qu'au contraire, les enfants d'enseignants réussissent mieux parce qu'ils en font plus. Nous savons quoi en penser.

Pour finir, nous vous donnons sur le site le point de vue de Pierre Chrétien qui défend l'oral durant les cours de l'école à la maison avec de nombreux arguments. Il raconte qu'au début, son expérience a été une catastrophe: pression, mauvaise ambiance... C'est un document à lire.

Voilà pour ce tour d'horizon des pratiques qui vous permettent de maîtriser l'école à la maison. Nous allons voir à présent les éléments qui vont couronner votre pratique : tout ce qui ne concerne pas directement l'enseignement mais qui étaye votre enseignement. Car il y a bien des choses périphériques qui sont essentielles…

Quatrième partie : en-dehors des cours

Nous avons vu les cours à proprement parler : les matières et la manière de les enseigner. Mais nous verrons très vite que cela ne suffit pas. Nous venons de dire qu'il y a des choses périphériques. C'est l'environnement et toutes les choses qui sont autour du cours. Imaginez un bateau : il faut qu'il soit d'excellente qualité. Mais il faut aussi qu'il évite la tempête, que son environnement soit praticable. Voyons donc dans ce chapitre comment harmoniser cet environnement.

LA CHAMBRE DE L'ENFANT

Quand on a décidé de faire des cours à la maison, on commence par organiser les espaces. La chambre de l'enfant est l'endroit où il se retrouve, où il se repose, où il a un temps de silence, où il peut se défouler, où il a des activités qui n'appartiennent qu'à lui, où il peut être quelqu'un d'autre que l'enfant que vous connaissez, où il a une vie privée et une vie intime. C'est un jardin secret, où se concentrent des trésors qui n'appartiennent qu'à lui (ou elle). Naturellement nous écrivons « il » mais vous pouvez remplacer par « elle » dans le cas d'une fille.

Doit-il être seul ou non ?

C'est vous qui le décidez, selon vos revenus ou votre plan éducatif. Tout se défend, pourvu que le choix soit cohérent. Par exemple, ne choisissez pas la chambre commune en expliquant à vos enfants que vous n'avez pas les moyens de faire autrement : l'autre serait considéré comme un fardeau, un gêneur. Si vous choisissez de mettre plusieurs enfants dans une chambre, c'est que vous avez un plan éducatif cohérent, que c'est bon pour lui, et vous allez leur exprimer pourquoi. Ne dites pas non plus à un enfant qu'il a droit à sa propre chambre parce que vous en avez les moyens depuis la dernière augmentation de salaire : ça n'a aucun intérêt éducatif. Non, chaque décision est motivée par quelque chose de bon, et vous allez l'exprimer, qu'il s'agisse d'indépendance, de créativité, de solidarité, de partage etc.

Si vous souhaitez que les enfants développent une solidarité entre eux et un sens de la vie en société, le choix de la chambre commune est excellent. En ce cas, vous travaillerez à développer entre eux diverses solidarités et notions de partage des tâches par exemple.

Si vous souhaitez que l'enfant ait sa chambre pour lui tout seul, vous serez enclin à privilégier son autonomie et son indépendance. Bref : vous avez une logique et l'enfant le sait, cela le porte.

Où va notre préférence ? Par manque de place, nous avons dû mettre les enfants ensemble quand ils étaient petits. Ils ont eu leur chambre à partir de la sixième en moyenne. Pour ceux qui ont été en pension dans la semaine, ça nous semblait juste qu'ils aient leur intimité en fin de semaine.

Avec le recul, nous aurions tendance à considérer qu'il est bon que les enfants soient ensemble jusqu'à un âge avancé, et même au-delà de 15 ans. Nous avons connu des exemples de parents qui ont vécu dans la même chambre que leur frère ou sœur et ils en avaient un très bon souvenir, ils défendaient très bien ce point de vue sur le plan de la construction de l'enfant.

En fait, être seul dans une chambre a plutôt des désavantages pour le développement de l'enfant; la vie en commun avec un frère ou une sœur est plus bénéfique. La mode est plutôt à la chambre seul et ce sont les milieux plutôt défavorisés qui mettent les enfants à plusieurs par chambre, mais les enfants élevés à plusieurs dans une chambre ont moins de mal à rencontrer les autres et trouver leur place dans la société, ils sont plus aptes sur le plan relationnel. A plusieurs dans une chambre, on parle davantage, on lit plus, on affirme ses choix, on apprend le respect de l'autre et la vie en commun, le travail dans le silence… Voilà pourquoi, si vous nous demandez votre avis, nous aurions tendance à préférer la chambre à deux. Même si nous préférions être seuls dans notre chambre à l'âge de nos enfants !

Précision : une fois que les enfants ont atteint 6 ou 7 ans, on veillera à mettre les garçons ensemble et les filles ensemble. Chaque enfant a sa pudeur et il faut la respecter.

Dans les faits, nous avons acheté une maison qui avait beaucoup de chambres et nous n'allions pas laisser ces pièces vides, donc rapidement chacun a eu sa chambre; ça s'est bien passé, dans l'ensemble, avec quelques difficultés. Nous serions plus enclins à les mettre deux par deux maintenant. Cela dit, ce n'est pas une question rédhibitoire.

Dangers de l'électronique

Il reste à dire sur ce point que les appareils électroniques (ordinateurs, tablettes, télés, téléphone etc.) sont nocifs dans les chambres. D'abord, ils multiplient les ondes, qui sont mauvaises. Ensuite, ils favorisent une coupure avec la famille et une dépersonnalisation de l'enfant. Le mieux serait de mettre ces appareils de côté aussi longtemps que possible. Ne donnez pas un téléphone à un enfant de 5 ans comme nous l'avons vu !

S'il en est encore temps, demandez à votre enfant qu'il laisse son téléphone dans la cuisine en rentrant. Pensez à le faire éteindre la nuit en retirant la batterie (le téléphone qui sert de réveil est une mauvaise idée). Proscrivez absolument le téléphone au lit ou près de la tête, sur la table de chevet durant la nuit car les ondes perturbent son sommeil. Ne laissez évidemment pas un enfant téléphoner toute la nuit, les filles de 14-18 ans y sont souvent abonnées, ce n'est guère meilleur pour leur santé physique que pour leur esprit…

L'ordinateur n'est pas obligatoire dans la vie de l'enfant; si vous voulez, à juste titre, qu'il soit bon en informatique, ce qui va devenir incontournable, faites-lui faire de l'ordinateur à des heures convenues, régulières, et avec un contrôle parental de qualité.

La télé est à proscrire totalement, votre enfant n'a rien, mais alors rien à y gagner. Ne croyez pas que vous le rendrez heureux avec ça ni que ça va le socialiser, c'est plutôt le contraire : la télé désocialise.

La chaîne hi-fi personnelle n'est pas indispensable dans la chambre, alors qu'elle est très utile dans le salon ou la pièce commune.

Tous ces appareils, l'enfant peut y avoir accès de manière réglementée quand vous le décidez et dans le bureau ou le salon, dans une pièce où il évitera inconsciemment de verser dans la négativité, la tristesse, l'abattement ou la solitude.

S'il a un ou plusieurs de ces appareils, soyez vigilant, planifiez des horaires, apprenez à votre enfant à vous en servir avec parcimonie. Le tout est qu'il ne tombe pas dans un monde virtuel, une perte de temps, une atrophie intellectuelle, une perte des valeurs.

Nous reviendrons sur ce sujet dans un autre article consacré plus exclusivement à l'électronique et sur les moyens de supprimer une addiction à l'ordinateur.

Donc, faisons attention à toutes ces machines qui coupent l'enfant de ses proches, spécialement celles qui les mettent au contact de chatrooms, forums, serveurs et sites Internet divers. Regardez « Chatroom », le film, si vous voulez vous en convaincre.

Les enfants ne sont pas capables d'assumer une juste distance et une vraie confidentialité sur un forum (c'est déjà très difficile pour un adulte), ils sont facilement dans des conversations négatives, destructrices même, ils lisent des propos chargés émotivement, très relativistes, très critiques vis-à-vis des parents, très diminuateurs, restrictifs, focalisés, intolérants. Nous ne parlons pas des jeunes qui poussent au suicide, votre enfant sait faire la part des choses certainement, mais des discussions plus subtiles au cours desquelles les valeurs que vous avez transmises à vos enfants sont galvaudées et discréditées,.

Entre eux, les jeunes sont la plupart du temps dans le sentiment et dans l'instinct. Or, l'une des missions éducatives est de les hisser, sans nier tout cela, dans une responsabilité qui intègre aussi la raison, la quête et la spiritualité. Les jeunes ont souvent réponse à tout, et c'est là se priver d'une grande liberté, ils ont tout comme les adultes, de toute façon, une vision proportionnelle à leurs capacités, et cette vision est partielle.

Eviter les visites intempestives

La chambre de notre enfant est presque un sanctuaire; c'est le sanctuaire de son identité. Vous pouvez y entrer de temps à autre, pour y faire du rangement et du ménage, mais de moins en moins avec l'âge. Au fur et à mesure qu'il va grandir, vous allez y entrer plus rarement. Sur son invitation par exemple, s'il a besoin d'aide pour un devoir, ou pour vous montrer quelque chose. C'est lui qui fera son ménage et son rangement.

Laissez-le décorer sa chambre comme il le veut. Vous pouvez lui faire des propositions. Mais il est important qu'il fasse ce qu'il veut de cet espace. C'est l'apprentissage du territoire propre. Ce ne sera pas toujours de bon goût et vous aurez sûrement droit aux poncifs du moment ou à l'affiche classique de Che Guevara (nous y avons échappé, Dieu merci...), du jeune play-boy niais brandissant son micro en guise de révolte en chocolat, du groupe de jeunes chanteuses jetables (hélas). Ou d'avions, de chars, de pandas (très en vogue), du dernier héros "métal" etc. Vous laissez l'enfant afficher ce qu'il veut au mur. S'il veut coller des posters que vous n'aimez pas, vous le lui dites que vous n'aimez pas vraiment. S'il y tient tout de même, vous laissez faire et travaillez sur ce côté qui dans cette image est quelque peu contraire à vos valeurs, doucement, les jours passant et sans faire référence à cette affligeante affiche. Qu'il en arrive à la trouver moyenne et finisse par l'arracher, qu'il *progresse*.

Bien sûr, vous ne le laissez pas non plus coller une afficher totalement contraire aux valeurs, vos valeurs familiales par exemple. Il faut en ce cas dire non, et comme vous êtes en situation de casus belli, le moins d'explication possible est préférable. Des explications créeraient un conflit et des blessures. Nous l'avons vu, il y a d'autres techniques que la discussion.

Sa déco : vous avez un altimètre sous les yeux

Quand vous aurez l'occasion d'entrer dans sa chambre, regardez la décoration qu'il s'est choisie plutôt que le désordre. Vous avez un altimètre de son moral sous les yeux ! Vous avez une part de son « moi » profond, ses engouements, ses angoisses, ses opinions. Tout cela, il vous l'affiche alors qu'il se garde bien, la plupart du temps, de vous en parler. Avec ces éléments, vous allez pouvoir vous rapprocher de lui, lui proposer des sorties et activités qui vont lui convenir, discuter sur des points d'opinions ou de politiques (avec modération), redresser le cap si vous voyez qu'il est dans une impasse, réveiller sa joie de vivre, lui apporter de l'humour, déblayer des principes flous etc.

Responsabiliser

Que l'enfant se sente chez lui dans sa chambre est bon et vous pourrez lui expliquez que sa chambre est le monde qu'il peut aménager comme il l'entend. S'il partage sa chambre avec un frère, si elle partage sa chambre avec une sœur, dans son jeune âge, vous vous occupez de tout; peu à peu vous lui passez la main.

Un espace de travail

Enfin, la chambre de l'enfant est aussi son espace de travail pour les devoirs. Attention : vous avez intérêt à demander à l'enfant qu'il fasse son travail dans la salle commune ou la cuisine, pour des raisons que nous expliquerons dans un prochain article. Mais certains devoirs devront se faire seul, car il faudra qu'il acquière la capacité à travailler seul, il aura aussi besoin parfois de se concentrer et sa chambre sera idéale pour ça.

Vous veillerez donc, avec votre enfant et d'un commun accord, à aménager un espace de travail cohérent. Sa table doit être bien éclairée et si possible par la lumière naturelle et des éclairages sains, plutôt indirects et assez forts; il faut éviter absolument un éclairage insuffisant.

Il lui faut un bon matelas, un lit où il dorme bien. Le sommeil, rappelez-vous, est fondamental.

Habituez-le à un couvre-feu avant 22h00. Le sommeil après minuit est de moins bonne qualité. Le temps qu'il éteigne, 22h00 est une échéance raisonnable. Ne laissez pas un enfant éteindre après minuit. On ne peut demander un effort à un enfant fatigué. La fatigue du corps entraîne celle de l'esprit, la diminution de la positivité, la culture d'idées noires et négatives, d'opinions douteuses et relativistes (la France est un pays fatigué, depuis 130 ans on se couche tard).

Lire avant de dormir

La santé du cerveau exige qu'il n'y ait aucun écran une heure au moins avant le sommeil. Votre enfant se plaint de ne pas arriver à s'endormir ? Il était peut-être sur un écran moins d'une heure avant de se mettre au lit, ou il s'est couché tard la veille ! Le sommeil revient naturellement, à partir du deuxième coucher tôt. Le cerveau maintient éveillé à l'heure équivalente à celle de la veille où l'on était encore éveillé. Si vous vous couchez 4 heures plus tôt, vous ne trouvez pas le sommeil ! En général, mieux vaut se coucher de plus en plus tôt. Sans le moindre somnifère, bien sûr ! Un bain de pieds chauds aidera, ou un bouillon, une tisane, et surtout... un bon livre.

Avant de s'endormir, faites en sorte que votre enfant lise. La lecture est excellente pour un bon sommeil, elle favorise une vie du cerveau, une méditation, un équilibre général.

Véronique nous dit :

Plus question de séparation (de nos filles). Elles ne peuvent vivre l'une sans l'autre, elles sont complices, cette chambre les attendait. Elles ont toutefois chacun leur "coin". L'une aime l'ordre, l'autre peut vivre dans le désordre. L'une a stocké les poupées, les jeux ; l'autre a choisi les livres. Nous n'avons pas la télé. Dans les chambres pas d'écran (y compris dans la chambre des parents). Nos portables restent au rez-de-chaussée. Le soir vers 20h jeux calmes, puis lecture. Elles s'endorment sans aucun problème. Par contre, nous avons conscience que nous faisons figure d'extraterrestres... à l'école, les copines (CE1) se moquent car nous n'avons pas la télé, pas de jeux vidéos... Mes filles ne comprennent même pas, comme elles me disent : on s'en fiche maman, on joue, on fait plein de choses.... Pourvu que ça dure !

HEURES DE SOMMEIL ET HORAIRES DE L'ENFANT

Une question cruciale car si vous ne suivez pas les bons horaires, l'enfant ne tiendra pas. Vous ne pourrez rien attendre de lui. Il serait injuste d'exiger des efforts alors qu'il est fatigué et, il faut bien le dire, cela arrive souvent. Un enfant est rabroué pour ses mauvais résultats alors qu'il est tout simplement incapable de se concentrer, de rester calme ou au contraire éveillé. L'énervement est fréquent chez les enfants épuisés. Leur comportement est parfois stupide, on le leur fait remarquer, parce que nous trouvons que ces comportements sont absurdes... alors que les enfants sont tout simplement vidés. Un enfant qui manque d'heures de sommeil ne peut pas être normal et faire ce qu'on attend de lui. Epuisé, il n'arrivera pas à mémoriser et il cafouillera, du coup on le dira dyslexique alors qu'il n'est – encore une fois – que fatigué, au bout du rouleau. C'est donc un sujet que vous devez prendre très au sérieux. Au début, il y a fort à parier qu'il ne soit pas d'accord et refuse d'aller se coucher. Vous allez donc être futé(e) et employer une tactique qui sera la vôtre. Nous en reparlerons si ça peut vous aider. Pour l'instant, comprenons d'abord les enjeux.

Heures de sommeil, horaires de l'enfant, ce sont des thèmes sur lesquels vous pouvez consacrer une journée de réflexion en la passant à y réfléchir et... à observer. Nous allons être comme des coachs sportifs qui surveillent leur champion en herbe (si nous pouvons convertir ne serait-ce que mille personnes à un bon sommeil, nous considérerons avoir fait quelque chose de grand cette année !).

Nous allons travailler sur ce point avec vous, en fait, car c'est vous qui allez fixer les horaires.

Comprendre ce qu'est le besoin de sommeil

Notre santé, c'est avant tout notre sommeil. Notre réussite, c'est avant tout notre sommeil. Notre faculté à faire les choses, à penser, à anticiper, à faire tout ce que nous aimons faire, c'est avant tout notre sommeil.

Quand on ne dort pas assez, on est diminué. Le travail est moins bien fait, on met plus de temps à faire les choses, elles sont moins brillantes, on oublie, on néglige. Et on n'est pas de très bon poil. On cultive du mouron et quelques milliers de cancers (nous avons des cancers en permanence, le corps les élimine au fur et à mesure en fonction de notre santé).

Tout le monde sait que le sommeil est indispensable. Tout le monde sait que c'est durant le sommeil que le corps se « reconstitue ». Mais quand on sait ça, on ne sait rien !

Activité

Vous savez ce qui se passe quand vous commencez à fermer les yeux ? Des milliards de cellules se tiennent sur le qui-vive. « Tout le monde est prêt là-dedans ? ça va être à vous dans quelques secondes ! » Et quand vous vous endormez, madre de Dios ! tout une série de processus biochimiques et physiologiques se mettent en branle, une véritable fourmilière ! Avec une organisation impeccable. L'équipe de jour croise celle de nuit et va se coucher. L'équipe de nuit n'est pas vraiment léthargique !

Car les heures de sommeil sont une période d'activité intense du cerveau. Savez-vous qu'il est plus actif durant le sommeil que devant la télé ? Déjà, premier point, il crée davantage de synapses, de connections entre neurones. Vous savez maintenant que l'intelligence dépend étroitement du nombre de synapses. Mais elle dépend aussi de leur qualité.

De plus, le cerveau s'isole, il se met en « stand-by », en attente. Il est aux abonnés absents quand vous êtes en sommeil profond, et à ce moment-là il ne faut pas le déranger. Nous n'allons pas entrer dans les détails mais les neurones de l'éveil se mettent au repos et les neurones du sommeil s'éveillent et s'activent. Et ils ne font pas semblant ! C'est une activité frénétique, qui a d'autant plus d'énergie que vous êtes en forme, et donc que vous avez assez de sommeil.

Protégez votre cerveau durant votre sommeil.

Vous veillez donc à couper les sonneries possibles (à moins que votre métier vous y oblige, en ce cas prenez l'habitude de faire des périodes de sommeil sporadiques dans la journée), et faire taire aussi les enfants (qui en principe dorment, n'est-ce pas ?). Les boules Quiès sont parfois nécessaires, même si au début elles sont gênantes, on s'y habitue dès le deuxième jour.

Le cerveau en état d'alerte

Donnez-lui de l'air, il panique si le taux de CO2 s'élève. Le manque d'air explique un très grand nombre d'insomnies ; le cerveau vous maintient éveillé, en alerte ! Ouvrez donc au moins la porte de la chambre.

Votre enfant aussi a besoin d'air, même s'il en consomme moins que vous. Si vous êtes à la campagne ou au bord de la mer, ouvrez la fenêtre et profitez-en, même en hiver ! (la mer tempère la température)

Le sommeil soigne et répare

La qualité des connections neuronales dépend de la qualité du sommeil car le temps de sommeil est un temps de repos et d'entretien ! Si vous manquez de sommeil, vous avez le cerveau en vrac, les connections sont « abîmées » ou détruites, vous faites des choses anormales ou vous oubliez de les faire, vous oubliez, vous êtes moins vous-même que d'habitude.

Durant la période de sommeil, le cerveau répare. Des milliards de cellules sont remplacées, détruites, contrôlées, référencées. La réparation épidermique par exemple, la peau, elle se régénère au maximum vers 1 heure du matin. Des cellules sont charriées partout, avec un ordre incompréhensible, mystérieux.

Et c'est aussi durant les heures de sommeil que le corps va évacuer, sous les ordres du cerveau, les toxines du corps. Les équipes de nettoyage font un sacré boulot, la toxine est traquée dans les moindres recoins. Vous aurez beau serrer les genoux, le travail sera fait !

Mais c'est à l'état-major que le plus beau travail est fait : le cerveau va évacuer votre stress, vos idées noires, il réforme, refonde mieux que tous les gouvernements réunis, il remet à plat, remet en avant vos valeurs-phares. Il adapte les expériences émotionnelles, restaure les relations entre cellules nerveuses, fait des inventaires... Parfois vous vous réveillez pendant ce tohu-bohu et vous voyez noir : vous êtes au beau milieu de ce chantier qui porte sur les fondements de l'existence, et c'est effrayant.

Le sommeil est le médicament n°1 au monde. Marquons-le sur le tableau blanc de la cuisine et que tout le monde le voie !

Contrôle technique + garagiste intégré

En outre, le cerveau — pendant que vous dormez — va opérer un véritable contrôle technique, il va faire un tri entre les informations à oublier et celles à conserver. Instantanément, il fait aussi du nettoyage. En général, ce que vous n'aurez vu ou pensé qu'une fois sera oublié, et ce que vous avez pensé au moins deux fois sera conservé.

Notre « vérité interne »

En fait, nous pouvons vous révéler que c'est un peu plus complexe que ça : le cerveau va conserver des éléments sur lesquels vous aurez eu tout simplement une attention plus grande, ou qui lui rappelle quelque chose. Par exemple, il retient et fait par exemple surgir dans un rêve une chose que vous n'avez entendu que vaguement dans la journée parce que cela fait écho en vous, c'est-à-dire dans le cerveau, à quelque chose qui s'y trouve déjà. Dans le sommeil, il fait des connections atypiques, aléatoires parfois (d'où le côté extravagant des rêves), mais aussi des connections révélatrices. Il vous manifeste dans le sommeil des signes qui correspondent à votre « vérité interne », votre « vérité connectique interne », si je puis parler ainsi. On pourrait le dire autrement : vos connections les plus fortes en vous, celles qui vous identifient, récupèrent des flux et les agencent à leur manière, vous avez ainsi des images, des paraboles. C'est ce qui explique que certains rêves revêtent le caractère de révélations pour vous : votre cerveau est plus honnête, plus direct et plus franc que vous : il vous dit tout.

Bref, votre cerveau, c'est votre trésor le plus important avec le cœur et il est incompréhensible que vous ne le traitiez pas comme il le mérite. C'est lui seul qui peut résoudre vos problèmes et vous permettre d'atteindre vos objectifs, qu'ils soient matériels, sentimentaux, intellectuels ou spirituels.

Régler les horaires du repos, les quantités de sommeil

La durée moyenne de sommeil chez l'être humain adulte est de 7 à 8 heures. Certains « gros dormeurs » qui représentent environ 10 % de la population, ont besoin de 9 ou même 10 heures de sommeil pour se sentir bien éveillés durant la journée. À l'inverse, 5 ou 6 heures peuvent suffire à 5 % de « petits dormeurs ». Il n'y a donc pas de durée idéale de sommeil en soi.

Le seul véritable critère pour savoir si l'on dort suffisamment est de se sentir en forme dans la journée.

Vous allez donc faire vos observations. Discrètement bien sûr.

Observation

Vous n'aurez pas besoin de 3 semaines pour savoir à partir de quelle heure en moyenne votre bout de chou commence à fatiguer. Chacun a des besoins en sommeil différents. Mais si les enfants dorment plus, c'est que proportionnellement ils travaillent beaucoup plus du chapeau (du cerveau) que nous !

Vous savez donc qu'il ira se coucher plus tôt que vous.

Vous ne fierez pas à vos observations tout de suite. En effet, il va se coucher ce soir à peu près à l'heure d'hier soir, parce que son « horloge interne » lui dit « attends une minute, hier et les jours d'avant tu étais encore debout, on va tenir encore un peu. » En réalité, il est peut-être déjà en état de fatigue. Vous allez donc le faire se coucher un quart d'heure plus tôt ce soir et un quart d'heure plus tôt demain.

Après-demain soir, vous observerez s'il est bien en forme. S'il est encore fatigué, maintenez cet horaire.

Il arrive très fréquemment que l'enfant vous dise « je suis plus fatigué quand je me couche plus tôt ! » (discours typique de notre cadet Gauvain). En fait, c'est qu'il y a du sommeil à rattraper ! Le cerveau reçoit le signal : « période de repos général », donc il assoupit le corps tout entier. Il donne l'impression qu'on est plus fatigué, alors qu'on est simplement plus… en repos.

Vous avez remarqué que vous étiez plus crevé(e) les premiers jours de vacances ou après des examens, durant lesquels vous teniez avec 5 heures de sommeil. Eh bien, la fatigue vous a tout à coup rattrapé(e). Le cerveau a eu la bonté de vous concéder ces folies mais maintenant que la tension n'est plus là, il vous met en veilleuse et veut que vous vous reposiez. Vous passez les trois premiers jours de vacances à rester tranquille et dormir.

Vous observerez chez votre enfant l'heure à partir de laquelle il commence à parler moins et avoir les yeux dans le vague, signes de fatigue. Vous aurez là, à peu de chose près, « son » heure, l'heure à laquelle vous lui direz doucement : « C'est l'heure d'aller te coucher. »

Vous pouvez faire beaucoup mieux. Une heure avant que ne vienne ce moment où l'enfant entre dans le repos alors qu'il est encore éveillé, dites-lui d'aller lire. La lecture va être extrêmement profitable, d'abord parce qu'elle va solliciter son cerveau vertueusement (nous en avons parlé), mais aussi parce que la lecture est le meilleur préparateur de sommeil du monde. Mieux qu'un massage (qui est aussi très utile de temps en temps), il prédispose le cerveau a un sommeil de qualité ou les connections seront riches et nombreuses.

Heures de sommeil, source d'imaginaire

Les médecins contesteront ce point parce que les choses ne sont pas claires à ce sujet pour eux. Mais il semble admis que le sommeil favorise l'imaginaire, spécialement les heures du matin. Donc, vous éviterez de lever le bambin à 5 heures du matin pour le cross matinal parce que vous êtes militaire et que pour vous, le monde « appartient à ceux qui se lèvent tôt. » Entre nous, le monde appartient plutôt aux banques. Et votre enfant n'est pas vous. **Tout enfant devrait en principe se lever quand il a eu sa dose de sommeil**. Refuser du sommeil à un enfant n'est pas pire que de le battre. Manquer de sommeil, c'est terrible. En Allemagne de l'Est, on réveillait les soldats plusieurs fois par nuit pour les rendre méchants, ça marchait très bien, ils tapaient sans y penser. La moitié des brutes en ce monde ont manqué de sommeil dans leur enfance.

Montrer le bon exemple

Il est grave de ne pas donner assez de sommeil à un enfant. On ne gagne rien à lever un enfant avant qu'il ait suffisamment dormi. Ça ne le « renforce » pas. Faites-le une fois ou deux en vacances, rien de tel pour marquer la mémoire d'un souvenir de tennis à la fraîche avec papa ou un lever de soleil en haut du Mont Ventoux, c'est magnifique, mais n'en faites pas un système. Votre enfant n'est pas vous, il se lèvera peut-être plus tôt que vous ou plus tard, en tous cas respectez son sommeil. Papas, soyez gentils, allez courir seuls si le fiston n'est pas debout et si vous voulez qu'il vous suive le matin, assurez-vous qu'il soit au lit plus tôt.

Et vous mamans qui êtes réveillées plus tôt par le petit dernier, faraud dès 6h30, vous savez qu'il va vous réveiller. Vous devez donc vous coucher en conséquence. Pensez à votre sommeil aussi. Tous les deux, dormez assez. Le sommeil est une clé de votre bonheur.

L'enfant a besoin de constater que pour vous aussi, c'est important.

Vous voulez réussir ? Le bonheur commence par une bonne santé et une bonne santé commence par un bon sommeil. Commencer par mieux dormir !

Et enfin, régler les horaires du travail

A partir du moment où votre enfant sera reposé, lui proposer des horaires qui conviennent à son métabolisme sera un jeu d'enfant. En effet, les horaires s'adapteront à lui plutôt que le contraire. Quoique, bien sûr, vous ne puissiez complètement calquer les heures de travail sur lui. Mais vous serez capable d'interrompre un cours en cas de fatigue, prendre l'habitude de raccourcir certaines leçons sur des matières plus difficiles pour lui, commencer les cours quand il est bien réveillé etc. Puisque vous êtes libre des horaires, vous lui en ferez bénéficier. Et dans le cas de plusieurs enfants, ce n'est pas un problème : il se pourrait que de temps à autre, certains finissent plus tôt que d'autres pour éventuellement reprendre un peu, seul, plus tard. Comme il faut une certaine équité entre enfants et qu'on ne peut pas aisément en faire travailler plus longtemps que d'autres, chacun aura si nécessaire sa plage horaire de rattrapage. A ce moment-là, l'autre enfant n'est plus là pour chronométrer.

Pensez néanmoins de temps à temps à figer l'horaire car il va être utile à l'enfant de savoir se plier à des exigences d'heures. Il ne pourra pas se permettre d'arriver quand il le voudra au travail. Une bonne balance entre adaptabilité et gestion des contraintes sera la voie royale.

MON ENFANT ET L'INÉVITABLE COLÈRE, COMMENT ME CANALISER ?

Quand on dérape carrément…

Il y a des moments, comme ça, où ça ne passe pas du tout.

Soyons francs et franches. Certains jours, on les étranglerait. Ils sont (ou il est, ou elle est, ne soyons pas sectaires...) vraiment insupportable(s). Des démons. On ne sait pas ce qu'on ferait.

Et souvent, les cris viennent. Pas un peu. Vertement. Et des mots pas jojos sortent tout seuls. Après, on est ennuyé, on a du remords. N'empêche qu'entre-temps, l'enfant s'est un peu calmé, comme quoi, ça marche peut-être quand même un peu. Mouaif...

Crier n'est pas un mode de communication mais plutôt une coupure.

D'abord, vous savez maintenant qu'il y a des raisons à son attitude. Même une maladresse dit quelque chose. Si vous répétez tous les jours à votre enfant qu'il est maladroit, soyez tranquille, il va casser tout ce qu'il va toucher. Car l'enfant devient en partie ce qu'il entend toute la journée.

Votre colère a marché, sur le coup. L'enfant a obtempéré. Le souci, c'est qu'il n'est pas plus obéissant le lendemain. La pause a été de courte durée.

Le souci encore plus sérieux, c'est que tout est confus dans votre esprit, vous ne savez pas vraiment ce que vous avez fait, ce que vous avez dit, ce que vous allez faire.

L'enfant et l'emportement : retrouvons nos sens

Première étape, retrouvons nos sens, maîtrisons notre colère. Si vous le pouvez. Si vous ne le pouvez pas, il y a des trucs. Car la colère n'est pas si mauvaise que ça.

Il est naturel de se fiche en colère et c'est parfois excellent. Une bonne et sainte colère, rien de tel pour vous défouler. D'ailleurs, ça vous arrive tout le temps. ça tombe sur un enfant, certes, mais ça pourrait être quelqu'un que ça ne serait pas moins délicieux. Seulement, on ne peut pas se permettre ce genre d'exploit avec son banquier ou l'inspecteur des impôts qui le mériteraient 100 fois plus. Idiot, ça : on s'en prend à un enfant beaucoup qui mérite beaucoup moins notre colère que des tas de gens à qui ont fait des risettes.

On va prendre les choses méthodiquement

Oui, vous avez besoin de vous défouler. Vous allez donc vous trouver une raison de vous mettre les nerfs en pelote et vous défouler. Nous sommes très sérieux. Mettez-vous en colère si vous en avez besoin.

Mais plutôt quand vous êtes seul(e). Lâchez-vous, évitez les mots excessifs bien sûr, qui sait, vous pourriez le regretter le jour du Jugement dernier, mais lâchez votre bordée capitainehaddockesque. Si ça vous fait du bien, rien ni personne ne vous en empêche et ce n'est même pas un péché. Rabattez-vous sur un vieux chapeau, le général Bugeaud avec une casquette spéciale pour ça, il la piétinait.

Dans l'opération, votre corps va évacuer de la tension accumulée.

Et si vous avez besoin de quelqu'un en face de vous, vous avez deux solutions : en parler à votre conjoint qui fera tampon tout en sirotant son café ou son thé et sans y prêter attention (pas sûr que ça marche mais sait-on jamais). Assurez-vous bien qu'il sera d'accord auparavant, c'est plus prudent. Mais son indolence, s'il y consent, risque de vous laisser frustré(e). L'autre solution, la meilleure, c'est un sport où vous vous défoulerez, et ne nous parlez pas de marche à pied ! Non, du combat, du squash, du tennis, quelque chose de bien tuant (manière de parler). Ou faites du volontariat chez les pompiers l'été quand la montagne brûle. Trouvez quelque chose qui fera l'affaire. Avec discernement, bien entendu.

Vous savez sûrement que les automobilistes qui se crient dessus sans se connaître exécutent un rituel de survie, pour évacuer la tension de l'attention et de l'enfermement, ajoutée à celle du temps perdu ou des frayeurs. C'est rituel et chez certains nécessaire.

Nous ne sommes pas en train de professer les hurlements. Au contraire. C'est pour faire cesser les cris en présence de votre enfant.

Ne plus crier sur un enfant

Si on ne frappe pas physiquement un enfant, on ne le frappe pas non plus moralement. Et les cris sont des coups. Tout le monde sait que certains enfants battus préfèrent les coups aux cris et aux insultes. Les mots font beaucoup plus mal. Ils détruisent une vie en un clin d'œil. La parole est l'arme du pouvoir familial. L'adulte a la parole plus développée que son enfant, s'en servir pour ça ne le met pas à égalité. L'enfant bafouille, manque de mots. C'est injuste.

Evitons désormais de hurler sur notre enfant. Il faut se le dire, se le promettre, et s'y entraîner, car les promesses ne tiennent que si elles sont mises en pratique. C'est une chose à travailler semaine après semaine. Vous n'avez pas le droit de crier sur lui. Parce que cela va le marquer. Que vous haussiez le ton, certainement, c'est parfois nécessaire parce que l'enfant va chercher vos limites régulièrement pour toucher les limites de son monde, comme nous l'avons dit. Mais sans aller jusqu'aux cris. Une maman, surtout, doit rester douce. C'est la porte de secours de l'enfant blessé, le sein sur lequel il s'épanche et se console. Trop de mamans hurlent. Et cela fait des adultes violents.

La maman doit avoir une autorité, certes, mais une autorité douce. Si elle se heurte vraiment à un grave problème, une résistance, alors elle peut demander l'intervention du papa. Et s'il n'y a pas de papa, c'est moins simple, alors il faut apprendre l'autorité un peu masculine, c'est possible, c'est un apprentissage. Mais c'est aussi indispensable parce qu'en effet, il y aura des jours où les limites seront dépassées et que vous devrez « recadrer ». Pensez aux veuves de 14 qui ont élevé leurs enfants seules. Nous pouvons vous y aider si vous le voulez.

Et puis, vous savez surtout qu'il y a des voies pour se faire entendre qui se situent sur un autre registre, celui de la persuasion, de la parole échangée. Vous savez que la vie est concession. Nous reviendrons sur ce sujet car il mêle des notions très délicates.

L'écoute

La vertu n°1, c'est l'écoute. L'enfant dit tout, pourquoi se couper de ce qu'il dit. S'il est écouté, 99% des problèmes sont résolus d'avance ! Ecouter, c'est aussi être attentif à ce qu'il manifeste dans ses attitudes, goûts, etc. L'écoute, c'est savoir se taire, ne pas répondre à tout ce que dit l'enfant; c'est le laisser aller jusqu'au bout de son propos. L'écoute est tellement importante que nous n'insisterons pas. Chacun comprend bien.

La tension et la colère sont donc normales, on trouvera des moyens de les évacuer et vis-à-vis de l'enfant, on travaillera beaucoup plus l'attitude, les mots, la compréhension et l'écoute.

J'ai tout « essayé »

On pense parfois qu'il n'y a « rien à faire » quand l'enfant ne veut pas. « Rien à faire, « j'ai tout essayé ». L'enfant est insupportable. Le courant ne passe plus, ou alors seulement la foudre !

Non, tout n'a pas été essayé.

Loin s'en faut.

Votre registre

Il y a toujours moyen d'y arriver. En fait, vous avez « tout essayé » dans votre registre. Mais si vous y pensez, il y a quelqu'un que vous connaissez ou dont vous avez entendu parler, qui serait capable d'obtenir le résultat. Allons, pensez-y, vous avez bien connu quelqu'un qui y arriverait. N'est-ce pas ? Un grand-père ou un grand-oncle, une grand-mère ou un personnage de roman, un acteur, que sais-je . Il y a quelqu'un dans votre esprit, qui peut vous inspirer une autre attitude que celle que vous avez chaque jour, trop simple pour votre enfant, qui le conduit à vous tenir la dragée haute.

Imaginez que cette personne vienne à la maison et persuade votre enfant de faire ses devoirs, comment s'y prendrait-il ? Prenez 5mn à chaque fois que l'orage menace, isolez-vous et pensez-y en silence. Que ferait ce bon pédagogue, cet adulte dont votre enfant ne discuterait pas un instant l'autorité. Imaginez que vous l'emmeniez au cours de karaté et que vous lui présentiez le professeur, soyez tranquille, il serait sage comme une image, durant au moins les 10 premières minutes, il observerait et ferait tout ce qu'on lui dirait ! Ce qui vous donne une clé : l'enfant ne dit jamais non à une nouvelle personne adulte suffisamment légitime. Il « demande à voir. » Soyez ce nouvel adulte !

Que ferait cet adulte avec l'enfant insupportable ? Utiliserait-il l'humour, la magie, la finesse, la stratégie, la démonstration, la blessure de guerre, le témoignage, l'anecdote, l'histoire inventée, le cadeau, la surprise ? Posez-vous la question et essayez d'y répondre. Quelle serait une technique que vous n'utiliseriez pas, vous, a priori, et qui tout compte fait pourrait être... intéressante ?

Maintenant, posons-nous des questions pour aller plus vite

Est-ce que votre enfant n'agit pas ainsi par réflexe ? Contre quoi se protège-t-il ? De l'humiliation, de l'ennui, de la fatigue, de la honte ? Si vous découvrez que son refus cache une autre raison, vous avez presque aussitôt une nouvelle attitude possible, une autre voie.

Sortir de son quotidien, découvrir de nouvelles idées, de nouvelles attitudes, renouveler l'attitude.

Nous n'avons jamais connu un seul enfant qui s'obstine à refuser de faire ses devoirs après que nous ayons mis en œuvre les parades ou techniques dont un enfant... a besoin pour se laisser convaincre. Quand un enfant refuse quelque chose, il y a un autre enjeu derrière. Si l'on sait satisfaire ce qu'il y a là, caché (besoin de reconnaissance, besoin d'autorité, besoin de jouer, besoin d'affirmer sa volonté etc.), on y arrive.

On a tout à fait tort de penser que l'enfant est un anarchiste-né, un amoureux du chaos et de la provocation, un être à la fois exigeant et achetable, vénal. Les enfants recherchent un ordre général, ils ont un sens aigu de la justice et de « ce qui se fait », ils ont le sens du devoir, respectent l'ordre et ne fuient pas leurs responsabilités; pour peu que nous leur imposions pas les choses au-dessus de leurs forces, ou par contrainte, ou pour de mauvais motifs, dans un contexte qui ne s'y prête pas ou si nous manquons de légitimité, de crédibilité.

Ne demandons pas à l'enfant d'être sage si nous trépignons pour une assiette renversée. Ne demandons pas à l'enfant d'être à l'heure à son travail si on est soi-même régulièrement en retard à nos rendez-vous, n'interdisons pas les chocolats et les bonbons si nous nous gavons sous son nez de nos friandises (tabac, sucreries, gâteaux, apéritifs...), ne demandons pas à l'enfant de rester sur sa chaise deux heures de suite, cessons de raconter que les collègues du bureau et le patron sont des imbéciles devant un enfant à qui on demande le respect des professeurs, ne demandons pas à un enfant de sourire alors qu'on parle politique et désastre économique français tous les soirs à table, ne demandons pas une participation de l'enfant aux tâches ménagères si on est au téléphone deux heures par jour, ne demandons pas qu'il se taise alors qu'il a vraiment envie de dire quelque chose, ne disons pas à un enfant qu'il est maladroit, sot, bruyant ou quoi que ce soit qui le juge. Soyons cohérents. Ne lui appliquons pas des disciplines que nous ne respectons pas nous-mêmes sous ses yeux en prétextant que nous sommes des adultes et lui un petit. Parce que l'enfant a un sens de la justice très aigu et se dira intérieurement qu'il n'est pas juste qu'il soit assujetti à ces contraintes alors que vous n'y êtes pas. C'est comme une armée où les officiers mangent bien et les soldats ont du rata, comment voulez-vous qu'il y ait cohésion ?

Si vous demandez à un enfant de faire quelque chose que vous ne ferez pas, expliquez-le lui, dites-lui que vous n'en êtes pas capable mais qu'il est important qu'il le soit. L'enfant peut très bien accepter l'idée qu'il sache faire ou doive faire des choses qui ne vous obligent pas.

Plus de la moitié des paroles d'adultes sont incompréhensibles pour un enfant jusqu'à 15 ans

C'est une chose à savoir et qui bien sûr varie en fonction des enfants, mais dans un milieu avec une bonne éducation, plus de la moitié des paroles d'adultes sont incompréhensibles pour un enfant jusqu'à 15 ans. Rendons-nous compte : nous parlons un salmigondis franco-chinois pour notre enfant !

Ne demandons pas des choses que l'enfant ne comprend pas. « Allez, encore 5 minutes et tu sors du bain », dit cette maman à son petit de 3 ans. Mais à 3 ans, on ne sait pas ce que sont 5 minutes ! Ecoutez-vous, vous verrez que vous utilisez des tas de mots incompréhensibles pour votre enfant. Vous parlez trop vite, vous faites des phrases, c'est rarement limpides, concis et efficaces, ni calme d'ailleurs.

Au passage, je vous livre un truc qui date d'il y a plusieurs siècles : quand vous demandez une chose à un adolescent, demandez-lui de vous redire ce que vous lui avez demandé. Ainsi, vous serez sûr qu'il a compris et il saura qu'il sait (il ne pourra pas vous dire que vous lui avez mal expliqué); voilà un petit moyen de désamorcer des situations explosives.

« Tu es tenu de rentrer avant 23h00.

— Ouais, ouais...

— A quelle heure tu rentres ?

— ... Pff, je sais pas, je verrai.

(Il n'a pas entendu)

— Tu es tenu de rentrer à 23h00.

(Il se rend compte qu'il l'a déjà entendu) :

— OK...

— Pardon ?

— Je rentre avant 23h00. (inutile de lui confirmer qu'il a sagement répété ce que vous lui avez dit, il va détester de passer pour un soumis. Souriez en disant :) - Amuse-toi bien mon chéri !

L'enfant veut trouver auprès des adultes qui l'entourent un sens de la mansuétude, une compréhension de ses imperfections, une indulgence pour ses difficultés, pour ses oublis, pour ses aveuglements, sa surdité et toutes ses imperfections. Il est comme vous sur ce point.

Il est dans un monde où le jugement est plus dur que dans le vôtre, où l'exigence est plus élevé. Les enfants et les jeunes sont plus durs entre eux que les adultes (ils sont aussi et heureusement moins cruels que les adultes).

Prendre l'enfant au sérieux

Apprenons à regarder l'enfant avec beaucoup, mais alors beaucoup de respect et du sérieux. Ce n'est pas « qu'un gosse ».

L'enfant veut – et a besoin pour sa croissance – que nous le prenions au sérieux. Il ne veut pas être ridiculisé, donc il ne fera pas quelque chose qui le déconsidérerait à ses propres yeux. S'il refuse, demandez-vous si on n'est pas en train de s'attaquer à sa fierté naturelle ou même, parfois hélas, sa dignité. Un enfant a beaucoup de dignité, il a plus de pudeur qu'un adulte, il a un sens très fort de l'intégrité corporelle et spirituelle (alors qu'il en a beaucoup moins sur le plan intellectuel : il peut supporter les moqueries superficielles de ses camarades plus aisément qu'un adulte).

C'est d'ailleurs pour ça que, parfois, il préfère être obligé de faire une chose que de consentir à la faire ; et c'est là que vous lui éviterez d'essayer de le convaincre, à ce moment-là vous éviterez l'intrusion par les sentiments, vous serez autoritaire : pour préserver sa liberté intérieure.

Contestation de l'enfant. Démolir l'égo, démolir le jugement

Dans l'accompagnement, nous allons aussi déraciner la contestation systématique chez l'enfant. Si nous le voulons ouvert et communiquant, nous n'avons aucun besoin d'un délégué syndicaliste à la maison. Nous ne confondons pas discussion et contestation.

Mêler les plans

Avec l'enfant, il est odieux ou dangereux d'y aller par les sentiments en mêlant tous les plans. « Reviens avant 23h00, je t'en prie, fais ça pour ta petite maman, tu sais que je t'aime. » L'enfant entendra un cri de détresse, ce qui pourrait le conduire au mépris, ou il sera manipulé par un sentiment de culpabilité. Nous y reviendrons. Lorsqu'on fait l'école à la maison, il est très important de ne pas mêler les deux plans maman et enseignante ou papa et enseignant.

La confiance

L'enfant a besoin de notre confiance, et c'est souvent là qu'il rencontre nos tentatives d'acheter son attitude, ou nos moqueries et notre déconsidération. Comment voulez-vous ensuite qu'il vous écoute ?

Si le courant ne passe pas et que c'est la foudre, revenons à ces considérations-là.

Les motifs cachés

Un garçon a peur d'être seul la nuit dans sa chambre. « Comment, lui dis-je, mais tu n'en as pas parlé à ta maman ? » « Si, je lui ai dit », et la maman : « Comment, toi un grand garçon avoir peur de la nuit ? »

Une mère se plaint de sa fille : « Elle fait des caprices, discute sur tout. » « Que s'est-il passé exactement, madame, quels sont les faits et rien que les faits ? » « Elle a mordu sa meilleure amie. Je ne comprends pas, d'habitude elles jouent si bien ensemble. » La plupart du temps, en ces cas-là, une simple petite enquête révèle tout : on s'aperçoit qu'elle et cette « amie » se sont toujours détestées, on les met à jouer ensemble parce que les adultes se retrouvent autour d'un thé chaque mercredi, cette amie se moque d'elle tout le temps et lui fait du mal.

On me racontait cette histoire : autrefois, un petit garçon se jette sur la bonne et lui tire les cheveux, il la griffe. Les adultes lui tombent dessus : « Quel fou ! Mal élevé ? Non, mais qu'est-ce qui t'arrive ? » Plus tard, un psychologue apprend du garçon qu'il avait surpris la bonne avec le fils de famille. Ensuite, cette bonne avait pris l'habitude de faire venir l'enfant dans sa chambre, de lui faire des câlins, tout en le menaçant : « Si tu racontes ce que tu as vu, je t'enfermerai dans cette malle. »

L'enfant qui souffre d'incompréhension est dans une affreuse solitude.

Il y a toujours une raison à l'attitude d'un enfant, quelle qu'elle soit. Les enfants ne sont pas plus que fous et ce n'est pas parce qu'ils osent exprimer ce que l'adulte n'ose exprimer pour ne pas perdre du prestige ou son image, qu'ils sont dérangés.

Justesse de la réaction dans le temps

Et enfin, terminons par le rythme. Votre réaction doit certes être juste, mais elle doit aussi venir à un moment juste.

Le rythme de vos échanges avec votre enfant est important. Quand ça va mal, n'entrez pas dans le jeu, changez la donne. Il faut savoir ne pas réagir sur le coup, s'éloigner et vaquer à ses occupations, attendre qu'il ait oublié qu'il vous a dit « non », lui concéder un temps d'autonomie. Revenir ensuite dans un rythme commun. Pensez à deux danseurs qui s'éloigneraient l'un de l'autre, le temps que leurs rythmes redeviennent concordants.

Au contraire, s'il doit y avoir sanction à cause d'une faute grave, n'attendez pas 24 heures ! Une sanction est dite immédiatement et si elle n'est pas délivrée tout de suite, si par exemple l'enfant a mérité une corvée de balai pendant une semaine, la sentence doit être dite rapidement et non trois jours plus tard. La sentence est la conclusion de l'orage. Ensuite, il faut réparer mais dans l'esprit de l'enfant, la situation ne peut aller qu'en s'améliorant.

Précisions que pour les plus jeunes, il n'est pas bien de punir le lendemain, agissez le jour même et le plus tôt sera le mieux. Si un grand de douze ans accepte de passer le balai le lendemain, un enfant de 5 ans ne comprendra absolument pas, ça va le heurter. Il a griffé son frère, il reçoit tout de suite une tape sur la main et c'est fini (si tant est que ce soit la meilleure solution).

Et la bêtise, la faute, est aussitôt oubliée. On n'en reparle pas sans cesse.

Donc, sentence immédiate de la sanction parce que l'enfant n'est pas fondamentalement rancunier et qu'il le deviendra si on le fait payer de manière »échelonnée », comme des paiements étalés… C'est dans l'heure ou la journée, maximum, que les choses sont dites. N'annoncez pas une punition à un enfant pour « ce qu'il a fait la semaine dernière », comme dans un conte de Perrault ! La sanction en elle-même a lieu sur le coup pour les plus petits et peuvent être plus tard en fonction de l'âge.

Et la bêtise est oubliée – et ça c'est fondamental – parce qu'une sanction efface l'ardoise. La punition a eu lieu, donc on ne continue pas à enguirlander l'enfant et à lui reprocher ce qui s'est passé. C'est fini, c'est oublié, c'est payé, c'est pardonné. Il est donc blessant et injuste de reparler d'une faute grave après que la sanction ait eu lieu. Une broutille amusante, bien sûr, ça fait rire la famille (attention tout de même que l'enfant considère lui aussi que c'est une broutille, parce que la rigolade peut aussi être pour lui une humiliation).

FIXER DES LIMITES. LES SORTIES VICTORIEUSES DES CERCLES DE L'ÉDUCATION

Fixer des limites : le parent qui construit l'enfant.

A présent, nous attaquons les strates supérieures.

On le dit souvent, il faut fixer des limites. L'absence de limite conduit l'enfant aux difficultés. Ce vide est source d'angoisse. L'enfant cherche les limites de son monde, il veut savoir ce qu'il peut et ce qu'il ne peut pas, ce qu'il a droit de faire et ce qu'il n'a pas le droit de faire, ne serait-ce, parfois, que pour repousser ces limites.

Un besoin de repousser les limites

L'enfant a besoin de savoir de quoi est fait son monde, le monde. Il cherche à savoir, par une curiosité saine qu'une limitation juste va empêcher de devenir indiscrétion. A chaque fois, on équilibre afin de ne pas faire descendre un être humain vivant, intéressé, plein d'énergie, dans un état « d'inanimation éveillée », de zombie comme dirait nos enfants, en lui interdisant tout, en brisant sa soif de découvrir : il n'est pas mauvais que l'enfant sache un peu transgresser les règles, car dans sa vie il lui faudra parfois dépasser la stricte application des lois. Si un jour sa femme perd les eaux, il lui sera moralement permis de griller un feu rouge sur la route. C'est de l'ordre du discernement dont tous les juges savent faire preuve.

De l'autre côté, on ne va pas non plus le laisser transgresser tout, il y aura des limites intangibles. Certaines infranchissables pour la vie (« Tu n'as pas le droit de me souhaiter du mal »), d'autres franchissables par étape.

Reprenons. Le besoin d'ailleurs de repousser les limites est très sain : cela prouve que l'enfant n'est pas amorphe, gavé, sans envie ni curiosité.

D'un autre côté, et parce que l'équilibre est toujours nécessaire, on ne lui laisse pas faire tout ce qu'il veut. Le chaos va le détruire lui-même et éteindre sa soif de franchir des limites.

Créer des limites volontairement

On va donc équilibrer : on va créer des limites et l'amener à franchir ces limites à un moment juste. Cette libération progressive des contraintes, des limites, est une victoire renouvelée, par degré.

Le franchissement des limites est une victoire, il faut donc qu'il y ait des limites.

Ces franchissements successifs sont ce que nous appelons des étapes de maturation (maturation au sens antique, c'est-à-dire avènement). Chaque limite enferme un cercle qui suffit à un âge. C'est la raison pourquoi les arts martiaux établissent des couleurs de ceinture : les degrés sont à atteindre, puis les degrés sont à dépasser. Fixer des limites pour permettre une éclosion de l'être au travers un dépassement; ce sera souvent un combat et toujours un combat intérieur.

Nous avons fait un schéma, ci-dessous, qui illustre ce processus. Il paraît compliqué mais il suffit de partir du centre puis peu à peu s'en éloigner en ellipse pour comprendre. Ce sont les cercles de l'éducation, qui forment ensemble une ellipse hélicoïdale :

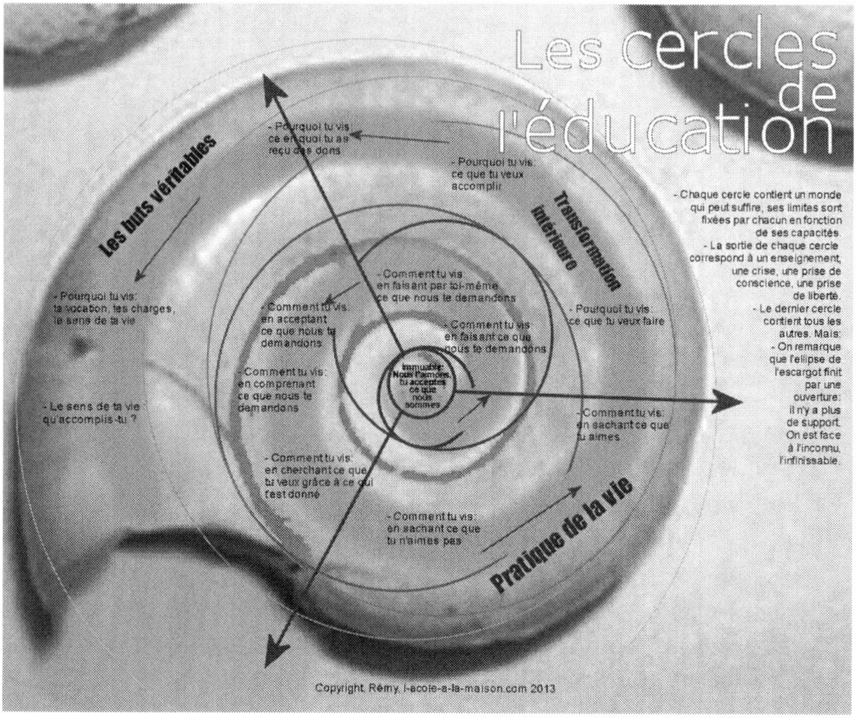

Voici par exemple ce que pourraient exprimer des parents à leur enfant, par étape, oralement ou silencieusement :

— Immuable : « Nous t'aimons, tu acceptes ce que nous sommes. » Ce premier cercle est donné dès le départ, il est infranchissable, immuable, jamais les parents ne laisseront l'enfant se détruire pour cette raison, jamais il ne le laisseront les détruire non plus.

— « Comment tu vis : en faisant ce que nous te demandons. » Premier âge, l'enfant est trop jeune pour décider de sa vie. Ses parents lui disent tout.

— « Comment tu vis : en faisant par toi-même ce que nous te demandons. » Second âge, l'enfant n'est plus entièrement guidé, il se guide lui-même selon ce qu'il sait.

— « Comment tu vis : en acceptant ce que nous te demandons. » Troisième âge, l'enfant accepte ce que ses parents lui demandent, il prend conscience.

— « Comment tu vis : en comprenant ce que nous te demandons. » Il comprend désormais ce qu'on lui demande, il sait qu'il y a des raisons.

— « Comment tu vis : en cherchant ce que tu veux grâce à ce qui t'est donné. » Il commence à décider de vivre selon ce qu'il veut, en fonction de ce qu'il est.

— « Comment tu vis : en sachant ce que tu n'aimes pas. » Il distingue ce qu'il n'aime pas et rejette. Adolescence.

— « Comment tu vis : en sachant ce que tu aimes. » Il découvre ce qu'il aime et pourrait aimer. Entrée dans le monde adulte.

— « **Pourquoi** tu vis : ce que tu veux faire. » On est passé du « comment » au « pourquoi », des nécessités au sens. Il veut et décide par lui-même. Prise en main de son existence.

— « Pourquoi tu vis : ce que tu veux accomplir. » Premiers échecs, impasses, déceptions. De là, grandes attentes. Première projection sur une finalité qui dépasse les nécessités naturelles.

— « Pourquoi tu vis : ce en quoi tu as reçu des dons. » Il transforme sa vie en fonction de ce qu'il sait de lui et délaisse ce qu'on lui dit d'être ou de faire. Premier aperçu du caractère unique de la personne.

— « Pourquoi tu vis : ta vocation, tes charges, le sens de ta vie. » Il comprend mieux la véritable raison de son existence. Conjonction du soi et de l'autre.

— « Le sens de ta vie : qu'accomplis-tu ? » Question ultime.

LA LECTURE EST BONNE POUR LA SANTÉ

Nous en avons parlé déjà dans cet article et c'est un complément direct de ce que nous disions dans cet article : la lecture est bonne pour la santé et nous voudrions développer cette question.

Peut-être que vous ne lisez pas assez. En ce cas, voyez ce sondage.

Outre les plaisirs que procure la littérature en général et que les Français connaissent bien en dignes héritiers de Chateaubriand, Balzac, Céline, Brasillach, Bernanos et de 10 siècles d'écrivains, la lecture est l'un des exercices les plus bénéfiques pour le cerveau. Il est conseillé très fortement par les neuroscientifiques de lire chaque jour. De la santé du cerveau dépend la santé de tout le corps : le cerveau est le centre de commandement de tout le reste, voilà ce qu'on sait maintenant. Votre cerveau se bat en permanence pour votre santé mais il a ses fatigues, son vieillissement, ses carences. En particulier, s'il ne fait rien, il ne se développe pas et même il s'atrophie (le nombre de ses connections neuronales diminue)... Par conséquent, la question est : l'aidez-vous suffisamment ?

Lire est source de santé

Essayons ceci : moins d'écrans, plus de livres. Lire avant de s'endormir, chaque jour, et des choses qu'on aime !

Le cerveau est le système le plus complexe de l'univers. Les informations dans votre cerveau parcourent plus de 400 kilomètres par heure. La dégénérescence du cerveau n'est pas une fatalité, de nombreux cas observés cliniquement prouvent qu'au contraire, on peut consolider son cerveau, le développer. On n'est pas définitivement stupide ou intelligent : on devient ce qu'on pense. Cette affirmation a une résonance particulière pour ceux qui ont la Foi.

C'est le domaine où tout va se passer dans les années à venir : l'alignement cœur-cerveau, le développement personnel. On peut redécouvrir sa liberté, son autonomie, son avenir et sa réussite en reprenant le contrôle de son cerveau.

Vous pouvez suivre des traitement de 20.000€ si ça vous chante. Mais vous pouvez aussi lire et écrire. Le résultat sera le même. Aujourd'hui, la science nous dit tout ça : vous pouvez être performant, freiner le vieillissement, développer votre santé, votre force en entretenant votre cerveau.

L'avenir est là : dans le monde entier, on découvre la neuroplasticité : comment l'entretien du cerveau favorise la concentration, la santé, la réussite, l'équilibre. Le cerveau est une nature, et comme toute nature, il s'entretient.

Votre cerveau, demain, ne sera pas le même qu'aujourd'hui. C'est inéluctable. De quelle manière avez-vous choisi de le développer ?

L'ENFANT ET LA LENTEUR : ACCEPTER SON TEMPÉRAMENT

L'allégorie de la Fontaine reste du lièvre et de la tortue présente à nos mémoires, se concluant par cette morale simple :

« Rien ne sert de courir, il faut partir à point ».

Et pourtant, cette maxime reste incomprise. La Fontaine ne parlait pas seulement de course à pieds ! Des parents s'inquiètent encore et toujours de la lenteur de leur enfant. Il est assez ancré dans notre esprit que l'intelligence serait rapide. Le cinéma présente des héros qui réagissent vite, répondent instantanément, sont des bolides. Notre société donne la prime à ceux qui vont vite. D'ailleurs, la vitesse est une valeur en soi. Du moins, on le pense. Il faut être le premier informé, la première à être tendance… Mais , si la rapidité peut être un atout, elle n'est pas incontournable et elle n'est pas une preuve d'intelligence. Elle peut en être un facteur… comme la lenteur !

La lenteur n'est pas un défaut

De grands scientifiques, des prix Nobel, des stratèges, des écrivains illustres ont été lents. Lents, mais sûrs, ou précis, ou méticuleux, ou prudents ou tout ça à la fois. Les parents doivent savoir que si leur enfant n'est pas spécialement rapide, c'est que son tempérament l'invite peut-être à plus de recul, plus de réflexion, à plus de perfectionnisme etc.

C'est le cas de notre fils cadet, Gauvain. Il n'a jamais voulu, comme sa grande sœur Victoire, se jeter dans la mêlée au risque de dire une bêtise, il est prudent et ne s'exprime qu'à coup sûr. Ce que nous avons considéré assez vite comme une manifestation différente de l'intelligence, et non comme de la sottise.

Victoire réagit immédiatement, mais pas aussi vite que Blanche, notre N°3, qui dit plus de bêtise à la minute qu'un ministre du « redressement économique ».

Nous parlons de cette question de la rapidité et de la lenteur dans nos formations. Les parents sont invités à discerner ce qui est bon et de quelle manière ce qui ne l'est pas peut être corrigé. Une rapidité qui nuit au raisonnement est à travailler, de même qu'une lenteur qui ne permet pas d'obtenir un résultat ou une décision est à travailler. A contrario, ces manières d'être sont à cultiver dans leur utilité, lorsqu'elles servent l'enfant.

Tout tempérament à un côté lumineux et un côté obscur

Il y a un avantage ou côté lumineux de la rapidité, il y a aussi des désavantages ou côté obscur. Ceci est vrai aussi pour la lenteur.

Il y a divers facteurs de la rapidité, et l'un d'eux est la fierté : un enfant a besoin de défendre son image, de se montrer combatif. Ce n'est pas forcément bon, l'écoute pourrait lui être utile. Il y a aussi divers facteurs de la lenteur, et par exemple la crainte.

On voit donc qu'il peut y avoir avantages et inconvénients dans chaque manière d'être, et c'est aux parents à aller dans le sens qui est le plus bénéfique à l'enfant.

Par ailleurs, telle personne qui serait rapide pourrait procrastiner, c'est-à-dire remettre au lendemain, des tâches que quelqu'un de lent ferait sans posément, à coup sûr, de manière méthodique.

La Fontaine nous dit d'une certaine façon que la méthode est plus rapide que l'emballement.

Quand j'apprenais le japonais à la Fac française, ça allait vite, très vite. On voyait tout. Mais on ne voyait rien parce qu'au final, nous ne savions rien ou presque. Quand j'apprenais le japonais au Japon, nous allions lentement. Très lentement. Mais tout était su. Et ce que nous n'avons pas pu voir dans le programme, nous le comprenions aussitôt parce que nos bases étaient saines.

C'est là l'un des aspects fondamentaux de l'apprentissage : ne cherchez pas à être exhaustive ou exhaustif, à tout voir, à boucler le programme !

Vous voyez : votre enfant vous paraît parfois lent mais en réalité, c'est vous qui allez apprendre le plus, le secret en cette art : le bon rythme.

Vous adapterez le rythme au cours, à l'humeur de l'enfant, à sa forme, à votre forme, au climat, aux circonstances. Oui, il faut avancer, mais ça se fera sur un rythme juste, comme si vous étiez maître de chant.

Rapidité et lenteur peuvent devenir de vrais atouts

C'est aux parents de faire surgir de préférence le côté lumineux.

De grandes découvertes ont été obtenues par un travail très lent et très patient, et c'est important de l'avoir en tête une fois pour toutes, pour ne pas s'énerver contre un enfant. De même, si vous êtes un(e) adulte plutôt lent(e), ne soyez pas fâché(e) contre votre enfant rapide. Sachez l'accepter et lui montrer simplement une autre manière d'être, dans l'un ou l'autre cas. Pour mieux le comprendre faites donc ce test : lisez un texte plus vite que d'habitude si vous êtes lent(e) ou très lentement si vous êtes rapide. Vous verrez, vous entrerez dans une autre dimension, un autre tempérament.

Vous pourrez aussi lui faire la démonstration que la construction d'une tour (en kaplas par exemple ou avec des boîtes vides) est beaucoup plus efficace quand elle est réalisée lentement que rapidement. cela va marquer son esprit.

Différencier votre attitude et donc votre enseignement

Ce que vous savez implique maintenant que votre attitude avec chaque enfant soit légèrement différente.

Supposons que vous ayez deux enfants. Vous ne pouvez pas faire deux cours différents. Comment vous y prendrez-vous ? C'est là que vous vous demandez : comment ferait un enseignant ou une maîtresse d'école ? De la manière la plus évidente et la plus simple : il y aurait un rythme commun auquel seraient conduits les enfants : les plus rapides seraient invités à réfléchir, et les plus lents à accélérer la maturation de leurs idées. Mais c'est tout ce que pourrait faire une maîtresse. Alors que vous, vous pouvez beaucoup plus : vous allez travailler la manière d'être de l'enfant sans lui dire qu'il est rapide ou lent.

L'enfant et la lenteur : ne pas étiqueter

Nous le disons au passage : c'est très important : l'enfant ne doit pas partir dans la vie avec une certitude du genre « je suis lent ». D'abord, il faut que vous soyez sûr(e) qu'il l'est. Peut-être est-ce vous qui êtes un bolide ? Prenez le temps de regarder votre enfant avec patience et sagesse. Faites-le rencontrer d'autres enfants, faites-lui faire des activités autres que celles ou vous le trouvez lent. Vous verrez alors s'il est si lent que ça.

S'il l'est réellement, aidez-le à exploiter ce qui peut être une qualité ! Et par ailleurs, travaillez sa rapidité. Il est important aussi qu'il soit capable de réagir dans des situations d'urgence ou, plus simplement, « dans les délais ». On lui demandera dans la vie de se lever tôt, de payer ses impôts à date fixe, de respecter des échéances pour la remise d'un rapport, d'aller chercher son fils à l'école avant la fermeture etc. Il faut savoir aller vite quand c'est nécessaire. Et il (ou elle si c'est une fille) doit l'apprendre.

Pour notre part, quelquefois, nous faisons l'exercice de « on débarrasse la table en moins de 1mn. Personne ne bouge avant ça. Prêts ? Partez ! » Ou encore : « Tout le monde hors de la voiture dès que je me suis arrêté en moins de 30 secondes. » Ça les amuse, c'est anodin, mais en même temps ça leur permet de vivre l'urgence. Parfois au contraire, on se pose, on invite les enfants à cesser de bouger, à réfléchir, à prier, à faire silence, à écouter son cœur.

Vous avez ainsi plusieurs trucs qui vous permettent de modifier un peu la donne. Mais ne cherchez jamais à changer complètement votre enfant. Posez-vous plutôt la question : comment pourrais-je être, afin de mieux accepter le caractère de mon enfant ?

PS : ce type d'article montre qu'il y a un besoin de presser l'enfant, de déceler des troubles parce qu'il ne va pas assez vite. On voit que la société en général a du mal à accepter qu'un enfant soit différent.

IMAGINATION ET SAVOIR, AVEC MON ENFANT

Comment faire en sorte que l'un nourrisse l'autre ?

L'homme qui doit sa célébrité aux travaux d'Henri Poincaré et de Michele Besso[48], j'ai nommé Albert Einstein, l'inventeur du marketing scientifique, a eu une formule intéressante :

« L'imagination est plus importante que le savoir. »

Lorsqu'on enseigne à un enfant, il est bon de prendre l'habitude de lui exposer la dimension générale du savoir, sa raison d'être, ses buts, l'aide qu'il représente. Accumuler les savoirs fatigue et ennuie. C'est, de plus, improductif car l'enfant oublie.

Vous travaillez par exemple sur un exercice de géométrie; si votre enfant ne voit pas du tout à quoi ça pourrait lui servir, ou à quoi ça a pu servir, comment penser qu'il va s'y intéresser? Il va donc falloir replacer le savoir dans un contexte et ceci passe par l'imagination. Non pas qu'il faille inventer ou réinventer l'origine du savoir, mais il faut en revanche savoir imaginer comment l'exposer à l'enfant.

Prenons par exemple la découverte de la mesure de l'altitude. Qu'un enfant connaisse les moyens de mesurer une montagne, c'est bien. Mais il est probable qu'il ne le saura que le temps de l'apprendre et de le réciter. Il oubliera vite. En revanche, il le conservera plus longtemps en mémoire si vous lui racontez comment on en est arrivé là.

L'histoire contée est un grand secret des bons enseignants. Il est très fréquent que les enseignants qui obtiennent la meilleure concentration des enfants et les meilleures notes soient ceux qui recourent souvent à l'anecdote ou l'histoire. A Harvard, un professeur obtenait le plus fort taux d'attention dans l'année : il racontait souvent des anecdotes. Émaillez votre discours d'anecdotes que vous tirerez de votre mémoire !

Il peut être utile de consulter une encyclopédie, de chercher à savoir quelle a été l'histoire de la mesure de l'altitude. L'enfant découvrira émerveillé, de votre propre bouche, qu'on mesurait l'altitude au moyen de l'ébullition de l'eau, au 17ème siècle, et vous pouvez replacer ça dans la narration d'une expédition aventurière de l'époque. Quelques mots, ce n'est rien. Mais pour l'enfant, cela relie le savoir à une raison d'être. Il sera peut-être heureux de savoir que les Egyptiens se servaient déjà du calcul des angles, peut-être qu'il sera heureux de savoir que les Egyptiens l'ont transmis aux Romains via la Grèce et les Etrusques, ou que ces calculs permettaient d'évaluer la déclivité qui existait entre une source et une ville et permettait de bâtir les aqueducs. Quel que soit l'angle que vous emploierez, selon les goûts que vous connaissez de votre enfant, votre imagination saura le mettre en scène. Cette recherche ne vous prendra pas beaucoup de temps, mais elle aura l'avantage de commencer la leçon par une

---

[48] : *http://www.roman-livre.com/ceux-a-qui-einstein-doit-sa-celebrite*

histoire. Et une histoire est un moyen très puissant d'amener un enfant à concentration. Elle suscite chez vous un travail intellectuel qui vous servira, nourrissant notamment votre mémoire.

Mieux vaut savoir imaginer qu'imaginer savoir.

Et puis, viendra le moment où vous irez plus loin, plus haut : vous ouvrirez la porte à des notions supérieures. L'âge de l'enfant le permettant, à partir de 7 ans, vous relierez des observations concrètes à des principes. Parce que vous attirez son attention sur le fait que l'arbre pousse vers le haut grâce à la lumière, il peut développer une réflexion qui dépasse la seule matière. Ce sont les prémisses de la pensée. Pourquoi, après tout, l'arbre ne pousse pas vers le bas ? L'enfant peut s'imaginer que l'arbre qui pousse vers le haut est appelé par le haut et attiré par la lumière et en cela il aura raison. Et lui, est-il attiré par la lumière ? Ainsi, il créera dans son esprit des ponts conceptuels entre la chose observée et les principes du vivant. C'est là que commence… la fabuleuse quête du sens, la plus grande aventure de tous les temps. Mais oui, bien sûr, nous y reviendrons !

AUTORITÉ : LE SECRET (PREMIÈRE PARTIE)

Autorité ? Un grand mot. Nous allons nous demander pourquoi nous n'arrivons pas à obtenir l'autorité selon l'ancien mode. En revanche, nous verrons quelle autorité – cette autorité qui est service -, plus fiable et plus facile à obtenir, vous conduira vers la situation dont vous avez besoin pour aider votre enfant, mais aussi pourquoi pas vis-à-vis de vos collègues au travail. Car il y a un secret de l'autorité, et même plusieurs.

Obtenir l'ascendant sur les autres est l'une des plus grandes difficultés que l'être humain rencontre. S'il lui est difficile de se faire entendre, il lui est extrêmement difficile d'obtenir que l'on fasse ce qu'il demande sur une large période de temps. On peut arriver à « se faire obéir » ponctuellement, la plupart du temps ça ne marche pas longtemps. Les parents ne sont pas les seuls à vivre ce défi, il existe aussi dans le monde du travail, en politique – il suffit de voir comment certains préfets se succèdent sans résultats, ou les politiques être chahutés. En fait, nous ne sommes plus dans un temps de hiérarchie. Le management a fait des progrès énormes et obtient des résultats basés sur les sciences comportementales. On peut obtenir mieux, plus vite qu'en employant les vieux ressorts de l'autorité. L'autorité n'est plus à la mode. En fait, l'autorité assimilée à l'autoritarisme, ne peut plus fonctionner. On est dans une ère de développement personnel, par adhésion de la personne, et non dans la contrainte.

Alors deux questions viennent à l'esprit : comment se fait-il que l'on persiste à vouloir obtenir l'obéissance de son enfant à l'ancienne mode alors qu'on sait ne plus pouvoir l'obtenir d'un adulte ? et comment obtenir un résultat sans manipuler non plus ? Ce sont là les deux thèmes de réflexion que nous vous proposons pour cet article et le suivant.

Il est très difficile d'obtenir l'autorité, au sens ancien et noble du mot. L'autorité, c'est beaucoup plus que de se faire obéir, c'est obtenir l'adhésion et la confiance spontanées. Nous retiendrons cette définition.

Difficultés d'une autorité ancienne

Le pari de l'autorité telle qu'on la concevait traditionnellement est rendu beaucoup plus difficile pour une raison essentielle qui est la suivante : L'autorité est considérée comme un apanage et un pouvoir. Ensuite, il y a 3 principales raisons qui font que cette autorité n'est plus reçue, et donc plus aucune autorité du tout, par confusion (le « ni Dieu ni maître », le libéralisme, l'individualisme découlent de cette confusion). Les deux premières ont une dimension qui dépasse largement le domaine éducatif et touchent la sociologie et la politique, mais nous devons en être conscients : 1/ L'éducation qui s'est effondrée, en grande partie à cause de l'éclatement de la cellule familiale, et la disparition des métiers et des expériences de vie fortes, ont fait des hommes et des femmes plus fragiles.

2/ L'évolution de la société en a fait des êtres moins sûrs d'eux, contraints d'être sans cesse à niveau, obligés de mériter leur responsabilité, plus surveillés, sujets à critiques pas toujours fondées, doutant d'eux-mêmes dans une société qui a intégré plus ou moins la psychanalyse. L'homme ni la femme ne sont plus auréolés durablement des atouts de l'autorité parce qu'ils sont instituteurs, parents de 10 enfants ou maires de village : l'égalité a aussi laminé le rang social.

Pourquoi disons-nous que les expériences de vie fortes ont disparu, alors qu'il y a toujours des drames, des défis, des parcours marquants ? Parce que le plus grand nombre d'entre nous a été changé substantiellement par le confort moderne, on n'a plus à faire 5 km à pieds pour aller à l'école, les guerres se sont éloignées, on a des réfrigérateurs qui nous épargnent de descendre à la cave, des robinets qui nous évitent d'aller puiser de l'eau, des voitures qui nous transportent, de l'eau chaude sous la douche etc. La vie quotidienne est tout simplement moins rude. On n'a plus de champs à labourer à la pioche, de filets de pêche à ramener à la main, de vignes à décavaillonner, les sols de nos maisons ne sont plus en terre battue. Les nouvellistes du XIXème racontaient l'histoire de ces capitaines de la Guerre de Sept ans, couverts de blessures à quinze ans et généraux à 20, on comprend que de tels personnages aient su se faire respecter précocement. Les découvreurs du Nouveau Monde, les bushis se faisant concurrence à mort dans les dôjô, les maîtres d'armes ou les aventuriers partant se cacher en Afrique profonde, les colons fertilisant des terres arides environnés de menaces diverses, les instituteurs se battant contre l'analphabétisme de bourgades reculées ou les soldats des tranchées de 14 ont par leur exemple fait des générations fortes, volontaires, ambitieuses, martiales, qui nous sont, disons-le, étrangères, sauf peut-être pour nos légionnaires. 3/ L'alimentation délicate et les vaccins ont changé la donne, évacuant la sélection naturelle qui conservait les seuls plus forts et les plus durs. Ils ont aussi affaiblis la constitution physique, la résistance morale. Les produits toxiques, la multiplication des ondes, assaillent l'individu. On aura l'occasion de reparler, dans les années à venir, des dangers que présentent de nombreux vaccins.

Le modèle humain qui en ressort a changé

Le cinéma l'illustre bien, lorsque à peu d'années de distance, le capitaine William Bligh campé par Trevor Howard est remplacé par le Lauréat, joué par Dustin Hoffmann. L'esprit de l'Amirauté britannique, modèle d'une autorité garante de la cohésion du groupe, ne survit pas face à la montée du sentimentalisme individualisme de la nouvelle vague. Si nous prenons ces exemples, ce n'est pas au hasard. Trevor Howard explique ce qu'est pour lui le secret de l'autorité : la peur. « Les Révoltés du Bounty » dénonce cette autorité-là, et la morgue insupportable de la hiérarchie, pour défendre le principe d'un monde libre incarné par un Marlon Brando qui échouera, d'ailleurs au sens propre comme au sens figuré, dans une fin qui ne fait que mettre en exergue une agonie longue et idéaliste (un film que vos jeunes devraient avoir vu, avec un texte magnifique).

3/ La normalisation et la sécurisation ont domestiqué les comportements, ils ont évacué toute notion de risque : l'être humain est en partie devenu un animal social domestiqué; il a perdu de son indépendance, il s'est progressivement soumis à l'autorité publique (les jeunes aujourd'hui disent entre eux « c'est un soumis »), il s'est aligné sur une bienséance normative, et pas forcément morale. Le moindre éclat de voix est déjà considéré comme preuve de psychopathie.

Cette fois, c'est The Chase, chef d'œuvre d'Arthur Penn, qui illustre le mieux, avec encore Marlon Brando, tenaillé entre une société à qui il doit rendre des comptes, grégaire, clanique et mentalement paresseuse, et la défense d'un innocent courant en liberté (un film qui a encore toute sa valeur et qui doit figurer dans votre vidéothèque). C'est l'apogée de la société des commères et des censeurs du politiquement correct qui ont dévirilisé les comportements. On fait du légalisme, c'est-à-dire à peu de choses près une crainte institutionnalisée. La chrétienté médiévale, avant la domination de la bourgeoisie, refusait cette soumission et prônait une liberté de l'homme dans son dialogue avec Dieu (la quête du Graal), ce qui faisait des tempéraments variés. La « morale » d'aujourd'hui, plutôt anti-chrétienne, a le désavantage par rapport à la précédente, de niveler tout le monde dans une posture obligatoire et largement dé-moralisée. 4/ Les mauvais exemples publics On pense aux responsables politiques impliqués dans des affaires, leurs disputes infantiles, leur conduite légère et leur manque d'expérience dans la vie réelle, tout simplement. De là, l'ordre public n'est plus un exemple à suivre. La société tout entière, dès les années 60, est entrée dans une fronde « anti-système », fronde d'enfants de la bourgeoisie en période de prospérité qui cinquante ans plus tard est devenu un système lui-même que défend une génération gâtée contre ses suivantes, dans une posture plus figée que ses prédécesseurs. 5/ La démocratie fait mine de donner des droits à tout le monde et n'importe qui peut se permettre de dire n'importe quoi, remettre tout en cause, mentir, dénaturer, diffamer, tourner en ridicule. L'opinion d'un individu, aussi brillant soit-il, n'est qu'une opinion parmi d'autres. La démocratie conteste l'autorité, mais en a besoin tout de même pour ne pas s'effondrer d'un bloc dans le désordre. En rongeant l'autorité naturelle et en favorisant l'autorité institutionnelle, légale, celle de la police et des tribunaux, elle fige la société dans une obligation de légitimité légale extrêmement dangereuse (toute société qui s'éloigne des principes naturels pousse vers le totalitarisme).

Impact sur nos enfants

Cette ambiance influence directement nos enfants par deux voies. La nature délétère de l'ambiance sociale a une emprise sur eux, qui « ne se prennent pas la tête », préfèrent la facilité et le plaisir personnel, éventuellement se hérisseront violemment contre ce qui s'opposera à leur plaisir et leur sort personnel. Mais parmi eux, a contrario, ceux qui pourraient devenir des chefs véritables, parce qu'ils ont les capacités à se hisser au-dessus du lot, sont, dans un tel système, maintenus dans l'ombre, rejetés, attaqués s'ils se montrent. Ils renoncent très vite et laissent la situation pourrir, en se disant que les gens finalement méritent le désordre qu'ils créent.

Mais tout cela, c'est un constat sur les bases d'une ancienne vision de l'autorité, basée sur une hiérarchie. L'intelligence humaine étant sans limite, quelques penseurs ont développé de nouveaux moyens pour une autorité solide, sans rétorsion, sans pression. Parmi eux, nous pensons aux pédagogues et aux fondateurs du coaching, véritable science sociale, tel Milton Erickson.

Le pari de l'autorité nouvelle : perspectives

Une période intermédiaire entre l'époque de l'autoritarisme et aujourd'hui s'est interposée de manière sporadique : l'époque de la négation de toute autorité, de toute hiérarchie. De courte durée dans l'Histoire, elle a encore des émules qu'on surprend dans la cacophonie d'organisations politiques qui se disent « démocratiques » et où les réunions se multiplient sans qu'elles débouchent sur grand chose de concret. Ce monde sans limites est celui de la parlotte stérile. Il n'est plus en vogue et on cherche désormais et retrouver une efficacité des organisations dans le respect des personnes.

On a donc laissé tomber l'autoritarisme d'un côté et le libéralisme social (le « Ni Dieu ni maître » et la permissivité « soixante-huitards ») de l'autre. Les nouvelles pédagogies, ayant dépassé d'un même mouvement ces deux excès antiproductifs, sont beaucoup plus intéressantes pour nous car elles commencent d'abord par nous sortir de comportements caractéristiques et donc faciles à attaquer : jusqu'ici votre enfant se fait un plaisir de dénoncer votre côté « dictateur », il ne le pourra et ne le voudra plus. Ensuite, elles sont beaucoup plus efficaces. Le hic, c'est que vous allez devoir vous impliquer et vous (re)mettre en cause.

S'impliquer et se (re)mettre en cause

Disons-le tout de suite, l'autorité, de tous temps, est d'abord celle de quelqu'un qui vous apporte quelque chose, qui vit quelque chose avec vous. Cela veut dire que vous allez vivre quelque chose avec votre enfant. Ce n'est pas votre statut de parent qui vous donnera l'autorité, mais ce que vous en ferez.

Les méthodes les plus efficaces et les plus modernes viennent essentiellement du monde anglo-saxon, spécialement du Canada et des USA, mais aussi du Japon où le management a atteint des réussites tout à fait étonnantes et enviées. Elle ne sont pas encore à la portée du public parce qu'elles demandent à être enseignées, et donc que tout le système éducatif change, et donc tout le système politique, ce qui bien sûr ne se fera pas du jour au lendemain.

Elles prennent leurs sources dans les neurosciences et ses applications professionnelles, neuropédiatrie, psychologie le management, et maintenant – et surtout – le coaching, celui-ci poussant au plus loin le développement personnel.

Comment l'autorité serait-elle compatible avec le coaching ?

Nombreux sont ceux qui aimeraient découvrir le secret de l'autorité. Il n'est pas forcément recevable de but en blanc. Nous vous donnerons notre éclairage, qui est sans doute partiel.

Mais revenons d'abord sur la dissociation entre « ce que je veux » et « ce que je dois faire » qui est caractéristique de la période adolescente.

L'ado est volontiers en prise avec la pression du groupe, le regard de l'autre, mais aussi les obligations qui sont les siennes (devoirs, rôle et attitude à la maison, en classe, dans la rue, sur le net), et d'un autre côté ce qu'il veut lui-même (bien souvent ce qu'il veut c'est une seule chose, une activité/relation/situation précise et négliger le reste, l'ado est souvent axé sur une seule chose dans la vie ou un très petit nombre de choses et sa vision est généralement à court terme). Il est donc important pour les parents de lui permettre d'ingérer des notions « cerveau » (tels que les devoirs) d'une manière qui soit compatible avec les notions « cœur » qui sont ce à quoi il tient.

Pour ce faire, vous avez plusieurs méthodes pour l'autorité, que vous pouvez mettre en œuvre mais qui en fait devraient dépendre de lui. C'est son tempérament qui va vous guider.

LE SECRET DE L'AUTORITÉ (SECONDE PARTIE)

A la recherche du secret de l'autorité, nous voici maintenant à souhaiter jouir d'une autorité incontestée… au bon sens du mot autorité, comme nous l'avons vu.

Les parents s'y essayent de deux ou trois manières, rarement variées.

Vous pouvez tenter d'y aller au sentiment : « Mon chéri, c'est super que tu fasses de l'ordinateur, ça te plaît, mais n'oublie pas tes devoirs, tu sais que c'est important. » Si ça marche pour le vôtre, tant mieux… Avec un peu d'imagination, on peut faire mieux. Beaucoup de parents donnent tout leur amour à leur enfant et se désespèrent de constater qu'en retour, ils ne récoltent pas toujours autant. Leurs enfants leur paraissent souvent plus durs, plus fermés.

C'est normal, rassurez-vous : l'enfant a besoin d'exister, donc d'avoir son identité. Il a besoin d'être différent de vous, différent de ses frères et sœurs. Voilà pourquoi si vous vous montrez toujours gentil, il va avoir tendance à se faire (un peu) méchant ou hérisson piquant. Si vous voulez qu'il soit plus coulant, soyez vous-même hérisson piquant, après tout vous n'êtes pas obligé(e) d'être toujours de miel, vous pouvez vous aussi prendre vos distances et vous verrez que c'est très bénéfique, à juste dose bien sûr ! Vous verrez que, Ô miracle, il se fait plus doux ! Attention cependant à ne pas adopter cette attitude en permanence, d'abord elle ne serait pas naturelle et ensuite pourrait s'installer un système de mimétisme cette fois, c'est-à-dire que l'enfant pourrait mémoriser cette manière d'être comme normale et l'assimiler plus tard. Ce qui nous intéresse pour l'instant, c'est de faire sortir l'enfant d'une attitude négative et pour ce faire, votre costume de hérisson va vous être utile.

La gentillesse permanente est le recours des parents qui sont vitalement rétifs à toute injonction. C'est aussi une méthode à double tranchant parce que tôt ou tard l'enfant vous manifestera qu'il ne veut pas faire ce que vous lui demandez, et vous n'aurez plus aucune ressource : impossible de passer de l'attitude « gentille » à « ça va être la guerre si tu ne fais pas ce que je veux ». Ce serait une escalade et vous ne savez pas jusqu'à quel âge de votre enfant vous serez plus fort que lui.

Le truc est simple : mieux vaut toujours commencer par la fermeté, pour ensuite s'adoucir, plutôt que de commencer par la douceur, pour se durcir ensuite. Et c'est logique. Si vous commencez par la douceur, vous allez créer un registre de relation, et ce registre sera celui de la douceur, de la gentillesse. Une éventuelle fâcherie réduirait à néant cette règle du jeu et en plus, vous perdriez à la fois l'autorité, la confiance et même une part de respectabilité aux yeux de votre enfant. Vous seriez l'adulte qui ne respecte pas les règles. Dans la relation aimable entre vous, votre enfant s'est investi et, très naturellement, il s'accorde une part essentielle de cette situation. C'est vous qui, à ses yeux, allez la gâcher si vous vous braquez. « Je suis cool avec ma mère et elle met tout par terre » (je le dis avec des mots polis, vous traduirez). Et puis il y a autre chose : votre enfant sait que vous êtes sympa en principe, la gentillesse est votre attitude normale, donc votre colère est anormale, les choses vont revenir en place, il suffit pour votre enfant de résister et de patienter. Si vous insistez, il considère que vous êtes en tort et il va se braquer définitivement. Il n'oubliera pas. Bref, commencer par la gentillesse ne marche pas.

Alors, que faire ? Aussi étrange et incongru que cela puisse paraître, mieux vaut commencer par… un peu de fermeté. Ce sera le meilleur moyen de mettre de la paix dans votre relation et votre enfant bénéficiera d'une relation apaisée. Vous allez comprendre pourquoi. J'avais un prof que tous les élèves respectaient et qui n'était jamais chahuté. Comment faisait-il ? L'année du bac, je me le suis demandé. En fait il avait un truc, mais lequel ? Eh bien, il paraissait plus dur qu'il ne l'était vraiment. Il commençait toutes ses années scolaires par une colère, les dix premières minutes, c'était savon en guise de présentation. Pour ce faire, il prenait prétexte d'un rien, un élève qui ne se levait pas à son entrée (on ne se levait que dans sa classe!), quelque chose comme ça. Tout le monde se taisait.

Et, remarquez la finesse, il se mettait en colère pour une chose qui n'intéressait pas les enfants (nous étions des ados de 17 ans), quelque chose qui n'était pas un enjeu pour nous. Comme personne ne se sentait vraiment mis en cause, chacun se taisait. Et notait intérieurement : « Celui-là, il va falloir se méfier et se tenir à carreau, c'est une peau de vache. » Le reste de l'année, les choses se passaient tranquillement, il n'avait plus jamais ou presque plus jamais besoin de se fâcher à nouveau. Il avait créé une inhibition. Et même, admirez, il se permettait d'être... aimable. C'était si inattendu que ça devenait un vrai cadeau. Les élèves l'aimaient et le respectaient, particulièrement ceux qui fichaient un désordre monstre avant ou ailleurs. Et le niveau des notes était le meilleur de l'établissement.

Son attitude fixait un cadre, tout simplement, une règle du jeu, dans sa classe on ne franchissait pas certaines limites. Les autres profs se demandaient comment il faisait, quel était son truc, et certains même devaient se dire qu'il s'agissait d'un talent et qu'ils en étaient incapables, qu'ils n'y arriveraient jamais. Alors... que ce n'était qu'un truc, une résolution prise, à la portée de tout le monde. Il suffit d'une résolution et d'un peu d'entraînement. Quelle leçon retenir ? On peut très bien obtenir du résultat. Chacun trouvera sa technique. Mais l'essentiel est de réfléchir et d'accepter de changer, d'être ouvert à des attitudes nouvelles. Une comédie fait dire à l'un de ses personnages à qui un ami demande un conseil, cette réplique amusante : « Ne sois pas toi-même ! » Dans une ambiance moderne où tout le monde vous dit « soyez vous-même », ce conseil a quelque chose de pertinent, d'interrogateur. Bien sûr qu'il faut être soi-même dans son dialogue intérieur, dans sa cohérence, dans ses ambitions. Mais il faut aussi être celui dont les autres ont besoin, et cela demande parfois de revêtir un costume. Nous reviendrons sur cette idée.

Les élèves considéraient a priori que le prof était dur, donc ils accueillaient avec reconnaissance ses bontés mais savaient que la règle, c'était l'ordre et le boulot. C'était clair, personne ne revenait dessus. La clarté bénéficiait à tout le monde. Voilà pourquoi mieux vaut toujours partir avec les enfants avec une attitude plutôt ferme. Il y a quelque chose de naturel à cela : on aime que quelqu'un de dur soit aimable, on déteste que quelqu'un de gentil se fasse dur. C'est la nature humaine.

Ce qui n'empêche pas de sourire, de se montrer affable. Cette autorité-là n'interdit pas la bonté d'âme, au contraire, elle est son corollaire. Beaucoup de personnes affirment que la « gentillesse » ne paye pas, en fait ce n'est pas tout à fait ça : la gentillesse fonctionne très bien lorsqu'elle est savamment dosée, tout simplement !

> « Si tu ralentis, ils s'arrêtent. Si tu faiblis, ils flanchent. Si tu t'assois, ils se couchent. Si tu doutes, ils désespèrent. Si tu critiques, ils démolissent. Si tu marches devant, ils te

dépasseront. Si tu donnes ta main, ils donneront leur peau. Et si tu pries, alors ils donneront des saints » (Conseil aux éducateurs, Père Sévin).

L'attitude autoritaire est souvent celle des parents qui n'ont pas le temps de s'occuper de leur enfant – ou considèrent qu'ils n'ont pas le temps et ignorent que quelques secondes par jour suffisent.

Mieux vaut retravailler la séquence; telle quelle, elle ne marche pas, reconnaissons-le. Certes, nous y avons tous recours de temps à autre et ce n'est pas dramatique, parfois nous ne pouvons faire autrement. Mais ça ne suffit pas.

Qu'est-ce que nous préconisons ? Si vous commencez à vous occuper de votre enfant, il est important de savoir quel rôle vous jouez.

Clarté de votre position

Si vous êtes requis pour aider aux travaux scolaires ou faire un cours le soir, ou mieux encore si vous faites cours à votre enfant toute la journée, sachez ne plus être la gentille maman ou le gentil papa : soyez l'enseignant(e) qui va faire cours et entend que des objectifs soient atteints en temps et en heure. Bref, changez de casquette. Dissocier nettement son rôle de parent et son rôle d'enseignant est important.

Qui s'explique se discrédite

Autre secret de l'autorité à méditer. C'est une sorte de dicton que nous inventons pour la circonstance et qui reflète le célèbre « Qui s'excuse s'accuse ». C'est un peu pareil. Il faut des explications… de manière mesurée. Le plus grand nombre de conflits surviennent d'une habitude qu'on donne aux enfants d'explications et donc, dans leur esprit, de justifications. Il faut donc tenir une balance délicate entre certaines explications tout à fait nécessaires et des… silences. Très souvent et peut-être même la plupart du temps, le silence relatif est la meilleure méthode. Si vous expliquez trop souvent pourquoi il faut faire les devoirs, vous donnez au jeune tous les arguments pour vous dire le contraire. Il a un cerveau, rappelez-vous, et ce cerveau est programmé pour vous contredire ;-) Ce n'est pas qu'une boutade : l'enfant a réellement besoin de remettre en cause ce qu'on lui a appris.

Remettre en cause l'enseignement reçu est vital pour l'adolescent

C'est vital, il doit brûler ce qu'on lui a transmis pour savoir ce qui résiste au feu, ce qui a une vraie valeur. Saviez-vous que le fruit secrète une humeur qui dessèche sa queue et le sépare de l'arbre ? C'est une extraordinaire leçon naturelle. L'ado génère les moyens de la séparation vitale, nécessaire, qu'il va opérer dans quelques années. Le silence relatif, c'est-à-dire une demande de votre part sans explications inutiles, va permettre à votre enfant d'expliquer intérieurement, de développer votre demande et de la légitimer. Ne le faites pas à sa place.

Le refus de la contrainte

Parlons maintenant de contrainte. Nous sommes dans une société permissive comparée à celle d'il y a 100 ans (nous ne disons pas plus libre, attention, notre société l'est en fait beaucoup moins, mais c'est un autre sujet). Or, inutile de se voiler les yeux, la contrainte existe dans la société, et les devoirs ou le bac, ou les interros sont notamment là pour apprendre à l'enfant à accepter qu'il y a des règles du jeu, des difficultés, des obligations incontournables et que plus il est préparé, moins il aura le trac, moins il sera sujet à l'angoisse et à l'isolement. Donc, ces examens progressifs ne sont pas néfastes, bien au contraire. Ce n'est pas la note qui est importante, c'est le passage en examen lui-même et la préparation de l'examen. Pouvez-vous vous servir de la contrainte ? ça peut arriver. Vous ne devez pas avoir peur d'obliger un enfant à faire un devoir dans les temps parce qu'il est important qu'il sache faire un travail dans un délai donné. Mais sachez amener cela progressivement, entraînez-le, comme un sportif fait des tas de championnats avant d'aller aux JO. Dans tous les métiers, on va progressivement, par étape. On ne devient pas inspecteur de police sans avoir appris les responsabilités et obtenu des victoires sur ses propres peurs. Ces victoires, comme celle de l'enfant qui a passé un examen sans trop de catastrophe, ne sont peut-être pas définitives, mais en tous cas elles existent et elles rassurent, elles assurent la personnalité.

Créativité

Faire preuve de créativité, varier les points de vue et les situations, vous évite de vous retrouver strictement dans la même situation que précédemment, ce qui augmente l'assurance de l'enfant qui décode plus rapidement les enjeux. Si vous persistez à recréer sans arrêt le même contexte, un contexte semblable à ce que connaît l'enfant, vous risquez de produire d'abord de l'ennui, ensuite de la rébellion; et vous n'aurez plus qu'à pratiquer une discipline martiale, comme en caserne. Parce qu'il n'y a plus rien qui surprenne l'enfant. L'enfant a un immense besoin de découverte, de surprise, parce qu'il y a en lui une immense soif d'émerveillement. C'est ce que vous devez protéger : un adulte triste est d'abord un adulte qui ne s'émerveille plus. Imaginez des situations différentes : par exemple, apprenez avec votre enfant à défendre des points de vue contraires du sien, vous le sien et lui le vôtre par exemple. Faites cours dehors, près de la rivière ou le fleuve, dans la montagne ou ailleurs (mais dans un endroit calme, facilitant la concentration et méditation). Apportez des objets intéressants, des témoignages, bref variez.

Le vrai mystère de l'autorité

L'autorité s'appuie sur un mystère : celui qui détient un vrai pouvoir détient aussi un savoir. C'est l'autorité de l'enseignant, de l'universitaire. Elle est appréciable, mais elle ne vous suffira jamais à être respecté(e) de votre ou vos enfants ! Il serait illusoire de penser que le savoir vous protège des quolibets. Il faut donc nécessairement que derrière le savoir se cache autre chose : la sagesse. Qu'est-ce que la sagesse ? Des livres qu'on ne lit plus vous le diront. Mais comment se manifeste-t-elle, voilà ce qui nous préoccupe ici.

Le parent sage a une autorité parce qu'il a un sens de la relation, il sait qu'il ne faut pas abuser d'une position dominante puisque à terme son autorité sera assimilée à de la tyrannie, il sait qu'il ne doit pas être la source unique de réflexion car il sait qu'à terme il privera l'enfant de la fierté d'émettre aussi des propositions, il sait qu'il ne doit pas donner libre cours aux erreurs parce qu'à terme ces erreurs détruiront le fragile principe de la transmission, il sait aussi accepter l'erreur puisque l'être humain n'est pas un dieu. Nous pourrions continuer longtemps la liste de ce que le parent sage doit savoir mais ce serait vain. L'ensemble de ces savoirs dépend de ce que l'adulte a vécu, et il faut avoir beaucoup vécu et beaucoup médité le vécu pour donner. Mais on peut aussi beaucoup donner dès le départ.

Car c'est avant tout la générosité, le don de soi, qui feront la plus belle des autorités.

Partir du point où est l'enfant, et non du vôtre

C'est sans doute l'un des points les plus importants. Lorsque qu'une personne dans la rue vous demande sa route, vous la lui indiquez en partant de l'endroit où elle est, vous ne lui dites pas qu'elle part du mauvais endroit. Pourtant, vous passez votre temps à parler à votre enfant comme à un adulte qui sait. On vous a dit qu'il fallait parler à un enfant comme un adulte. Oui, et non. Oui, pour ce qui regarde le respect. Non, pour ce qui regarde tout le reste. Non seulement vous ne devez pas considérer d'avance qu'il sait tout ce que vous savez, et donc vous emporter ou éprouver du mépris, mais en plus les moyens d'expression que vous utilisez ne doivent pas être ceux que vous utilisez avec les adultes. En particulier, l'ironie est à proscrire.

L'autorité ne fait pas que déléguer

Vous donnez délégation à votre enfant d'agir : apprendre ses leçons, travailler. Mais cette délégation de l'autorité ne peut être réductible à une mise en demeure d'agir. Nous ne sommes pas de simples exécutants. Vous ne faites pas qu'exécuter des ordres, votre enfant non plus. Laissez-lui toujours une liberté, celle de faire les choses sur son mode, à sa manière.

L'autorité témoigne, elle est d'abord un exemple

Evidemment, il serait vain d'imaginer avoir une quelconque autorité si votre comportement ou vos paroles témoignent du contraire. C'est le B-A-BA. Seulement voilà, nous sommes tous beaucoup moins bons que ce que nous voudrions. Il y a donc 2 conclusions à en tirer : - Essayez de commettre le moins possible d'erreurs. Tenez votre langue? Jôshô Yamamoto recommandait même aux pères de famille de retenir toute exclamation, de ne jamais se plaindre, et même de ne jamais se laisser aller à dire « aïe! ». Car, considérait-il, nos proches doivent pouvoir s'appuyer sur quelqu'un de fiable et de solide, pour leur éviter des contradictions, des craintes intérieures. Chacun appréciera cet enseignement à son gré. - Soyez humbles et enseignez l'humilité à votre enfant. L'enfant doit savoir un jour que vous pouvez vous tromper. Pas toujours, pas tous les jours. Ne battez pas votre coulpe sans cesse. Mais il a entendu une fois ou deux que vous pouvez vous tromper et que vous le savez, et que vous êtes capable de vous en excusez ou, mieux encore, d'en demander pardon. Il saura alors ce que c'est que de se tromper, de le savoir, de le dire et de s'en excuser.

Cultivez l'être

La raison d'être de l'autorité, ce n'est pas l'ordre, c'est la transmission. C'est sans doute l'origine même du plus grand secret de l'autorité. Si vous détenez une autorité, qu'elle aide votre enfant à grandir, à rencontrer sa vocation, ses talents, ses chemins. L'enfant vous aimera et vous respectera d'autant que vous lui aurez permis d'être. Etre, c'est devenir.

Jouez

Et parce qu'il faut bien terminer, amusez-vous. L'humour sauve de beaucoup de choses, il sauve des ratés, des situations compliquées, des tensions. Ne jouez pas toujours, mais de temps en temps, brisez les schémas avec l'humour. L'humour facilite la reconcentration, le redéploiement de la pensée en brisant l'impasse intellectuelle. Et cela vous permettra aussi de mieux connaître cet enfant. D'ailleurs, lui aussi joue un rôle, et vous cache beaucoup de choses. Tout étant relatif en ce monde, avoir une attitude décontractée vous permet de ne pas vous illusionner sur vous-même ou sur votre enfant, de ne pas faire passer des principes avant l'essentiel qui est dans l'immédiat, dans l'instant. Et paradoxalement – nous vous livrons là un secret de guerrier – la légèreté de l'instant vous permet d'être sur le qui-vive, d'être à l'écoute et de maîtriser la situation, elle permet de prendre du recul et de contempler de plus haut la scène. C'est une forme de détachement qui vous permettra de mieux saisir l'enjeu véritable de l'instant, qui n'est peut-être pas la leçon du jour mais une préoccupation de votre enfant, ou une préoccupation que vous avez et que vous n'arrivez pas bien à exprimer. Comme dirait l'un de nos enfants, « la légèreté, c'est du lourd ! »

UNE BONNE ERREUR OU « COMMENT PROGRESSER LE PLUS EFFICACEMENT »

Dans cet article consacré à l'autorité, nous avons parlé de sagesse.

Il est bien établi depuis des siècles que l'erreur est utile et féconde. Une erreur peut être une bonne erreur. Les parents ne savent pourtant pas toujours comment accueillir cette erreur. L'enfant se trompe, la réponse du parent est souvent : « Non », ou « faux », et rien d'autre. L'enfant est invité à trouver d'autres réponses. Il arrive même que le parent s'agace, ce qui va amener l'enfant à noter qu'il détient le moyen d'agacer son parent et s'en servir.

On peut faire en sorte qu'une erreur sans gravité, juste sans intérêt, devienne une bonne erreur, passionnante.

La première des choses est de vous montrer très tolérant vis-à-vis d'une erreur. Une erreur violemment rejetée va avoir tendance à favoriser la dissimulation ou le mutisme chez l'enfant, pour ne pas subir vos foudres. Il va éviter de se retrouver cloué au pilori par tous les moyens, et un enfant a beaucoup d'imagination : l'enfermement par exemple, ou la réponse délayée, ou la bonne excuse pour ne pas savoir etc. Évidemment, se faire sanctionner pour une erreur va aussi lui faire ressentir un déplaisir à travailler avec vous et cela va vous coûter plus d'efforts. Enfin, il ne va pas récolter les fruits succulents d'une erreur bien accueillie, autrement dit une bonne erreur ! Car une erreur devient bonne selon ce que vous en ferez du bien.

Accueillir l'erreur

Disons-le tout de suite, il y a lieu d'accueillir l'erreur.

Si c'est une simple erreur de date en histoire par exemple, il n'y a pas lieu de déboucher une bouteille de champagne, il n'y a pas grand chose à dire voire rien, évidemment. Il faut simplement indiquer que ce n'est pas la bonne réponse et attendre, voire donner des indices à l'enfant pour qu'il puisse la retrouver.

Mais si c'est une erreur de raisonnement (« la surface du triangle est égale à la somme de ses côtés » par exemple), une erreur historique (« le roi de France avait absolument tous les pouvoirs, c'est pour ça qu'on disait qu'il avait un pouvoir absolu »), ou une erreur conceptuelle (« l'être humain, ça sert à polluer la terre »), alors vous avez une merveilleuse occasion de faire progresser votre enfant. Il y a lieu, non pas de rejeter la proposition mais de l'accueillir : « Très intéressant », pouvez-vous dire, ou « je trouve ça très intéressant », et vous pouvez enchaîner par « Pourrais-tu développer cette réponse ? » ou « Je voudrais te poser une question… » avec une question ciblée pour l'inviter à reprendre son raisonnement depuis le point de départ. Ou depuis le point d'arrivée d'ailleurs, car aller jusqu'au bout d'un raisonnement est un excellent moyen de le démonter.

Ensuite, vous allez laisser l'enfant, avec des indices, aller vers la bonne réponse (ou une bonne réponse). A ce moment-là, ne passez pas tout de suite à autre chose, marquez un temps, mettez de la joie à célébrer le cheminement, exprimez à haute voix la victoire.

Ce qui va être productif dans l'erreur

C'est d'abord qu'elle va amener un travail intellectuel, qui va rendre les réponses moins automatiques et plus réfléchies. Ensuite, elle va rétablir la bonne réponse, et c'est un élément de savoir qui va s'incruster durablement dans la mémoire de l'enfant, plus qu'une bonne réponse directe ! En outre, elle va favoriser un état d'esprit par rapport à l'erreur humaine : on peut se tromper et ça peut être utile. L'erreur nourrit la recherche d'une part et l'humilité d'autre part. Enfin, grâce à la joie que vous avez manifestée, vous allez « positiver » l'erreur, la rendre fructueuse, féconde, elle sera pour le futur adulte un objet à observer plutôt qu'à repousser.

Montrez que vous vous êtes déjà trompé, vous aussi

Lorsque l'enfant a atteint un certain degré de maturité, vous pouvez lui raconter une erreur que vous avez commise à peu près à son âge. Cela va le rassurer et lui prouver que vous aussi, vous êtes « humain », que vous n'êtes pas Dieu, que vous méritez un esprit bienveillant de la part d'un enfant qui, jusque là, vous regardait peut-être comme la statue du commandeur.

Vous avez dit bonne erreur ? Y en aurait-il de mauvaises ?

Oui. Veillez à ne pas vous « tromper d'erreur » en disant quelque chose comme : « Moi aussi je me suis trompée le jour de mon mariage », évidemment ! L'erreur doit construire l'enfant, pas le démolir. Mais vous pouvez faire comme ce prof de maths qui racontait, en début de cours de géométrie, que dans son enfance il lui était arrivé de trier les couverts marqués « inox » et les couverts marqués « xoni », avant de s'apercevoir au bout d'une heure que les couverts marqués « xoni » étaient simplement posés à l'envers.

NB : il n'est pas forcément judicieux de dire à votre enfant en bas âge que vous commettez des erreurs, à cet âge il a besoin d'être conforté et de s'appuyer sur quelqu'un d'absolument fiable. On révèle sa nature d'être humain sujet aux erreurs à un enfant qui a dépassé la petite enfance, cela dépend de son degré de maturité mais nous dirions en moyenne 7 ans, ce qu'on appelait autrefois « l'âge de raison »

VOTRE ENFANT VOUS REFLÈTE. DE QUOI VOUS AIDER ÉNORMÉMENT !

Votre enfant vous reflète, c'est-à-dire qu'il est un reflet de vous-même. Un reflet n'est pas une copie ni un miroir. Mais il apprend beaucoup.

Les dernières découvertes en matière de psychologie infantile montrent que l'enfant calque son attitude sur les forces et les faiblesses de ses parents. Ceux-ci peuvent en déduire un travail pour leur propre bien-être.

Si aucun parent ne peut se vanter de n'avoir aucun problème, tous peuvent trouver une voie de salut dans l'observation de leur enfant. L'enfant peut apporter au parent une thérapie par simple observation de son attitude.

« Ma fille est crispée depuis quelques temps ». « Mon fils est nerveux ». « Mon enfant est nonchalant ». « Mon grand est agressif ». « Mon bout'chou ne dort pas ».

Vous entendez ça régulièrement, n'est-ce pas ? Aussitôt, vous en parlez avec la maman ou le papa qui vous fait cette confidence. Vous avez des choses à dire, des conseils à prodiguer à ces parents attristés. Et souvent, cela fait du bien, ça marche. Parce que vous savez quelle est la faille, vous avez une réponse. Vous êtes prudent(e) tout de même parce que vos trucs ne marchent pas avec tous les autres enfants.

Mais en revanche, pour vous-même, c'est souvent le trou noir, vous ne savez pas. Vous aussi, vous avez un souci avec votre enfant, fille ou garçon. Aucun parent ne peut dire "je n'ai pas et n'aurai jamais de problème avec mon enfant."

Lorsque ça vous arrive, vous vous énervez. Il arrive même que vous criiez. C'est vrai, de nos jours, les mamans crient trop. Elles qui devraient être des modèles de douceur dans un monde de violence et de fureur, elles crient. Sans douceur, sans cette alcôve de deux bras doux, sans une délicatesse qui élève, comment pouvons-nous regretter un monde brutal ? Tout ce que nous faisons se multiplie dans le monde. Le monde est ce que nous sommes.

Mais revenons-en à nos problèmes. Les enfants, souvent, pas toujours mais souvent, ont des problèmes qui reflètent les nôtres. Nous en reparlerons mais il y a toujours lieu de travailler sur soi pour le bonheur de ses enfants. Leur santé dépend de la nôtre. Leur moral aussi. Nous en reparlerons, promis.

« Pourquoi ai-je tant de mal à régler ces problèmes ? »

Aucun d'entre nous n'est vraiment bon pour régler ses propres problèmes

L'une des grandes découvertes que nous avons faites, tout au long des dix ans d'école à la maison, c'est qu'au départ, on n'est pas très fort pour aider ses propres enfants. Cela, nous l'avons vécu, nous nous sommes rendu compte que sur des problèmes bien précis, des amis faisaient mieux que nous. Et puis, ouf ! nous nous sommes aperçus qu'ils pensaient la même chose que nous, de manière réciproque : ils nous trouvaient bons pour les problèmes de *leurs* enfants.

Élever les enfants des autres, c'est plus facile

En fait, et c'est important de le savoir, nos enfants sont d'extraordinaires observateurs, et il ne leur faut pas 5 ans pour déceler nos failles. C'est avec eux que c'est le plus dur. Chaque parent a plus de mal avec son enfant. Posez-vous la question : pourquoi ?

Votre enfant connaît vos failles

Dès lors, ils vont jouer avec, comme le chat avec la souris cabossée. Ils vont jouer avec nous. Ils vont chercher la limite et mettre le doigt là où ça fait mal. Et ça marche très bien. Vous réagissez au quart de tour. Vous vous emportez. Vous criez. Vous "pétez un câble", comme on dit. Pour eux, c'est un spectacle des plus amusants. Ils orchestrent la mise en boîte, ils font des paris : "Je te parie 5 euros que papa s'énerve dans les deux prochaines minutes." Ce sont des experts... de la mise en boîte.

Alors, est-ce que nous sommes condamnés, est-ce un malheur ?

Non. C'est une bénédiction. D'abord, nous allons vous expliquer pourquoi et ensuite, nous allons vous livrer quelques parades.

Et c'est tant mieux !

Si les enfants sont si difficiles à nos yeux, c'est parce qu'ils procèdent par nos faiblesses et nos péchés. Colère, jalousie, complexes de toutes sortes, frustrations variées : ils montent tout ça en épingle, ils le mettent en scène, en font des statues monumentales, bien visibles. ça nous déplaît. Mais, songeons-y un instant : n'est-ce pas génial d'avoir des détecteurs de nos faiblesses ? Quoi de tel pour nous améliorer ?

Cette capacité qu'ils acquièrent année après année à vous tester, vous coincer, vous énerver, vous combattre au-milieu de moments agréables et pleins d'amour, c'est une bénédiction.

Pour eux, parce que cela les habitue à ajuster leur jugement, la situation, savoir quand aller assez loin et où ne pas aller trop loin. C'est un exercice vital. Cela fait travailler leur cerveau et leur cœur. Cela les polit intérieurement.

Ils savent très bien que si vous rentrez un jour en pleurs à la maison, ce n'est pas le moment de vous charrier : ils ont acquis le sens de la situation, du discernement. Instantanément, ils vont être sympas. Franchement, votre enfant ne va pas se mettre à ricaner si vous pleurez, si ? (si c'est le cas, appelez-nous d'urgence parce que vous avez des mesures à prendre).

En principe, ils s'adaptent. Si vous êtes trop cool, ils vous charrient. Si vous êtes mal, ils vont être sympas. Si vous êtes grave, ils vont être joyeux. Si vous êtes sévère, ils vont être plus prudents. Premier truc donc , au passage : sachez faire comme eux, et jouez; pas toujours, mais de temps en temps.

Le jeu est un art bénéfique

Comme le dit l'immense Lawrence Olivier dans Le Limier (1972) (un chef-d'œuvre à acquérir grâce au lien), le jeu est un art, une manière d'être, un visage de vous-même, et non forcément un mensonge. Il peut être profitable. Vous vous dites : “Non, je ne veux pas jouer, je veux toujours être vraie avec ma fille.” Mais lorsque vous êtes très malheureux ou très malheureuse, est-ce que vous allez le dire à votre fille systématiquement, pour qu'elle se retrouve avec un poids sur le cœur ? Bien sûr que non. Vous allez jouer à “tout va très bien, madame la Marquise”. Et c'est juste, comme attitude. C'est important de préserver votre enfant. De même, sachez que vous jouez tout de même un personnage avec elle car vous êtes autrement avec vos amies ou votre banquier. Le jeu est naturel. Eh bien, s'il est juste et pertinent, moralement fondé de protéger votre enfant, il l'est tout autant de lui présenter une attitude, éventuellement jouée, qui va contribuer à le grandir.

C'est une forme du jeu, appelé ainsi en psychologie. Il ne s'agit pas de mentir, le mensonge, nous l'avons dit, est à proscrire. Entendons-nous bien, ce n'est pas le jeu infantile où l'on est dans la dissimulation ou la tromperie. Nous parlons de jeu assumé, volontaire, pour préserver l'autre et l'amener plus haut. Lorsque vous allez au travail, vous revêtez un costume pour le jeu “travail” et votre attitude est totalement différente de celle que vous avez à la maison. Et c'est ce qu'il faut. A responsabilité différente, jeu différent. C'est grâce à cette adaptation automatique et instinctive que les relations et les responsabilités s'exercent.

La société sait très naturellement tout ça, elle joue l'officialité en revêtant les gendarmes d'un uniforme alors qu'il n'est pas indispensable pour dresser un PV. L'uniforme est une manifestation d'un jeu sérieux, dans lequel il y a un rôle assumé de l'autorité publique. De même, vous allez parfois vous investir d'un rôle.

Pour vous aussi, leur capacité à détecter vos faiblesses, c'est une bénédiction, car vous allez justement travailler votre attitude et vos mots. Vous n'allez plus vous laisser aller. Et vous allez voir, votre mari (ou votre femme) verra très vite la différence.

Donc, désormais, lorsque votre enfant vous charrie, vous ne vous énervez plus, vous savez qu'il fait ça dans le cadre de son apprentissage de la vie, et pour obtenir de votre part des signaux, tantôt d'amour, tantôt de sagesse, tantôt de joie, etc.

Mais vous pouvez aussi prendre les devants : échanger avec votre enfant une discussion. Proposez-lui de prendre votre place dans la conversation et vous la sienne, demandez-lui de défendre votre point de vue et vous défendez le sien. Mais sérieusement, pas dans la caricature. Il veut un I-Pod, vous allez défendre son point de vue (même si vous n'y croyez pas), et il va défendre le vôtre (même s'il n'y croit pas).

Vous pouvez aussi jouer sur l'autodérision, avec les plus grands. Ils vont aimer. Et cela leur dira : "Tu vois, ta mère sait bien qu'elle a des défauts, elle n'est pas idiote." Savoir rire de soi-même est une source de plaisir interminable.

Vous ne devez pas être toujours de la même manière

Dans la relation avec l'enfant, dès qu'il a le sentiment de vous "connaître par cœur"... vous êtes "cuit" ! (si vous nous permettez cette familiarité) : il n'aura plus rien à apprendre, il saura tout ou croira tout savoir, vous ne l'étonnerez plus et vous savez très bien que sans faculté d'étonnement, un être humain devient beaucoup moins avenant. Un enfant qui se sent blasé, las de ses parents est pratiquement irrattrapable, il est déjà parti. Le moment en est peut-être venu, mais pas forcément. Donc, étonnez-le, diversifiez-vous, rencontrez du monde, entendez d'autres point de vue, cultivez vos vertus, ouvrez votre cœur, pratiquez des langues, des arts, instruisez-vous, commencez des activités qui n'ont RIEN A VOIR avec ce que vous faites d'habitude; bref, changez de monde, décloisonnez, faites travailler votre cerveau, votre meilleur allié dans la relation aux autres.

Faites appel à quelqu'un d'autre

Mais comme nous le disions plus haut, il y a des impasses pour vous. Ces problèmes les plus récurrents que vous ayez avec votre enfant, sont ceux ne s'arrangeront pas tout seuls, sinon ils seraient derrière vous depuis longtemps. Depuis le temps que vous y pensez ! En fait, vous n'avez pas les moyens de régler ces problèmes et si vous ne faites rien, ils resteront à vie. Votre enfant dira : "Maman et moi (ou papa et moi), on a toujours eu un problème sur le plan de [...]" Est-ce ce que vous voulez ? Non, bien sûr. Eh bien voici le secret : consultez un excellent accompagnant. Il va vous aider, vous poser des questions, vous allez vous apercevoir que votre manière de voir manquait de quelque chose et vous allez trouver une solution.

Nous ne sommes pas très forts pour régler les problèmes de nos enfants, disions-nous, sauf... sauf si quelqu'un nous permet de voir clair. Lorsque nous voyons clair, alors nous sommes les meilleurs du monde pour nos enfants !

Donc, il faut prendre conseil. Pas n'importe qui, quelqu'un qui ait de l'expérience et en qui vous ayez confiance. Prendre un accompagnant, c'est comme prendre un père spirituel, mais dans un domaine spécialisé. Ce n'est pas facultatif ou à décider quand tout va mal. Ce n'est pas permanent non plus, ça peut être une fois par an. Mais c'est souvent indispensable. Vous demandez votre route quand vous êtes perdu ou vous consultez une carte ou le GPS, pourquoi refuser de prendre une aide sur le chemin de la vie ? Parce que vous craignez de dire "je suis perdu ?" C'est moins problématique de dire "je suis perdu" que de dire "je ne suis pas perdu". Parce qu'avec son enfant, on n'est jamais sûr d'être sur le bon cap. Refuseriez-vous de dire, naturellement et comme tout le monde "il m'arrive d'être perdu et avec mon enfant, c'est évident que parfois je le suis ?" Tout accompagnant personnel se fait accompagner, ce n'est pas pour rien.

Nous sommes donc là pour vous aider directement, personnellement, pour vous épauler.

TABLEAUX PRATIQUES

Voici quelques tableaux qui vont vous aider (vous pourrez recopier ces tableaux sur un autre document Word ou Excel, les agrandir etc.). Note : vous n'êtes pas obligé de les utiliser tous dès le départ.

3 Forces dans ma manière de faire	Avantages	Inconvénients

3 Lacunes dans ma manière de faire	Remèdes, tactiques employées	Résultats

3 Points forts de mon enfant	Points faibles de mon enfant

3 Tactiques et remèdes aux difficultés de mon enfant	Date / Résultats

Livres lus dans l'année	Auteur	Fini ? oui/non	Evaluation par l'enfant sur 10	Votre commentaire

Voyages déplacements	activités	but du voyage	commentaires	ce que je devrais faire la prochaine fois

Activités hors-scolarité	Objet	Implication de l'enfant	Heures par semaine	Votre commentaire

Conclusion du chapitre : voilà pour les éléments qui vous permettent de parachever l'école à la maison. Vous le voyez, ce qui est autour des cours est tout aussi important que les cours eux-mêmes.

Quand faut-il arrêter l'école à la maison ?

Dans certains cas, il faut savoir s'arrêter à temps avec cette scolarisation à la maison, et arrivé à un certain âge, l'enfant peut avoir besoin de réintégrer le "système". Il ne faudra pas vous en angoisser : il aura reçu l'essentiel, à partir de là, rien ne peut lui arriver.

Ce besoin peut être une envie de bouger, d'être ailleurs, de voir du monde. C'est naturel. Si cela arrive, n'en prenez pas ombrage. Discernez ce qui peut être la meilleure solution.

S'il retourne à l'école, il sera important de le prévenir que tout ce qu'il va entendre ne sera pas vrai, d'une part, et d'autre part, il faudra qu'ils sache travailler seul.

Par ailleurs, nous aurons avec lui un **contrat moral** (nous en parlerons dans l'accompagnement aussi bien au tout début qu'à la fin de l'aventure).

Ce n'est pas une question de niveau : on peut et on doit apprendre à l'enfant à travailler seul, progressivement, comme nous le montrons sur le site.

L'autonomie est sa clé. Si vous faites le choix de poursuivre jusqu'au bac, vous prendrez peu à peu de la distance, vous surveillerez à une fréquence moins élevée, encore une fois progressivement. Cela demande une petite formation, voilà pourquoi, en ceci comme ailleurs, nous vous recommandons de vous abonner à l'accompagnement.

Victoire voulait repartir vers l'école. Nous l'avons donc remise en 3ème à l'école ; accessoirement, nous ne trouvions pas mal qu'elle soit mêlée à la vie en communauté et à des adultes autres que ses propres parents. Elle était assez mûre pour cela. Par ailleurs, à la fin de l'année se profilait le brevet des collèges et si nous avions persisté avec l'enseignement à la maison, nous aurions eu tout un tas de démarches administratives un peu lourdes à effectuer pour cet examen, que notre fille aurait dû passer dans une cité administrative un peu désorientante sans doute. Et même si les copies sont sensées être traitées comme n'importe quelle autre copie de n'importe quel collège, on peut quand même craindre un regard pas tout à fait approbateur sur le choix d'une scolarité différente de la part des correcteurs.

Victoire a été ravie de retrouver son collège (elle y avait fait sa sixième) et l'année s'est très bien passée mais nous avons pensé que nous avions trop attendu avant de la remettre à l'école, c'est pourquoi nous avons fait un autre choix pour les autres : les deux suivants ont intégré l'école en 4ème (pour la première fois pour notre 3ème, alors que notre second avait une lointaine expérience de son CP), quant à notre n°4, il rentrera au collège l'année prochaine en 6ème comme pensionnaire sans aucune appréhension ni pour lui ni pour nous d'ailleurs, il faut dire qu'il retrouvera frère et sœurs.

La première fois à l'école

Renvoyer ou envoyer un enfant à l'école demande une préparation qui ne se fait pas en trois jours. C'est tout au long de la dernière année qu'il faut l'informer de ce qu'il ou elle trouvera à l'école. Cela va de l'attitude en classe au contenu parfois douteux qu'on trouve à l'école, jusqu'à son approche du travail en solitaire, comme on l'a dit.

Les enfants à la maison ne se gênent pas pour prendre la parole, il faut leur apprendre à le faire de manière opportune, lorsque l'enseignant le demande. De même, notre fille aînée a quelque peu surpris en se levant à chaque fois qu'elle faisait tomber sa gomme par terre. Ce qu'elle nous a raconté en rentrant de sa première semaine nous a convaincus de faire mieux avec les suivants ! Evidemment, nous nous sentions gênés vis-à-vis des professeurs, mais heureusement ceux-ci étaient très satisfaits de son niveau.

J'ai connu à l'école une fille épatante qui avait fait l'école dans la brousse en Afrique. Blonde comme les blés, elle avait atterri dans ce lycée normand sans qu'on sache pourquoi, hasard d'une mutation sans doute. Autant vous dire qu'elle est apparue à presque tous les enfants et professeurs comme débarquée de la planète Mars, à s'enthousiasmer pour un oui ou un non, à parler très fort, à agiter les bras en parlant, à se lever quand elle le voulait... Une vraie Africaine de l'intérieur des terres ! Bientôt, elle a trouvé la France terriblement triste, routinière, grisâtre. Le décalage était trop fort, elle n'avait pas été préparée.

Il faut donc veiller à éviter un embarras des autres élèves qui pourrait aussi coûter à votre enfant. Les regards se tournent vers l'inconnu qui peut devenir le bouc émissaire.

Concernant le travail personnel, c'est un peu différent, en principe si vous avez su faire faire les leçons à votre enfant (voir Travail en Solitaire), s'il a appris à travailler seul, il n'aura pas de problème particulier, si ce n'est qu'il se sentira moins contraint de donner de lui-même : vous serez absent(e). Il faut donc là aussi veiller au grain : l'habituer de plus en plus à travailler pendant vos absences, seul à la maison. Puis dans la salle commune, avec parfois du bruit autour de lui, en lui expliquant qu'en salle d'étude, il y a des gêneurs et que cela ne doit pas l'empêcher de travailler.

CONCLUSION + BONUS

Voilà, vous savez maintenant si l'Ecole à la maison est une bonne idée pour vous. Le chapitre suivant vous livre des informations techniques pour compléter le panorama donc vous ne manquez de rien pour prendre la décision. Cependant, nous ne prétendons pas avoir tout dit, et il nous fallait réduire l'ouvrage à moins de 200 pages pour que vous ne soyez pas freinés par le sujet (nous avons un peu débordé, excusez-nous !). Nous sommes toujours preneurs d'informations complémentaires si vous avez des commentaires à nous faire (remyetcecile@l-ecole-a-la-maison.com).

De même, et c'est notre bonus, nous vous assurons une réponse à vos premiers messages et vous proposerons, si nécessaire, un coaching personnel par téléphone ou Skype pour réaliser votre projet d'Ecole à la Maison. Nous serons honnêtes avec vous et vous aurez une oreille attentive pour vous dire si vous êtes capable de mener ce projet à terme dans l'intérêt de votre enfant.

DOCUMENTS

Voici deux documents intéressants. Le premier est une rédaction de notre fille aînée en classe de 5ème. Victoire n'est pas hors norme, elle a seulement suivi de bons cours. Je vous laisse lire cette rédaction :

COURS HATTEMER
Enseignement privé primaire & secondaire à distance
24, rue d'Aumale - 75009 PARIS
www.hattemerdistance.com
01 40 82 77 80
01 40 82 77 34

NOM : DAILLET
Prénom : Victoire
Classe : 5e
Matière : Français
N° du devoir : n° 18

Nom et adresse de retour du devoir :
Victoire Daillet

Note sur 20
Observations du correcteur :

III. Rédaction
- Eh donc, vielleur !
N'y a-t-il point d'amour
Ni de charité en ta demeure ?
Quand ta femme te voit venir à elle,
Harassé, épuisé, ayant erré
De château en château, de moutier en moutier,
Mais revenant la bourse vide
Elle te reproche ta lenteur et ta paresse ?
Ne devrait-elle point, plutôt,
Te cacher sa déception pour t'embrasser
Et faire oublier une si longue absence ?

Texte dactylographié (nous reproduisons exactement, fautes comprises, signalées en souligné) : « Rédaction :

— Eh donc, vielleur !

N'y a-t-il point d'amour

Ni de charité en ta demeure ?

Quand ta femme te vois venir à elle,
Harassé, épuisé, ayant erré
De château en château, de moutier en moutier,
Mais revenant la bourse vide.
Elle te reproche ta lenteur et ta paresse ?
Ne devrait-elle point, plutôt,
Te cacher sa déception pour t'embrasser
Et faire oublier une si longue absence ?
Mais reviens-tu le sac gonflé ?
Alors, par hypocrisie,
Et poussée par la vanité,
Elle te couvre de soins et de caresses
Et lie ses bras à ton cou !
Ha ! Elle voudrait plutôt les lier autour de ton sac,
Et ne point devoir les en détacher !
Tu ne joues donc de ta vielle
Que pour être chez toi le sire,
Et pour voir ta femme et ta fille se jeter
A tes pieds,
La bouche pleine de flatteries,
Et, dessinés sur leurs lèvres, de gentils sourires ?
Quelle vie !
— Sire comte, donc, j'ai viellé pour vous,
En votre hôtel, en vous distrayant,
Mais je n'ai rien reçu que vos reproches
Sur la vie de ma famille.
Sire comte, je ne vous crois pas fielleux,
Mais pourtant n'est-ce pas vilenie
De garder pour vous mes gages,
Sans même un merci ?
A ces mots, le comte se met en fureur :
— Comment, manant, oses-tu encore
Réclamer avec tant d'arrogance
Des gages que tu ne mérites mie ?

Est-ce possible qu'ici bas,
Un homme soit si impertinent, si insolent
Et si fier ?
Es-tu un envoyé du malin
Pour t'introduire jusque ici
Par quelque sortilège ou diablerie
Et pour interrompre un banquet
Donné en l'honneur
De mes voisins, les seigneurs
De la Roche et de Castelrouge ?
Je t'en soupçonne !
Et tu fis sonner ton instrument
Et tourner ta roue
Avec tant de mauvaise grâce
Que celle-ci en grinça lugubrement
A la façon dont la roue de pierre
Pivote lentement sous les imprécations grossières
Et les plaintes des captifs.
[noté par le correcteur "TB" dans la marge]
Aussi de moi tu ne recevras
Ni don, ni gages,
Mais seulement une proposition :
Composes une ode à la Sainte Mère de Dieu,
Qui est fontaine de courtoisie ;
Ruisseau et source de douceur.
Si tu le fais avec plaisir et bonne volonté,
Ta musique s'en ressentira,
Et nous t'écouterons avec ravissement.
Aussi, fais bien sonner ton instrument,
Et tu recevras récompense. »
[noté "Félicitations" par le correcteur dans la marge]

*

Voici à présent la lettre d'un poilu de 14, ouvrier agricole qui n'avait même pas son Bac, un certificat d'études seulement. C'est la dernière qu'il écrivit avant d'être tué, en 1915 : (texte dactylographié ci-dessous, la copie est livrée pour admirer la calligraphie d'un homme considéré comme simple !)

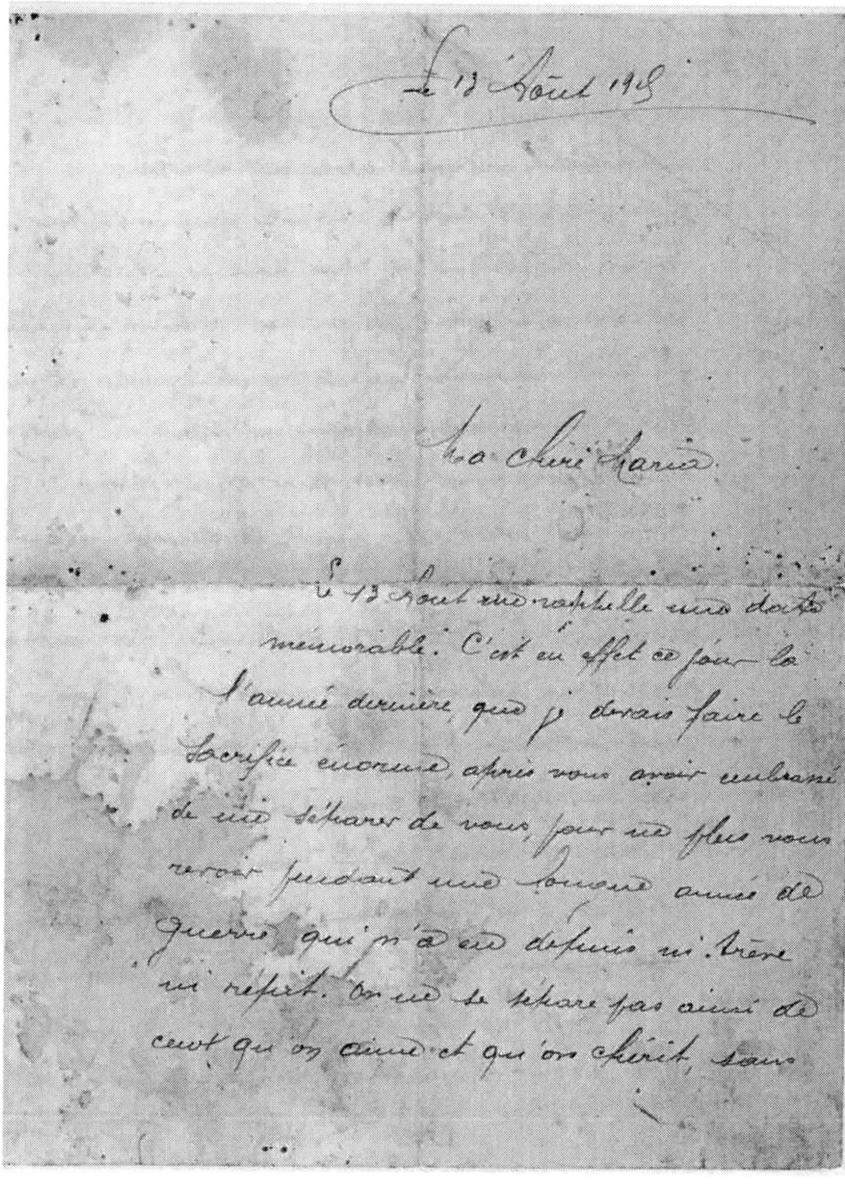
Le 13 Août 1915

Ma chère Marie

Le 13 Août me rappelle une date mémorable. C'est en effet ce jour là l'année dernière que je devais faire le sacrifice énorme après vous avoir embrassé de me séparer de vous, pour ne plus vous revoir pendant une longue année de guerre qui n'a été depuis ni trêve ni répit. On ne se sépare pas ainsi de ceux qu'on aime et qu'on chérit, sans

« Le 13 août 1915

Ma chère Maria,

Le treize août me rappelle une date mémorable. C'est en effet ce jour-là l'année dernière que je devais faire le sacrifice énorme après vous avoir embrassé de me séparer de vous, pour ne plus vous revoir pendant une longue année de guerre, qui n'a eu depuis ni trève ni répit. On ne se sépare pas ainsi de ceux qu'on aime et qu'on chérit, sans éprouver un réel serrement de cœur. En revenant sur les épisodes qui ont précédé mon départ, il te sera facile de te rappeler que je dus vous faire mes adieux en vitesse et partir aussitôt, afin de contenir mes larmes qui obscurcissaient déjà mes yeux. Je croyais et nous croyons tous, que dans deux ou trois mois au plus tard, la guerre serait finie, et que peu de temps après je serais de retour au milieu de vous. Pauvres naïfs que nous étions tous ; voila plus d'un an maintenant, et, je vais m'en aller c'est vrai, mais pour revenir encore. Nous sommes partis trois ensemble de chez nous, et maintenant je reviendrai, mais seul. Le premier est tombé, vous le savez, affreusement déchiqueté par un obus, et le second duquel on est sans nouvelles depuis si longtemps, a succombé également aux cruelles souffrances provenant du froid et de ses blessures.

Quant à moi, le troisième, j'ai traversé des moments inqualifiables ; j'ai eu maintes fois des hommes tués tout autour de moi, je me suis trouvé à découvert au milieu des balles et sous des bombardements des plus violents, jamais je n'ai eu un semblant d'égratignures, jamais une balle ou un éclat, si petit soit-il, ne sont venus érafler même mes effets.

Dans ces moments tragiques, quelquefois au milieu d'un chaos de chair humaine en bouillie, sous la mitraille et le feu, et la pluie très souvent, au milieu des lamentations et des cris des blessés de toute sorte, je recommandais mon âme à Dieu et me demandais pourquoi je devais vivre encore pour assister impuissant à une semblable barbarie.

Cependant Dieu, que je ne cesse de prier, m'a protégé et aujourd'hui je suis tranquille et hors de danger.

Vous devez vous faire du mauvais sang au sujet de ma permission ; c'est absolument inutile, car si j'avais voulut partir, je serais déjà revenu. Peut-être aujourd'hui, peut-être demain ou après-demain au plus tard. Mais surement dans huit jours je serai dans vos bras.

En attendant, recevez tous mes plus doux baisers et embrassez pour moi nos chers petits.

Signé

N'oublie pas de venir me prendre en gare de Beaumont dès que G. D. t'aura prévenue. Je serai surement fatigué. »

Lettre émouvante, pleine de tact. L'auteur risque sa vie chaque jour mais il veut rassurer. On voit qu'à part quelques menues fautes (sous le feu de l'ennemi, elles sont bien pardonnables), les phrases sont belles, sincères, nobles, d'une belle calligraphie et bien construites. Il n'y a ni haine, ni récrimination, ni désespérance. Quelle leçon ! C'est à grand peine qu'on trouverait aujourd'hui des auteurs du niveau de cet ouvrier agricole, non ?

INFORMATIONS

Je choisis le cours par correspondance, mais lequel ?

Le choix du bon cours par correspondance est important. Nous ne travaillons pour aucun cours et n'avons aucun intérêt particulier. Il est possible de demander des échantillons gratuits des cours qui vous intéressent. En général, on vous envoie 2 ou 3 semaines (du milieu de l'année, plus représentatives car le début de l'année est surtout consacrée aux révisions et la fin de l'année touche souvent à des notions qui "débordent" du programme de l'année et qui sont revues l'année suivante) pour que vous vous fassiez une idée du niveau et de l'organisation du cours en question.

Nous donnons une liste de cours recommandés à jour à nos abonnés. L'évaluation que nous donnons de ces cours varie, nous renonçons donc à la faire figurer dans ce guide. Si vous souhaitez en profiter, vous pouvez donc vous abonner sur cette page.

Nous allons vous raconter notre parcours école à la maison / école sous contrat, vous verrez ainsi la transition. L'un des cours par correspondance nous a indiscutablement semblé au dessus du lot. Nous avons eu la chance de tomber dessus par hasard, mais comme nous ne croyons pas au hasard, disons que des anges gardiens ont bien travaillé. Nous ne l'avons pas choisi parmi d'autres, il s'est imposé. Car il se trouve que quand nous habitions en Provence, la seule école fréquentée alors par nos enfants (les deux aînés seulement) en grande maternelle et en CP, était une école hors contrat basée sur ce cours par correspondance.

Quand il a fallu quitter la région et choisir un cours, tout naturellement nous avons poursuivi avec la même méthode et nous y sommes fidèles. C'est un cours découpé de manière hebdomadaire avec chaque semaine un programme par matière, chaque matière présentant un fascicule reprenant les leçons et proposant les exercices associés, et en fin de semaine un devoir complet interrogeant sur les leçons vues la semaine, sorte d'interrogation de synthèse somme toute assez conséquent car en CM1, par exemple, il nous arrive de renvoyer 3 ou 4 copies doubles. Je dis "renvoyer" car en effet nous sommes tenus, avec ce cours, d'envoyer à la correctrice ces devoirs-synthèses chaque semaine ou presque ; il arrive souvent, surtout quand on n'est pas encore familiarisé avec le cours ou quand les enfants ont besoin de prendre plus de temps pour assimiler certaines notions, que nous débordions quelque peu sur la semaine en question. Cela ne pose aucun problème auprès de ce cours. Et une bonne directrice de cours vous dira qu'elle préfère des notions bien acquises même lentement que du travail bâclé et superficiel, mais rendu dans les temps, qui pénalisera l'enfant tôt ou tard.

Une année scolaire, en cours par correspondance, est souvent découpée en semaines (28 à 30 selon les classes) ; pour notre part, nous n'avons jamais dépassé la 26ème. Ceci dit, pour que l'année scolaire soit validée, il faut en général un nombre minimal de devoirs renvoyés, à l'appréciation du cours.

Mais surtout, un bon cours a cette supériorité qu'il élève l'enfant, il le hisse dans une sphère sublime où l'être est dans de belles notions, de grandes valeurs, de la simplicité, de la clarté, et ce avec une progression ni trop vive ni trop terne. Le cas échéant, c'est un grand cours pour vos enfants : le cours répond aux besoins du cerveau. Les méthodes qui ont prouvé leur efficacité depuis des siècles sont aujourd'hui validées par la science. La lecture est syllabique, c'est ce que recommandent les neuroscientifiques, qui sont catégoriques, de même qu'ils rejettent les méthodes globales et leurs variantes, à éviter à tout prix, nous l'avons vu. De la même manière, un bon cours suit l'Histoire de manière chronologique, ce qui est non seulement l'évidence, mais aussi absolument recommandé par les spécialistes. L'Histoire thématique du genre « l'esclavage de nos jours à l'Antiquité », c'est bien à l'Université, mais un enfant ne peut le comprendre ni l'ingérer. Il faut comprendre que l'enfant construit son cerveau, il lui faut des bases, des repères, de même qu'un randonneur débutant a besoin d'un chemin de montagne.

Imaginez que vous emmeniez votre enfant voir Mémento, le chef d'œuvre cinématographique qui raconte une histoire à l'envers (une succession de scènes qui finissent là où commence la suivante), pensez-vous une minute qu'il comprendrait ? Evidemment pas, seul un adulte particulièrement exercé peut comprendre.

Ensuite, quand notre fille aînée a eu fini son CM2 avec ce cours, nous l'avons inscrite dans un collège privé (notre collège public local, à l'Isle-en-Dodon, étant exécrable) malheureusement assez loin de chez nous, ce qui l'obligeait à la pension. Nos critères de sélection étant alors non pas tant le niveau que "l'encadrement", l'aspect moral, l'accompagnement et le développement de l'élève. En l'occurrence, nous sommes très bien tombés. C'était le collège-lycée Saint-Joseph à Lectoure, structure presque familiale où le directeur connaît non seulement chaque enfant mais aussi les parents. La pension des filles est bâtie autour d'un agréable cloître, il y a une chapelle consacrée où elles se rendent volontiers.

D'un point de vue purement administratif, l'inscription a été acceptée par le directeur du collège qui ne connaissait pas notre cours par correspondance et qui n'avait encore jamais eu affaire à ce genre de scolarité. Lorsque nous avons apporté et montré nos fameux devoirs corrigés par le cours, il en a été agréablement surpris. Ceci dit, l'intégration de l'enfant est à l'appréciation des directeurs de collège et d'école et si l'on doit rejoindre le système publique après une scolarité à domicile, un examen d'entrée est pratiqué, en général en juin, afin d'évaluer le niveau. Ces tests, qui ne sont pas légalement obligatoires mais que nous avons acceptés parce qu'il s'agissait d'un établissement privé, sont d'un niveau bien supérieur au niveau d'un élève fréquentant l'établissement en question ; mais ceux qui le passent, le passent toujours avec succès pour autant que l'enfant ait suivi une scolarité à la maison telle que nous l'enseignons. Apparemment, les écoles filtrent les enfants venant de scolarités différentes. Il est certain qu'il sera dangereux de présenter un enfant qui n'a suivi aucun cours. Mais nous ne le recommandons pas, vous le savez.

En 6ème, notre fille s'est parfaitement "intégrée" et sentie bien alors qu'elle passait de l'Ecole à la maison à la pension directement et avec un an d'avance, à 10 ans. Nous avons donc balayé d'un revers de main toutes les bêtises entendues maintes fois sur la désocialisation des enfants enseignés à la maison. Mais qui diable a-t-il lancé ce mot d'ordre, véritable tarte à la crème qu'on nous ressert à chaque fois ? Victoire était très à l'aise, ses "efforts" se sont plutôt concentrés sur... « comment me faire 5 amis en 15 jours ». Ses relations amicales lui ont permis de comprendre instantanément les règles du jeu à l'école. Il est vrai qu'au début elle prenait la parole de manière un peu spontanée !

Nos autres enfants, de même, ont rejoint l'école sans le moindre problème, avec même des avantages évidents sur leurs coreligionnaires.

Vos **témoignages sur l'école à la maison est les cours privés** sont ici; ça peut être intéressant de les consulter.

Nous avons décidé désormais de demander aux cours des **codes de réduction** pour nos abonnés, de manière exclusive. Nous les affichons sur le site au fur et à mesure qu'ils nous sont indiqués. Ils sont donc réservés aux abonnés.

Le **sondage permanent** sur les cours auquel vous pouvez participer est ici (résultats sur le site également réservés aux abonnés).

Vous cherchez du soutien scolaire ou des cahiers de vacances

Nous proposons également des cours pour du simple soutien scolaire ou des cahiers de vacances.

Nous donnons également des adresses d'autres établissements hors contrats et nous consacrons une page entière aux cours gratuits.

Peut-on se former ?

Oui, bien sûr. Pour faire l'école à la maison, le meilleur site est sans conteste www.l-ecole-a-la-maison.com. Ce site propose un accompagnement à un prix ridicule, juste participatif.

Il est recommandé de se former si l'on désire enseigner à la maison. Il ne vous viendrait pas à l'esprit de participer à une régate à la voile sans avoir été formé, n'est-ce pas ?

La page des bonnes adresses du site vous indiquera également que vous pouvez demander des échantillons (auprès des cours), contacter des associations et bien sûr demander à une famille qui exerce de lui rendre visite. En insistant un peu et en expliquant que vous souhaitez enseigner votre enfant mais que vous ne savez comment vous y prendre, vous devriez rencontrer des personnes attentives et bienveillantes.

Si vous pensez à créer un établissement, pour un niveau encore plus poussé et même professionnel, alors nous recommandons chaudement l'ILFM, Institut Libre de Formation des Maîtres, qui s'adresse à tous ceux qui souhaitent enseigner. Il a été lancé par Anne Coffinier. On retrouve l'ILFM sur ce lien ou alors faire une requête Internet en tapant "institut libre de formation des maîtres".

Textes de loi

En France, l'instruction est obligatoire pour les filles et les garçons, âgés de 6 à 16 ans, résidant sur le territoire français, quelle que soit leur nationalité.

Le fait de ne pas déclarer un enfant dans un cours, qu'il soit dans un établissement ou par correspondance, est « passible pour les parents ou personnes responsables d'une amende de 1500 euros d'amende maximum, soit une contravention de 5ème classe ».

Aucun diplôme n'est requis pour assurer l'instruction dans la famille.

Lorsque la famille inscrit l'enfant dans une école ou un cours par correspondance reconnu, le directeur ou la famille déclare la scolarisation au maire et à l'académie, en fournissant le certificat de scolarité fourni par le cours. Le chef d'établissement doit également informer le maire lorsqu'un élève quitte l'établissement en cours d'année (à la fin du mois).

A réception, deux types d'enquête sont prévues : une enquête sociale diligentée par le maire, vérifiant les conditions dans lesquelles l'enfant est instruit et une enquête de l'inspecteur d'académie, pour vérifier comment se déroule l'instruction.

L'enquête sociale du maire qui diligente une assistante sociale ou une infirmière, vise à vérifier que l'instruction est dispensée dans des conditions sanitaires favorables à l'état de santé de l'enfant, ce qui inclut le lieu de l'enseignement et le mode de vie de la famille. Cette enquête est menée le plus tôt possible après la déclaration, et doit être renouvelée tous les deux ans jusqu'à l'âge de 16 ans.

L'enquête à caractère pédagogique, menée par l'inspecteur d'académie, s'assure que l'enseignement dispensé est conforme au droit de l'enfant à l'instruction. Ce contrôle a lieu (théoriquement) à partir du troisième mois de la déclaration ; il doit être effectué au moins une fois par an. Le contrôle peut avoir lieu au domicile des parents ou dans un autre lieu.

Lorsque la famille décide de dispenser elle-même l'instruction, sans cours, c'est toujours elle qui fera la déclaration au maire et à l'inspecteur d'académie (l'inspecteur d'académie délivre alors une attestation d'instruction dans la famille).

Enfin, si l'instruction donnée dans la famille est jugée insuffisante, les personnes responsables de l'enfant sont mises en demeure d'inscrire l'enfant dans un établissement d'enseignement. Si elles ne s'exécutent pas, elles sont punies au maximum de 6 mois d'emprisonnement et de 7 500 euros d'amende. Comme le savent nos abonnés, cela n'arrive jamais si l'on suit quelques astuces.

Source à consulter pour cette partie législative : http ://www.legifrance.gouv.fr/, rechercher à "Code de l'éducation".

D'autres informations sont disponibles sur le site du Ministère : http ://www.education.gouv.fr/

Et sur le site www.education.gouv.fr, taper "enfants instruits en famille" dans le moteur de recherche. On trouve le texte officiel en vigueur à :

http ://www.education.gouv.fr/pid25535/bulletin_officiel.html?cid_bo=58902

Autres constats sur le système scolaire français

"Chaque année, 4 écoliers sur 10, soit environ 300 000 élèves, sortent du CM2 avec de graves lacunes. Près de 200 000 d'entre eux ont des acquis fragiles et insuffisants en lecture, écriture et calcul, et plus de 100 000 ne maîtrisent pas les compétences de base dans ces domaines." (Rapport du Haut Conseil de l'Education, août 2007).

Là n'était pas notre objectif fondamental dans cet ouvrage, mais il arrive que des parents se sentent seuls dans leur évaluation du système scolaire français, ils cherchent des avis différents.

On se reportera sur les ouvrages nombreux ou des sites tels que

http ://www.refondation-ecole.info/

http ://veille-education.org

http ://www.fondationpourlecole.org.

http ://www.creer-son-ecole.com/index.php?page=12

Nous ne serons pas exhaustifs, mais en recherchant à partir de ces liens, vous trouverez pas mal d'éléments qui vous permettront de vous faire une idée.

Voilà pour les éléments techniques de l'aventure !

Nous avons abordé successivement les raisons de faire l'école à la maison, nous avons vu comment démarrer, la manière de la faire, les choses sur lesquelles travailler en-dehors des cours et nous avons terminé avec les éléments techniques utiles.

Avec tout cela, vous savez, chers amies lectrices et amis lecteurs, pourquoi l'aventure est possible, vivifiante. Ne craignez pas de ne pas être à la hauteur, tout viendra en pratiquant. C'est pour cela que nous avons créé la formation en ligne.

Nous espérons que vous avez trouvé dans cet ouvrage tout ce dont vous aviez besoin. Si vous aviez des remarques à faire, elles sont les bienvenues, naturellement !

Bonne chance à vous dans cette extraordinaire aventure de l'Ecole à la maison. Abonnez-vous sur le site (vous accédez à l'abonnement dans le menu information), nous vous formerons et accompagnerons tout au long d'une année, afin que vous ne soyez ni seul(e) ni fatigué(e). Nous vous avons livré ici les grandes bases de l'école à la maison. Dans la formation-accompagnement, d'abord nous mettrons en œuvre, en revoyant ce que vous avez appris ici en utilisant des astuces pratiques, et ensuite nous ajouterons environ huit fois ce volume d'informations et de trucs, pour que vous soyez parfaitement à l'aise dans votre pratique quotidienne de l'école à la maison. Plus jamais une institutrice ne pourra sous-entendre que vous n'êtes pas professionnel(le) : vous serez d'un niveau bien supérieur au niveau moyen des enseignants. Vous le verrez avec votre enfant : il aura un excellent niveau et aimera apprendre. Le travail sera pour lui une joie. Vers 14-15 ans, il aura des réflexes d'étudiant, il saura travailler seul, il aura une vision plus mûre de sa personnalité.

Quant à vous, votre vie aura changé parce que vous aurez acquis une dimension, qui marquera l'Histoire de votre famille. La formation sur l'école à la maison est bien plus complète que n'importe quelle autre formation, que ce soit en management ou ailleurs : elle donne une dimension beaucoup plus élevée précisément parce qu'elle vous confronte à vous-même, devant votre enfant. Les plus belles victoires, on les remporte sur soi-même.

Dieu vous garde !

Rémy et Cécile

remyetcecile@l-ecole-a-la-maison.com

www.l-ecole-a-la-maison.com

Table des Matières

Voilà pour ce tour d'horizon des pratiques qui vous permettent de maîtriser l'école à la maison. Nous allons voir à présent les éléments qui vont couronner votre pratique : tout ce qui ne concerne pas

Imprimé en France
FROC02n1120260418
18880FR00006B/48/P

9 781326 060336